U0154570

勞動法
案例研究（二）

林更盛 著

五南圖書出版公司 印行

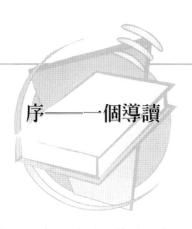

序——一個導讀

　　本書集結了作者2002年之後關於勞動法實務問題的幾篇論文。本書第一篇、第五篇關於「事實上契約關係」以及法學理論的篩選、第十三篇針對因果關係理論的部分,看似大費周章地探討純粹理論的問題,這無非是為了在較廣泛的基礎上,對於相關議題提供一個適當的解答。又為了能夠反映出相關議題的進展與全貌,作者對於一部分的論文——尤其是針對近來最高法院的判決——作了修正以及增補。特別是第一篇論文對於法律續造、第四篇就工作規則對雇主之自我拘束的效力、第五篇就引用孔恩(Thomas Samuel Kuhn)的想法到法學理論的篩選的問題、第十三篇增加了對通勤災害是否屬於勞基法上的職業災害、第十四篇增加了有關解僱最後手段姓、雇主有無義務優先解僱外勞的討論、以及最高法院有關解僱事由認定的判決。至於第三篇則是作者原先所著『「控制性持股」關係對雇主概念及其責任的可能影響』、「雇主的概念及其權益的區分」所合組,並加入了派遣相關問題的討論。

　　關於勞動法的題材,或許基於不同的研究興趣,有不同的編排。

　　——作者的想法是首先應當探討幾個基礎的問題。與德國勞動法

相類似地，法官造法在我國勞動法的發展上也扮演著舉足輕重的地位。在此，方法論的訓練甚為重要；蓋唯有藉此，吾人方能適當地篩選出較為妥當的論證、從而獲致較為妥當的結論。是以本書第一篇論文「法學方法在勞動法上的可能運用」即以此為題，希望透過方法論上的說明，及其運用在勞動法案例的可能情形與檢討，提出一些基本的思考方向。

—緊接著作者將討論勞動法的界限，而這又以勞動關係—勞工以及雇主之間的法律關係—作為對象；作者先前關於勞動者的概念（林更盛，勞動法案例研究（一），翰蘆，2002—以下簡稱案例研究一——，第1頁以下），以及本書的第二篇論文「論保險業務員的從屬性」、第三篇論文「雇主概念與義務的擴張」即以此為研究對象。而本書第三篇論文特別是討論了近年來頗為重要、企業將員工調派到海外所可能衍生的雇主認定的問題。

—對於勞動法上的紛爭解決的依據，則涉及法源的問題；作者在本書第四篇論文「對工作規則法律性質的幾點初步想法」，即針對實務上常見的工作規則的相關問題加以討論。

—至於勞動契約是一繼續性債之關係，性質上為雙務、有償契約，基本上並無疑義；惟是否為「屬人共同體關係」亦或是「對立衝突關係」？容有爭論；對此，作者已於先前『工資的迷思：「恩惠性給與」』一文（案例研究一，第53頁以下，第59頁以下）中加以評述，敬請參酌。

—又勞動契約的締結，因為種種瑕疵而影響其效力時，究竟應如何處理？本書第五篇論文「從『事實上勞動關係』到『有瑕疵的勞動關係』」嘗試從基礎理論上探討此一問題。

—至於勞動約生效後，雙方所涉及的主給付義務各為：雇主之工資給付義務以及勞工之勞務提供義務。而工資如何加以的界定，又常常影響資遣費、退休金的計算，影響甚鉅，作者先前於「勞基法對工資之定義」一文中（案例研究一，第33頁以下）對此作了基本的說明，而部分司法實務近來的趨勢及民國94年6月14日將勞基法施行細則第10條第9款中的「夜點費」部分加以刪除，也和作者原先的見解相符（案例研究一，第49頁，以及本書第六篇「評最高法院近年來關於勞基法上工資的認定」）。至於所謂的「恩惠性給與」，一方面在現行法上缺乏任何依據，另一方面也非妥當的法的續造，應予放棄（案例研究一，第53頁以下）。而近來最高法院連續在關於士林紙業公司的幾個判決中，認為在不牴觸基本工資的前提下，工作規則的「約定」特定的給付不屬於工資；該見解不僅對實務影響甚鉅，另外在法學理論上也有諸多值得商榷之處，本書第七篇論文「勞基法施行細則、工作規則與工資的界定」有詳細的檢討。

—另外值得討論的是：在前述給付工資義務之外，雇主是否更進一步地有義務使勞工實際上有提供勞務的可能，國內文獻多稱此為「就勞請求權」，這涉及到如何調和：現行法的價

值判斷以及吾人對於提供勞務的觀念的可能改變，對此，請參照作者於「就勞請求權」一文（案例研究 一，第67頁以下）。

一關於勞動關係的重要內容，於欠缺明文約定時，依據誠信原則，視勞動關係的具體進行情況，勞資雙方尚負有諸多的從給付義務以及附隨義務。至於勞動法上平等待遇原則及其可能的適用情形，作者於「勞動法上的一般平等待遇原則」、「性別歧視與與母性歧視之禁止」二篇文章分別討論之，並兼及於該原則與性騷擾的差別（案例研究 一，第89頁以下；第117頁以下，第130頁以下）。於有勞資雙方明文約定時，基本上固應尊重其約定，惟若貫徹契約自由原則，又恐造成過度不利於勞方的結果。對此，作者以離職後競業禁止約款為對象，分別透過「離職後競業禁止約款」（案例研究 一，第135頁以下）、「離職後競業禁止約款的審查：雇方值得保護的正當利益」（本書第八篇論文）、「離職後競業禁止約款的審查：民法第247條之1」（本書第九篇論文）、「定型化離職後競業禁止約款的審查」（本書第十篇論文）、「離職後競業禁止約款的審查：三步驟」（本書第十一篇論文），討論契約控制的正當性，以及在離職後競業禁止約款的審查時、所應採取的具體標準與步驟。至於勞動契約的定期約定，隨著非典型勞動契約的普遍而更形重要。本書第十二篇論文「定期勞動契約實務問題研究」即以此為探討之對象。

—於勞工於執行職務時發生意外事故，雇主於何種前提下應負勞基法第59條以下補償之責，作者先前於「勞基法上職業災害的概念及其補償」一文（案例研究一，第177頁以下）已加以論及；就其中涉及因果關係的問題，本書第十三篇論文「勞基法上職業災害因果關係的判斷」從理論的層面詳加探討，並以數則案例作為佐證。至於雇主補償責任之具體內容，作者先前於「職業災害中的雇主責任」一文中加以討論（案例研究一，第155頁以下），而「承攬關係中職災補償責任」一文（案例研究一，第195頁以下）則是特別以涉及轉包工程時的問題為對象。

—就解僱的問題，作者曾提出「解僱之最後手段性」作為雇主解僱權限的內在限制（案例研究一，第259頁以下），並以『作為解僱事由之「勞工確不能勝任工作」』、「以勞務給付專屬性之違反作為解僱事由」分別探討勞基法第11條第5款、第12條第1項第4款和民法第484條作為解僱事由的相關問題（案例研究一，第217頁以下；第243頁以下）。「應預告而未預告之解僱的效力」一文（案例研究一，第281頁以下）則是探討勞基法第16條的問題。至於實務最近的發展及其檢討，參見本書第十四篇論文「論解僱的一般問題以及勞基法第11條之事由」

—至於集體勞動法的爭議，相對地較少呈現於司法實務上，就實務上曾經具有相當重要性的問題：集體休假、集體請辭，

作者分別於「作為爭議手段之勞工集體休假」「勞工之集體請辭」二篇論文中（案例研究一，第297頁以下；第313頁以下）加以討論。

本書之所以能夠出版，要感謝內子季芳的支持。作者到了東海大學後，教授法理學、法學方法論以及法律倫理等課程，算是研究生涯的一個轉變；某種意義來說，又算是回到了原點—這包括我以前所讀過的：「敬畏耶和華是智慧的開端」（聖經箴言一7）！

林更盛

2008年9月

目　錄

1 法學方法在勞動法上的可能運用
——一個初步的反思——

壹、序說：法學方法的功能及其必要性[1]

　　法學方法與法學的關係，猶如邏輯對於論證。邏輯有助於檢驗推論是否有效；類似地，法學方法也有助於檢驗法律適用是否妥當，而這最終又涉及到整個法律觀以及憲法上的要求。從法哲學的觀點而言，法律的最終目的若是在追求公平正義，則根本不追求公平正義的法律不再是法律，根本不追求公平正義的實現的判決也不再是合法的判決。從憲法上的觀點言，憲法上的平等原則、法治國原則，要求法官應依法審判（憲法第80條），同時也要求法律（及其適用應具備）安定性、明確性。在制定法的層面，這也可能涉及到是否適用法規顯有誤、甚至判決理由與主文顯有矛盾（民事訴訟法第496條、行政訴訟法第237條）。妥當地運用法學方法，將有助於吾人有意識地檢驗所採取之觀點，有助於釐清上述制定法上判斷，促使吾人實現上述憲法上的基本價值，並至少間接地有助於公平正義的實現。

　　雖然對於向來所發展出來的法學方法、究竟對於勞動法規的適用（意即解釋Auslegung與續造Rechtsfortbildung），有何助益？不乏有持懷疑態度者[2]；蓋向來的法學方法主要是以有可適用的法條規定為探討的重點，然而由於在勞動法領域上，吾人所經常面對的是欠缺法律明文的狀態，而有待司法者另闢蹊徑、另行造法，因此向來的法學方法就未必能提供足夠的支持或反駁的觀點。對此，本文認為：上述懷疑的觀點或有所據，惟向來法學方法所發展出來的一些觀點，在許多情形仍然足以提供一合理的解答（或至少是解答的方向）；此外，在無法僅依向來法學方法獲得足夠明確的答案時，吾人所需者乃是另

---

[1]　對此扼要的說明，Raisch, Juristische Methoden, 1995, S. 147 ff; Rüthers, Rechtstheorie, 1999, S 369 ff; Zippelius, Juristische Methodenlehre, 1985, S 44 ff.

[2]　相關討論，參閱Reuter, Gibt es eine arbeitsrechtliche Methode？Ein Plädoyer für die Einheit der Rechtsprechung, in F.S. für Hilger/Stumpf, 1983, S. 573 ff.

外尋找可靠的標準，以補充其不足之處。惟方法論的範圍甚廣，僅透過一篇論文並無法作全面性的引介。本文以下將從實用的觀點，以法律適用時應參考的觀點為主軸，評介德國法上普遍被接受的方法上的論述，並以我國勞動法上實例，說明其對勞動法上問題解決的可能貢獻（本文參一一六），之後並以對勞動法適用甚具實用價值的利益衡量、案例比較、價值判斷的形成等方法作為補充（本文參七）。

貳、法律適用時參考的觀點——一個概述

　　一般德文文獻提到現代法學方法的開端，多以Savigny為代表[3]。Savigny在1802/1803年開了法學方法論[4]的課程，之後歸納了下列四個法律適用上應參考的觀點：文法（grammatisch，與現今一般所稱文義的觀點相當）、歷史（historisch，探討立法當時立法者所企圖規範之對象的狀態及其企圖介入的方式）、邏輯（logisch，與現今一般所稱體系觀點下的上下文脈絡相當）、體系（systematisch，探討特定法律制度與其他法律制度共同構成整體法秩序的內在關聯，與現今所稱的內在體系相類似）。而現今論述法學方法的德文著作中的經典之作：Larenz的法學方法論[5]上，則是在此基礎之上，提出了以下五個觀點：文義（Der Wortsinn）、體系（包含所謂的外在與內在體系，Der Bedeutungszusammenhang）、立法機關之目的（立法者的意圖、目的與想像，Regelungsabsicht, Zwecke und

---

[3]　例如Larenz, Methodenlehre der Rechtswissenschaft, 1991, S. 11 ff 即以此為該書第一部分：歷史一批判的論述的開始。

[4]　Mazzacane (Hg), Friedrich Carl von Savigny：Vorlesungen über juristische Methodologie 1802-1842, 2004, S. 93 ff.

[5]　Larenz, Methodenlehre der Rechtswissenschaft, 1991, S. 320 ff.

Normvorstellungen des historischen Gesetzgebers）、客觀／目的性的標準（objektiv-teleologische Kriterien）、合憲性解釋的要求（Das Gebot verfassungskonformer Auslegung）等觀點。而上述論點，基本上也為其他多數法學方法上的論著[6]所採，並為我國多數學說所援引[7]，因此以下僅以Larenz的見解作為主要論述的藍本。

對於上述觀點，總體[8]來說：

一就文義而言，此係法律解釋的開始與界限。就文義是法律解釋的開始此一說法，當與吾人在解釋其他所有文字記載者（文本，Text）的情形相同。至於文義是法律解釋的界限，則是法學方法論上、特別為區分法律解釋與法律續造（造法）——例如當涉及罪刑法定原則、租稅法定原則，如何區分可允許的擴張解釋、與被禁止的類推適用——之必要而設。

一而體系觀點中的外在體系（法規範所處的上下文脈絡、編、章），與一般所強調的不得**斷章取義**，並無差異；蓋對於一定文句，原則上僅在顧及其情境、特別是其上下文脈絡底下，方能適當地加以理解，對此當無爭論。至於體系觀點中的內在體系，以特定法規範實際上是涉及何種法律原理／原則、是否涉及特定（法律領域內）的價值判斷，作為參考依據，這是以整體法秩序是一致、無矛盾（Die Einheit der Rechtsordnung）的基本假設的出發點。這也使得如何適用該法規範，將明顯地受到法學研究的影響。

一至於立法機關之目的，是受到向來針對法律解釋目標（Ziel）採取主觀說之見解的影響。與此相類似地，如何正確地理解對方，一般亦多認為不能忽略對方的主觀企圖與目的。雖然對於主觀說，批評

---

[6]　詳見本文後述各段說明的德文註解。

[7]　詳見本文後述各段說明的德文註解，另參黃建輝，法律闡釋論，臺北，2000，第25頁以下。

[8]　關於各該觀點的詳細說明，見本文後述三。

之見解認為立法機關非自然人、並無意圖／目的存在，實不無誤會。蓋法律上之意圖／目的，與自然人／心理學上的意圖／目的，不必相同，此由吾人在民法上以社員大會作為社團法人之最高意思機關／意志，可得佐證。又立法機關意願的表達，當以投票最為明確。準此，特別是當立法機關對某一草案內容的修正、經討論而仍通過原案的情形，皆足以作為確認立法機關目的之依據。完全忽視立法機關目的的極端的客觀說，將無法符合憲法上權力分立原則的要求，並有流於極端主觀恣意之虞。

　　一而受到法律解釋目標採取客觀說的看法，特別是因為社會經濟情況或是價值判斷的改變，發生立法者未能顧慮到的情形，或是若拘泥於原先立法目的、將產生不當的結果者，則考慮該法規範於現行法下應發揮何種功能、應如何方能獲致妥當的法律效果，則是客觀說所強調者，這種符合吾人對法律應有功能的基本假設的想法，正是為客觀說論點的正確之處。為了強調這與前段所述立法機關的目的之區別，以下稱之為「客觀的功能」。

　　一至於Larenz書中另外明確地提到的合憲性的解釋，當係受到法學上對憲法（特別是基本權利）的理解，以及憲法法院認真地行使審查權限的影響。又因Larenz在此實際上是提到二個應加區別的觀點：（向來所稱的、即狹義的）合憲性觀點以及憲法取向的觀點——對此，詳如本文二（五）——因此以下將在「合憲性解釋」的標題下，另加上「合憲性／憲法取向的考量」為副標題，以示明確。

　　一至於比較法的觀點，雖然Larenz於其書中並未明確提到，惟因我國法學尚處於開發中階段，法制又多係參考先進國家法制而加以建立，因此若能參考所繼受之外國法的學說與實務，自然有助於釐清我國法的適用。

　　一或問：法律解釋應參考之觀點的數目究竟如何（五個或六個）？此實為錯誤之提問。蓋吾人若仔細觀察，上述幾個觀點彼此間實有重疊之處、並非截然可分。因此稱之為觀點、而非方法，或許更

加適當。例如文義的理解顯然會受到上下文脈絡（外在體系）的影響，而合憲性解釋（觀點）亦可視為是內在體系觀點的一種運用；至於客觀的功能實際上亦難脫離內在體系的觀點。至於比較法的觀點，不僅有助於吾人對法理的認知，對於法律概念的確定、內在體系的建立、立法機關目的與法規客觀功能的釐清，亦可能多所助益。何況吾人在法律運用時應斟酌之觀點，也不可能自始僅限於以上所述而已，例如結果的妥當性、（受到本質論觀點影響的）事物本質／法律性質、（受到利益法學派影響的）利益衡量、（受到英美法影響的）法律的經濟分析與案例比較，以及前述憲法上的相關要求（如法律適用的安定性及明確性、權力分立下法官造法權限的限制）等觀點，皆無法、亦不應事先一概地予以排除。何況鑑於法學的發展以及相關評價標準的可能變遷，更不應自始僅限於某些特定觀點而已。

一另應特別注意者，這幾個向來被接受的觀點，雖然多在法律**解釋**（Auslegung）的標題底下被提出來，然而實際上他們不僅在法律解釋的範圍內應予考量，在法律的續造時，亦同。因為在**制定法內的法律續造**（Gesetzesimmanente Rechtsfortbildung）、意即**漏洞之補充**（Die Ausfüllung von Gesezezlücke）時，作為認定漏洞（Lücke）的存在、以及漏洞補充之標準：立法者的計畫時，上述這些觀點（特別是立法機關的目的、客觀的功能）仍有其影響力。又在**制定法外的法律續造**（Gesetzesübersteigende Rechtsfortbildung），吾人多少仍應參酌之（特別是內在體系的觀點），因此本文認為：法律續造——**在既有制定法的基礎上繼續從事造法**——一詞在用語上甚為恰當（民事訴訟法第469條之1參照）。又有認為法律續造與法律解釋，除了就是否仍在法律可能文義範圍之內此一觀點有所不同外，二者間並無其他的實質差別，此項結論甚為正確。因此與其將上述觀點列入法律**解釋**時，不如列入法律**適用**（意即包括解釋與續造）時，應參考的觀點，或許更為妥當。又法律續造時，法院對法律之運用既已超出其可能文義範圍

之外，則當然會有所謂的「增加法律規定所無之限制」[9]的結果；這並不足以作為反對法官在私法上為法之續造的理由。

　　以下將在Larenz見解的基礎上，說明幾個影響法律適用的重要觀點，並舉其在勞動法上適用之例子，以顯示其運用的可能情形及對法律適用的助益。

---

[9]　最高法院於95年度臺上字第1692號民事判決表示：「按勞基法第11條第2款規定，雇主有虧損或業務緊縮之情形時，得不經預告終止勞動契約。其立法意旨係慮及雇主於虧損及業務緊縮時，有裁員之必要，以進行企業組織調整，謀求企業之存續，俾免因持續虧損而倒閉，造成社會更大之不安，為保障雇主營業權，於雇主有虧損或業務緊縮，即得預告勞工終止勞動契約。原審既認上訴人確有業務虧損之情形，則上訴人依上開規定資遣被上訴人，即非無據。乃原審謂上訴人資遣被上訴人之前，尚必須徵詢其調整職務之意願，始得資遣，增加該勞基法規定所無之限制，自有可議。」，此一見解，顯然和民法上一向承認法官得為法的續造的想法相牴觸（民法第1條、民事訴訟法第469條之1參照）。對此，另參本書第十四篇「論解僱的一般問題以及勞基法第11條之事由」。

參、法律適用時參考的觀點——個別論述

一、文義[10]

（一）說明

　　文義是法律解釋的起點及終點。適用法律時，首先應顧及法規範在一般用語上或立法者所賦予的意義。適用法律的結果，若為該用語之文義所可含括者，亦即在其可能文義範圍（möglicher Wortsinn）之內，則為解釋，否則即為造法（法律之續造，Rechtsfortbildung）的問題。吾人若對法規範的文義棄置不顧，顯難說明某一判決結果，究竟和所援引的法規範間，有何合理的關聯？又文義可區分為：一般日常用語及專業用語上的涵義。為使一般人皆能理解與遵守，法律的適用較有彈性，原則上應以一般用語上的意義為準，其可能缺點為較不精確。惟為避免文字上重複、過於冗長或不精確，立法者將使用專業用語（例如：契約，請求權，善意／惡意等）；在此，即應以其專業用語之文義為準。又就時間上言，吾人在強調如何理解立法者之意圖時，宜以立法時該規定之文義為準，惟若著重於被規範者對該法規之理解與信賴，宜以適用法律時之文義為準。

---

[10] Larenz, Methodenlehre der Rechtswissenschaft, 1991, S. 320 ff; Bydlinski, Juristische Methodenlehre und Rechtsbegriff, 1991, S. 437 ff; Engisch, Einführung in das juristische Denken, 1983, S. 82 f；Looschelders /Roth, Juristische Methodik im Prozeß der Rechtsanwendung, 1996, S, 21 ff, 130 ff; Raisch, Juristische Methoden, 1995, S. 139 ff; Rüthers, Rechtstheorie, 1999, S.408 ff; Wank, Die Auslegung von Gesetzen, 2001, S. 47 ff; Zippelius, Juristische Methodenlehre, 1985, S. 41 ff. 文參閱王澤鑑，法律思維與民法實例，1999，第264頁以下；黃立，民法總則，2001，第35頁；黃茂榮，法律解釋，收錄於氏著，法學方法與現代民法，1987，第261頁以下，第289頁以下；楊仁壽，法學方法論，1991，第123頁以下。

（二）案例：「勞工對於所擔任之工作確不能勝任」（§11 勞基法）

　　勞基法第11條第5款所定之解僱事由「勞工對於所擔任之工作確不能勝任」究所何指？最高法院早於80年度臺聲字第27號裁定中，即已表示：「勞動基準法第11條第5款規定，勞工對於所擔任工作之「勝任」與否，應將積極與消極兩方面加以解釋，勞工之工作能力、身心狀況、學識品性等固為積極客觀方面應予考量之因素，但勞工主觀上「能為而不為」、「可以作而無意願」之消極不作為情形，亦係勝任與否不可忽視之一環，此由勞動基準法制定之立法本旨在於「保障勞工權益，加強勞雇關係，促進社會與經濟發展」觀之，**當然之解釋**」[11]。對此，方法論上的標準處理模式首先應探求其文義，可惜最高法院[12]對此一概迴避不談，自然無法適當地判斷某一特定論點，究竟在系爭規定上獲得多少的支持，亦無法適切地判斷該論點是在解釋、亦或在造法的範疇內。若最高法院所持見解果真如此具有說服力（「當然解釋」），則至少應在相關法規的文義上獲得支持，特別是在司法院第一廳與學說幾乎一致地採相反見解的背景底下，最高法院所為解釋顯非當然。可見吾人對法規文義忽略不顧，將無法合理地說明所持見解與所引法規之間有任何合理的關聯、更難說是**依法審判**（為什麼一個文義上並不相干的規定竟然可以作為審判的依據呢？）了。

　　對於以上問題，吾人若從文義著手，就日常用語方面觀之，《辭海》、《大林國語辭典》等皆能提供某程度上可靠的參考。至於在法學專業字／辭典上，《雲五社會科學大辭典》第六冊《法律學》、國立編譯館所編之《法律辭典》、五南書局所出版之《法律類似用語

---

[11] 最高法院民事裁判書彙編，第三期，第758（759）頁。

[12] 詳見林更盛，作為解僱事由之「勞工確不能勝任工作」，收錄於作者，勞動法案例研究（一），2002，翰蘆，第217頁以下。

辯》，亦足供參考。又立法者於其他法規對於該語句的用法（例如民法第85條第2項第1句：「限制行為能力人就其營業有**不能勝任**之情形，法定代理人得將其允許撤銷或限制之」；強制執行法第108條：「強制管理之管理人，**不勝任**或管理不當時，執行法院得撤退之」；非訟事件法第111條第1句的規定：「失蹤人之財產管理人，**不能勝任**或管理不當時，法院得依利害關係人之聲請改任之」。就業服務法第73條第4款規定：受聘之外國人在「受聘僱期間，……其身心狀況**無法勝任**所指派之工作時……」；臺灣省工人退休規則第6條第2款規定：當工人「精神障礙或身體殘廢**不堪勝任**職務者」，應命令退休；勞基法第54條第1項第2款規定：勞工「心神喪失或身體殘廢**不堪勝任**工作者……」），亦足為認定其專業用語上之文義的參考。

二、體系[13]

（一）說明

　　正如對於其他所有的文字記載一般，法律的理解也不能斷章取義，而是應顧及其上下文脈絡。因此系爭規定的上下文、究竟位於法典的何種編、章、節（外在體系），以及與其規範對象相關連之其他

---

[13] Larenz, Methodenlehre der Rechtswissenschaft, 1991, S. 324 ff; Bydlinski, Juristische Methodenlehre und Rechtsbegriff, 1991, S. 442 ff; Engisch, Einführung in das juristische Denken, 1983, S. 79; Looschelders/Roth, Juristische Methodik im Prozeß der Rechtsanwendung, 1996, S, 149 ff, Raisch, Juristische Methoden, 1995, S. 147 ff; Rüthers, Rechtstheorie, 1999, S.416 ff; Wank, Die Auslegung von Gesetzen, 2001, S. 63 ff; Zippelius, Juristische Methodenlehre, 1985, S. 48 ff. 中文參閱王澤鑑，法律思維與民法實例，1999，第268頁以下；黃立，民法總則，2001，第36頁；黃茂榮，法律解釋，收錄於氏著，法學方法與現代民法，1987，第261頁以下，第295頁以下；楊仁壽，法學方法論，1991，第130頁以下。

規定、其背後所涉及的價值判斷、法律原則、主導思想究竟又如何（內在體系）？在法規範的適用上，皆不應被忽略，如此方能維持其價值判斷上一貫以及結果的妥當性。

（二）案例：工資的對價性（§2勞基法）

關於勞基法上工資之界定，究應以其勞務之對價性或給付經常性為準？抑或二者同時為其要件？對此，作者先前已經另文[14]指出：應以其對價性為主要、以其經常性作為輔助之判斷標準。蓋從上下文（外在體系）的觀點而言，勞基法第2條第3款既規定：「工資：謂勞工因工作而獲得之報酬，包括工資、薪金及按計時、計日、計月、計件以現金或實物等方式給付之獎金、津貼及其他任何名義經常性給與均屬之」，則「謂勞工因工作而獲得之報酬」之部分，係肯定工資之性質乃作為勞務的對價，至於法律接下來規定「包括工資、薪金……及其他任何名義經常性給與均屬之」之部分，應只是對何謂「勞工因工作而獲得之報酬」以實際上常見事例加以進一步說明；該部分相當於例示規定的功能，這可由該規定以「包括」一語起首可知。「經常性給與」既然是僅僅具有例示規定的性質，判斷某種給付是否為勞基法第2條第3款之工資，最終仍應回到其是否為「勞工因工作而獲得之報酬」為斷。其次，基於內在體系的觀點，吾人亦可獲得相同結論。蓋勞動契約乃民法僱傭契約的下位類型，惟以勞工在從屬性／非獨立性關係下提供勞務，而有別於其他的僱傭契約型態[15]。是以吾人若對勞基法上工資採取和僱傭契約法上受僱人因提供勞務所獲得之報酬相同看法，

---

[14] 林更盛，論勞基法上之工資，政大法學評論第58期，第325頁以下；勞基法對工資的定義，收錄於林更盛，勞動法案例研究（一），2002，翰蘆，第33頁以下；林更盛，評最高法院近年來關於勞基法上工資的認定（本書第六篇）。

[15] 對此，另參林更盛，勞動契約之特徵「從屬性」，收錄於作者，勞動法案例研究（一），2002，翰蘆，第1頁以下，第18頁以下。

亦即認為工資乃勞工提供勞務之對價，應屬妥當。在並無其他堅強之
理由、支持相反見解的情形下，吾人應以「勞務對價性」作為工資認
定的主要標準，以維持現行法價值判斷的一致。

三、立法機關之目的[16]

（一）說明

　　至少就制定法而言，法律係人類／立法者為解決特定的問題所下
的決定，因此立法者企圖藉由**特定的法規範**所企圖實現的基本目的，
對於作為適用法律之司法者而言，自應加以尊重並予以實現。就我國
法而言，判斷立法機關之目的最可靠的資料來源應當是立法院公報。
至於行政機關起草過程中的相關紀錄，特別是當原草案嗣後在法案審
理過程中未被修正、或經討論而仍被維持時，亦足資參考。

　　惟應注意者，立法者對法規之具體適用的想像，對職司法律適用
的司法者，並無拘束力；蓋惟有採此結論，吾人方能確保法律適用之
正確、妥當，而這亦是基於權力分立理論所當有之結論。

　　例如關於承攬關係中職災補償責任，事業單位依勞基法第62條連

---

[16] Larenz, Methodenlehre der Rechtswissenschaft, 1991, S. 328 ff; Bydlinski, Juristische Methodenlehre und Rechtsbegriff, 1991, S. 449 ff; Engisch, Einführung in das juristische Denken, 1983, S. 82 f；Looschelders /Roth, Juristische Methodik im Prozeß der Rechtsanwendung, 1996, S, 28 ff, 153 ff; Raisch, Juristische Methoden, 1995, S. 145 ff; Rüthers, Rechtstheorie, 1999, S.433 ff；Wank, Die Auslegung von Gesetzen, 2001, S. 73 ff；Zippelius, Juristische Methodenlehre, 1985, S. 46 ff . 中文參閱王澤鑑，法律思維與民法實例，1999，第272頁以下；黃立，民法總則，2001，第36頁以下；黃茂榮，法律解釋，收錄於氏著，法學方法與現代民法，1987，第 261頁以下，第292頁以下；楊仁壽，法學方法論，1991，第149頁以下。

帶負責的前提，應以該事業單位有勞基法之適用為前提[17]。蓋依同法第2條第5款之定義、事業單位：謂適用本法各業雇用勞工從事工作之機構。惟在勞基法的立法過程中，立法機關卻似乎採取相反的看法。立法院於一讀時，就原行政院所提之草案有修正案之提出，並附以如下之例為說明：「依據修正動議，例如立法院工程由中華公司承包，中華公司再轉由小包公司承包；如果發生職業災害，則**立法院、中華公司、小包公司應連帶負賠償責任**」[18]；而此修正案也成為現行勞基法之規定。若以上立法說明是正確的，則立法院係以包攬工程為業（？），且事業單位無論有無勞基法之適用，皆應依第62、63條負職災補償責任；這應當是屬於立法機關對法規之具體適用情形的錯誤想像，故並無拘束力。

又吾人對於特定法規所企圖實現者，雖然或可認為是一種法律政策的具體化，惟無論如何，在此所稱者與整部法典所企圖實現的政策（立法政策，die Politik des Gesetzes），尚有不同。蓋立法政策應如何實現，主要是應由立法者、而非職司法律適用的司法者加以決定，何況其實現的程度、手段應當如何？如何與相對立的政策取得協調？原則上皆有待立法者親自決定，因此立法政策與此所述之立法機關之目的並不相同。

例如（一）對於勞基法第11條第5款規定，最高法院向來認為「勞動基準法第11條第5款規定，勞工對於所擔任工作之「勝任」與否，應將積極與消極兩方面加以解釋，勞工之工作能力、身心狀況、學識品性等固為積極客觀方面應予考量之因素，但勞工主觀上「能為而不為」、「可以作而無意願」之消極不作為情形，亦係勝任與否不可忽視之一環，**此由勞動基準法制定之立法本旨在於「保障勞工權益，加**

---

[17] 另參作者，承攬關係中職災補償責任，收錄於作者，勞動法案例研究（一），2002，翰蘆，第200頁以下。
[18] 立法院，勞動基準法案（下冊），第760頁。

強勞雇關係，促進社會與經濟發展」觀之，為當然之解釋」（80年度臺聲字第27號裁定）[19]。對此，作者已另文[20]指出：勞基法第1條實際上涉及多種不同的勞動政策，實現政策的權限主要在於立法者，司法者主在適用法律、僅在有限度的範圍內有造法（法律續造）的權限。直接訴諸政策的說法易使司法者逾越其權限、與權利分立原則相牴觸而不自知。何況在勞資利害對立的常態下，前述不同勞動政策間本有相互牴觸的可能。例如強調保障勞工權益、將作有利於勞工的解釋，強調促進經濟發展、則將導致相反的結果。準此，最高法院上述說理，實為一危險的論證方式。

（二）案例：工資的優先受償順位

勞基法第28條第1項規定：「雇主因歇業、清算或宣告破產，本於勞動契約所積欠之工資未滿六個月部分，有最優先受清償之權。」行政院原先所提的原始草案內容為「雇主因歇業或破產宣告，本於勞動契約所積欠之工資未滿六個月者，有**優先於抵押權**受償之權」。惟其後行政院自行修正草案內容，刪除優先於抵押權字樣，改為現今的「有最優先受清償之權」，並於草案說明五表示「刪除積欠工資優先於抵押權之規定，至對抵押權以外之其他債權仍有優先受清償之權」。立法者係有意令抵押權所擔保之債權優先於積欠工資受償[21]。因此臺灣高等法院臺中分院93年度上字第91號判決理由六、表示「所謂最優先受清償之權，僅指優先於普通債權及無擔保之優先債權，至於有抵押權擔保之債權，仍先於本條積欠工資而受清償。系爭增建物

---

[19] 引自法源法律網，搜尋時間2004.05.12；以下判決出處亦同。

[20] 參閱作者，作為解僱事由之「勞工確不能勝任工作」，收錄於作者，勞動法案例研究（一），2002，翰蘆，第217頁以下。

[21] 立法院，勞動基準法案（上冊），第14、33頁、第431頁以下；（下冊），第746頁以下，749頁以下。

既為被上訴人抵押權效力所及，被上訴人對於系爭增建物所賣得之價金即有優先受償權，且其受償順位應優先上訴人之薪資債權。」上述結論，尊重立法機關的意思／目的，可資贊同；蓋對於立法者此一決定，除非另有更堅強的理由，否則司法者不應透過解釋或造法的方式，輾轉予以規避。

四、客觀的功能[22]

（一）說明

　　法律無非在相衝突的利益之中，作一合理、適當、公平的取捨。因此某一法規究應如何解釋與適用，特別是在參考前述幾項觀點尚未能獲得明確的答案時，根據客觀的功能的觀點，吾人即應參酌被規範事實的結構與特徵、該法律制度內以及相關制度中既已被承認之法律原理、原則以及法倫理的要求，藉以認定該規範合理所應具備之目的、所應發揮之功能，並依此適用該規定。

（二）案例：勞基法上的解雇與退休制度間的關係

　　解雇係雇主單方行使其終止權，藉此令勞動關係向將來消滅；解

---

[22] Larenz, Methodenlehre der Rechtswissenschaft, 1991, S. 333 ff; Bydlinski, Juristische Methodenlehre und Rechtsbegriff, 1991, S. 453 ff; Looschelders /Roth, Juristische Methodik im Prozeß der Rechtsanwendung, 1996, S, 160 ff; Raisch, Juristische Methoden, 1995, S. 149 ff; Rüthers, Rechtstheorie, 1999, S. 403 ff ; Wank, Die Auslegung von Gesetzen, 2001, S. 79 ff ; Zippelius, Juristische Methodenlehre, 1985, S. 46 ff. 中文參閱王澤鑑，法律思維與民法實例，1999，第282頁以下；黃立，民法總則，2001，第37頁；黃茂榮，法律解釋，收錄於氏著，法學方法與現代民法，1987，第261頁以下，第298頁以下；楊仁壽，法學方法論，1991，第154頁以下。

雇權在性質上是形成權，雇主若有解雇權時，該權利之行使無待勞工同意，即能生效。雇主依勞基法第11條解雇勞工時，應發給資遣費，一方面填補其因而喪失之年資，另一方面助其維持求職期間的經濟生活。至於退休——不論是勞工自請退休（勞基法第53條）或是雇主強制退休（勞基法第54條）——，性質上亦為勞動契約的終止，於合乎法定要件時、無待他方同意，即生終止之效果，故亦為形成權。然而退休制度在設計上係以勞工退出勞動市場為前提，也因此才要求雇主應給付一定的退休金，以照顧勞工老年生活。也因此退休金額度之計算基準，才會高於資遣費（勞基法第55條、第17條參照）。為貫徹上述照顧勞工老年生活之立法目的，最高法院[23]認為在退休規定與解雇規定競合的情形，雇主僅得依第54條，強制勞工退休，而不得依第11條之規定，預告勞工終止勞動契約。以上見解，參酌退休制度之客觀功能，值得贊同。

---

[23] 參閱最高法院民事86年度臺上字第1528號判決。又例如最高法院於86年度臺上字第3588號判決即表示：「查被上訴人係9年9月12日出生，有戶籍謄本在卷可稽，其於73年8月1日勞基法生效前早已年滿六十歲，上訴人如欲終止兩造間之僱傭關係，原應令其退休，乃上訴人以資遣方式，令被上訴人去職，自非適法」。又同院86年度臺上字第1256號判決亦認為：「再查事業單位依勞基法第11條規定終止勞動契約，對合於同法第54條強制退休要件之勞工，雇主應依法予以強制退休，不得以資遣方式辦理，亦經內政部74年5月28日（74）臺內勞字第298989號函釋甚明。是上訴人抗辯：陳○○不合勞基法第53條之自請退休要件，不得請求給付其退休金云云，亦不足取。查陳○○於上訴人歇業關廠，終止其勞動契約時，已年滿六十三歲（陳○○為20年1月7日生，有戶口名簿影本在卷可憑），符合勞基法第54條第1項第1款規定強制退休年齡，則被上訴人陳○○請求上訴人給付退休金，即屬有據」。同意旨，如最高法院85年度臺聲字第412號裁定；最高法院86年度臺再字第109號判決。

五、合憲性解釋（合憲性／憲法取向的考量）[24]

（一）說明

　　一般所稱合憲性解釋，實際上包含以下二個應加以區分的內涵：合憲性的考量以及憲法取向的考量。合憲性的考量意指在參酌前述觀點下，系爭規範尚有多種（例如A、B、C）解釋的可能性，且其中有合憲者（例如A、B）、有與憲法相牴觸者（例如C），司法者不應採取違憲結果的解釋方式（例如應捨C而取A或B），一方面以尊重立法者，另一方面亦可避免違憲所可能造成的法律真空狀態。至於憲法取向的考量，意指司法者應採取最能實現憲法（基本權）要求的解釋方式（例如於前例中A最能實現憲法保障某一基本權，則司法者應捨B而取A）。合憲性／憲法取向的考量在某程度上可認為是前述體系（內在體系）觀點的一種型態。也因此，在運用合憲性／憲法取向的觀點時，一方面從憲法的觀點出發、據以理解系爭制定法規範，另一方面從制定法規範出發、以理解所可能涉及的憲法規範，這種詮釋上的循環（hermeneutischer Zirkel）的現象，甚為明顯。

（二）案例：勞基法上退休金的專屬性

　　對於勞基法上退休金請求權究竟是否具有專屬性、不得成為抵銷、扣押、讓與或擔保的對象？最高法院於88年度臺上字第1647號判

---

[24] Larenz, Methodenlehre der Rechtswissenschaft, 1991, S. 339 ff; Bydlinski, Juristische Methodenlehre und Rechtsbegriff, 1991, S. 455 ff; Looschelders /Roth, Juristische Methodik im Prozeß der Rechtsanwendung, 1996, S, 177 ff; Raisch, Juristische Methoden, 1995, S. 179 ff; Rüthers, Rechtstheorie, 1999, S. 425 f . 中文參閱黃立，民法總則，2001，第37頁以下；黃茂榮，法律解釋，收錄於氏著，法學方法與現代民法，1987，第261頁以下，第303頁以下；楊仁壽，法學方法論，1991，第157頁以下。

決中表示：「雇主按月提撥之勞工退休準備金及勞工受領職業災害補償之權利，核與勞工請領退休金之權利，性質上並不相同。勞動基準法第56條第1項及第61條第2項僅規定勞工退休準備金及勞工受領職業災害補償之權利，不得抵銷，對於勞工請領退休金之權利，既無禁止抵銷之明文，自非不得為抵銷之標的」。對於上述結論，大法官於釋字第596號解釋中表示並不違憲：「憲法第7條規定，中華民國人民在法律上一律平等，其內涵並非指絕對、機械之形式上平等，而係保障人民在法律上地位之實質平等；立法機關基於憲法之價值體系及立法目的，自得斟酌規範事物性質之差異而為合理之差別對待。國家對勞工與公務人員退休生活所為之保護，方法上未盡相同；其間差異是否牴觸憲法平等原則，應就公務人員與勞工之工作性質、權利義務關係及各種保護措施為整體之觀察，未可執其一端，遽下論斷。勞動基準法未如公務人員退休法規定請領退休金之權利不得扣押、讓與或供擔保，係立法者衡量上開性質之差異及其他相關因素所為之不同規定，屬立法自由形成之範疇，與憲法第7條平等原則並無牴觸。」對此，大法官廖義男、許宗力、許玉秀分別於不同意見書主張上述結果與公務員退休制度、勞基法職災補償、新實施之勞工退休金條例等相比較，違反體系正義、牴觸平等原則，應屬立法疏漏、為違憲。

對此，本文認為關於勞基法上退休金請求權應該解釋為具有專屬性、不得成為抵銷、扣押、讓與或擔保的對象，這從雇主所提撥之退休準備金所具有之專屬性（勞基法第56條第1項）即可明確地推論得知。退休準備金之所以具有專屬性，在於確保勞工退休金請求權之獲得實現[25]。從此一立法目的出發，退休準備金雖然仍屬於雇主，而在此階段，勞工退休金之請求性質上為期待權、其條件尚未成就，就已經具有專屬性，則當條件既已成就、從期待權轉變成為權利時，退休金請求權**更應當**具有專屬性（舉輕以明重），方能實現上述立法者保護

---

[25] 立法院，勞動基準法案（上冊），第593-597頁。

勞工退休後生活之意旨。吾人若如前述不同意見書的觀點、從憲法上生存權的保障著眼，而獲得上述結論，應該可以認為是一種憲法取向的考量。另外吾人若如大法官釋字第596號解釋的見解，認為和最高法院採取相同結論，亦不至於違憲，則可認為縱然基於合憲性的考量，亦不足作為排除最高法院採取結論的理由、無法獲得如不同意見書所採之結論。在此，本案例也正好顯示出合憲性與憲法取向的考量，並不全然相同，在概念上實應加以區別。

六、比較法[26]

（一）說明

　　我國法制多係參考先進國家法制而加以建立，因此在適用特定規定時，若能斟酌所繼受之外國法，不僅能更加清楚相關法規的概念、體系、目的以及功能，並能透過其實踐上的具體情況，以作為我國法上具體適用情形的參考。是以外國法得作為法理之參考，早為我國通說[27]所承認。惟應注意者，比較法的研究不應僅停留在文字比較的層次，相關規定所企圖實現的目的、所承擔的功能，亦應一併考量。特別是其在司法判決上具體實踐的情形，尤其不可忽略。最後，是否援引外國法上的相關見解，亦應注意該見解能否融入我國法上既有體系、價值判斷之內？該見解究竟是促使我國法制進一步地發展、抑或是與現行體制相違背而可能導致價值判斷的矛盾。

---

[26] Bydlinski, Juristische Methodenlehre und Rechtsbegriff, 1991, S. 461 ff.中文參閱王澤鑑，法律思維與民法實例，1999，第275頁以下；楊仁壽，法學方法論，1991，第151頁以下。

[27] 參閱王澤鑑，比較法與法律之解釋，收錄於王澤鑑，民法學說與判例研究（二），1979，第1頁以下。

（二）案例：監視性工作與加班

　　關於監視性之工作是否應嚴格地適用勞基法第24條加班費的規定，就臺電二次變電所電機運轉員所為值班所涉及者，臺電方面於抗辯中主張：「此具監視性斷續性之工作性質，**世界各國之法例，多認不受工作八小時之限制，超過八小時部分，並非加班，不生加班費問題**」。臺灣高等法院認為：「查勞基法關於工作時間之規範，原則上為每日八小時，每週不逾四十八小時。並准許雇主於一定條件下，為延長工作之請求，就延長時間，設一定之限制，但就一般監視性、斷續性之工作，則未有規定。衡以勞基法所規範之八小時工作制，係以一般人無法長期處於精神或體力上之緊張狀態，為保護勞動者免於雇主以經濟上之優勢為不當之限制，而特加保護者。如工作之性質並無經常之危險性，且不致使勞動者之精神或體力持續處於緊張狀態，縱令有耗費精神、勞力情形，其從事工作之時間，實際上若遠低於一般持續處於緊張狀態下工作者工作之時間，則計算其應得之報酬，竟以其所耗費之時間為基準，與一般持續處於緊張狀態之工作者，等量齊觀，要非事理之平。**勞基法就此既未設規定，自應由法院依習慣或法理予以補救，始屬允妥**」。準此，臺灣高等法院似乎是參酌外國立法例（法理？）以作為限縮勞基法第24條適用範圍的理由。然而上述理由則為最高法院所不採；對於同案件，最高法院於81年臺上字第1618號判決中表示：「惟查被上訴人公司所從事之事業為電力供應業，屬勞基法第32條第2項經中央主管機關核定之特殊行業，有行政院勞工委員會77年7月4日臺（77）勞動二字第14504號函為憑（看行政院勞工委員會編印勞動基準法暨附屬法規解釋令173頁），則其員工之工作時間仍應受同條項規定之限制。**似不因工作性質為監視性、斷續性而有例外之規定**」。與此相類似地，就最高法院81年臺上字第2221號判決中，雇方主張：警衛工作，屬於監視性工作，其特性為勞動密度低，或待命時間長，勞工之肉體上及精神上負擔較為輕鬆。**世界勞工**

組織第1號條約及第116號建議書,均認為此類工作可排除工作時間制度之限制,且日本及韓國亦如是規定,對於超過八小時或在例假日之工作,雇主無須發給加班費,我國雖無此項規定,但可為法理而適用之。對此,臺灣高等法院則認為:上訴人(作者:即雇主)經營之行業,屬勞基法第3條第3款所列之製造業,有關勞工工資、工作時間及休息等勞動條件,勞基法第24條、第30條、第32條及第36條既有明文規定,自無適用其他法律或法理之餘地。就此部分見解,最高法院並未加以反駁。至此,外國立法例似乎已確定地不足以作為否定監視性之工作適用勞基法第24條的理由。不過,這種觀察多少只是停留在表象的層次而已!並且也低估外國法可能的影響力。因為最高法院於85年度臺上字第1973號判決中,改採了某程度的折衷立場,表示「次按從事監視性、斷續性工作之工廠守衛,與必須持續密集付出勞力之生產線上勞工,二者工作性質有別,為顧及勞雇雙方整體利益及契約自由原則,並落實勞動基準法第21條第1項及第32條第4項但書之規定,職司守衛之勞工,如已同意例休假日及平時之工作時間逾八小時所約定之工資,又未低於基本工資加計延時工資、假日工資之總額時,並不違反勞動基準法之規定,勞雇雙方自應受其拘束。勞方事後即不得任意翻異,更行請求例休日及逾時之加班工資。故上開從事守衛工作者,能否再請求例休假日及延長工時之工資,似應以其約定工資是否低於基本工資及以基本工資加計例休假日及延時工資之總額為斷」。惟不論該結論正確與否,其所持理由實待商榷。勞基法第21條的基本考量,不外乎:在勞工基本工資既已獲得保障的前提下,關於最適當、公正的工資額度究應如何,第三人既難以客觀得知,其所提的標準亦未必使當事人滿意,不如任由當事人決定。但上述理由並不能適用於勞基法第24條的情形。蓋後者的規定目的在於:藉由加班/假日工資額度高於正常工時內工資的設計,避免雇主任意要求勞工加班、妨礙其家庭/休閒時間,並使雇主在有長期人力需求時,聘僱新員工、減少失業。惟依前述最高法院之觀點,卻可能導致:勞工正常工

時內的工資額度較高、加班卻只僅能領取較低額度的津貼，要求勞工延長工時工作反而對雇主更有利，此一結果顯然與勞基法第24條的規範目的／功能不符。

七、價值判斷的形成、利益衡量、案例比較

（一）說明

　　法律的適用無法脫離吾人對公平正義實現的要求。在法律的適用上，除了前述觀點外，社會中多數所共享的、法律人（法律社群）所接受的、抑或是法官個人公平正義的觀念，都可能影響法律適用（特別是法官造法）的結果。如何使這些價值判斷不致流於僅僅是社會中多數壓迫少數的藉口、與社會隔離（？）的法律社群的偏見、抑或是法官個人（火星人？）恣意判斷，則為方法論上重要的課題。本文認為在此至少應注意到下列情形：就價值判斷的尋求[28]而言，吾人應優先考慮到各該價值判斷首先是否已在制定法內（如與有過失原則在損害賠償、信賴責任原則在契約法的範圍）獲得確認？若不然，吾人更應考慮社會一般所接受的價值觀念如何？因為法官就其所被授予的司法權限（主權的一種型態），乃源自於人民，因此訴諸社會上多數所接受的價值觀念，在民主原則下，原則上具有正當性。當然，另一方面，法官並非僅僅被動地接受社會上既已形成的價值觀念，而是仍應本其確信，特別是參酌憲法上基本權利所蘊含的價值判斷，批判地篩選作為其判斷基準的價值觀。這特別是當法律上／勞動法上所強調的男女平等原則的要求，基於參酌外國立法例，已經高於社會一般觀念的標準時，最為明顯；在此，法官毋寧是扮演了積極地「帶動」與

---

[28] 中文參閱王澤鑑，法律思維與民法實例，1999，第275頁以下。

「提升」社會觀念的角色。最後，在欠缺前述二者時，才是考慮到訴諸法官個人確信；惟在此，法官個人的確信仍不宜與前二者所提供的標準互相牴觸。

　　至於在較具體的做法上，立法者既然是在相對立的利害關係上作一取捨與界定，則在法律適用時，利益衡量（Guterabwagung, Interessenwagung）[29]即為法官適用法律時一個重要的方法。在此，吾人大致上首先應界定個案所涉及的利益為何、排除其他無關的利益考量。其次應就相關利益予以評價，確定何者應優先保護？應優先保護到什麼程度（換言之，應犧牲他方之利益到什麼程度）？另外值得一提的是案例比較（Fallvergleich）[30]的方法。蓋案例猶如自然科學中的實驗，從具體案例當中，吾人更容易檢驗某一抽象價值判斷／理論的妥當性。何況對相同案例應相同處理，對不同案例，應依其性質為不同之處理，為平等原則的要求。因此在相關案例既已累積到一定程度時，就系爭案例與公認接受的案例之間，若在重要的觀點上是相類似的，至少應傾向於相同之處理。至於在步驟上，吾人應從被公認妥當的案例中，歸納其特徵（相當於構成要件）、探求其背後所依循的價值判斷（可資適用到個案的案例規範，Fallnorm）。於待審案例中，若出現相同／類似的特徵，吾人原則上應適用上述的案例規範，為相同處理。當然，為維持法律適用上妥當性，對於上述結果，吾人應維持一定程度的彈性，當具有更有堅強的理由（例如價值判斷已改變）時，吾人仍應容許法官為不同之處理，惟其應負擔更強的說理之義務。

---

[29] Larenz, Methodenlehre der Rechtswissenschaft, 1991, S. 404 ff; Looschelders /Roth, Juristische Methodik im Prozeß der Rechtsanwendung, 1996, S, 178 ff. 中文參閱楊仁壽，法學方法論，1991，第213頁以下。

[30] Wank, Die Auslegung von Gesetzen, 2001, S. 56 ff; Zippelius, Juristische Methodenlehre, 1985, S. 65 ff.

（二）案例：離職後競業禁止約款的審查

關於離職後競業禁止約款的效力[31]，最高法院開始時傾向於肯定其效力。於75年臺上字第2446號判決，最高法院認為：「按憲法第15條規定，人民之生存權、工作權及財產權應予保障，乃國家對於人民而言，又人民之工作權並非一種絕對之權利，此觀憲法第23條之規定自明，上訴人惟恐其員工洩漏其商業，製造技術上之秘密，乃於其員工進入公司任職之初，要求員工書立切結書，約定於離職日起二年間不得從事與公司同類之廠商工作或提供資料，如有違反應負損害賠償責任。該項競業禁止之約定，附有二年間不得從事工作種類之限制，既出於被上訴人之同意，與憲法保障人民工作權之精神並不違背，亦未違反其他強制規定，且與公共秩序無關，其約定似非無效。原審認定該競業禁止之約定違反強制規定，與公共秩序有違，係屬無效因而判決上訴人敗訴，尚有未合」[32]。惟其後於83年臺上字第1865號判決中，最高法院對於離職後競業禁止約款的效力，則呈現出有所保留的跡象：「至切結書第3項係禁止上訴人將任職被上訴人公司習得之技能用於彈波之生產等，此非單純之營業秘密之禁止洩漏，亦含有競業之禁止。我國法律固未禁止為競業禁止之約定，惟須於合理限度內，亦即在相當期間及地域限制內，始認為有效。」下級審法院之見解則基本上傾向於採取較嚴格的審查態度。其中臺北地方法院於85年勞訴字第78號判決更提出常被後來實務援用及學說討論的五項審查標準：(1)企業或雇主須有依競業禁止特約保護之利益存在，亦即雇主的固有知識和營業秘密有保護之必要；(2)勞工或員工在原雇主或公司之職務及地

---

[31] 詳見作者，離職後競業禁止約款，收錄於作者，勞動法案例研究（一），2002，翰蘆，第135頁；離職後競業禁止約款的審查：雇方值得保護的正當利益（本書第八篇）；離職後競業禁止約款的審查：民法第247條之1（本書第九篇）；離職後競業禁止約款的審查：三步驟（本書第十一篇）。

[32] 最高法院75年臺上字第2446號判例；同意旨，最高法院81年臺上字第989號判決。

位；(3)限制勞工就業之對象、期間、區域、職業活動之範圍，須不超逾合理之範疇；(4)須有填補勞工因競業禁止之損害之代償措施；(5)離職後員工之行為是否具有顯著背信性或顯著的違反誠信原則。

　　以上關於離職後競業禁止約款的審查，可認為是在欠缺法律明文規定的前提下，對於契約自由原則以及勞工工作權之選擇在衝突時的一種折衷、平衡的努力，是一進步的造法活動。惟吾人如何在兼顧法律適用上的安定性與明確性，實現個案公平正義，提升法益權衡與價值判斷的合理性與說服力，甚值深究。對此，

　　一就價值判斷的形成而言，(1)首先吾人可認為：關於勞動條件的形成，就勞資雙方締約的通常情形而言，因勞方多處於劣勢狀態，勞動條件實際上多由雇方預先擬定，勞方欠缺個別商議勞動條件之可能，因此對於個別勞動契約上之約款，通說認為：基於勞資雙方締約實力之不平等（Disparität）、勞工之從屬性（Abhängigkeit），契約自由原則並無法實現其保障契約內容的實質正當性之功能，因而對於勞動契約之內容有加以控制之必要。(2)至於控制的標準，當系爭約款為定型化約款（附合契約）時，民法第247條之1規定（特別是第3款「限制他方當事人行使權利」、第4款「其他於他方當事人有重大不利益者」）既已提供明文依據，形式上即無輾轉訴諸法官造法所提出之（五項）審查標準的必要。惟民法第247條之1的規定既然包含了諸多不確定法律概念、對法益權衡時所應考慮的觀點亦未完全提及，因此向來對於離職後競業禁止約款所採取的審查標準，仍可作為審酌之參考。

　　一就利益衡量而言，在非定型化約款（附合契約）的情形，其審查標準又應如何，實務與學說雖多所論述。惟法益權衡既然應當考量個案情形，而個案情形又可能各有不同，強求必須／僅能依照固定的幾個標準加以決定，恐失偏頗。其次，吾人若未能適當說明各項標準間的關係如何？則縱能臚列幾項標準，亦將折損其說服力。對此，思考上宜採以下三步驟加以審查：(1)雇方有無值得保護的正當利益？若

無，應認為該約定無效。若有，(2)該約款所限制之勞工、範圍（限制競業之種類、地區、期間等），與雇方所企圖保護之之正當利益是否保持著合理的關聯？若答案是否定的，該約定無效。若有，(3)該約款是否給予勞方合理的補償？若答案是否定的，該約定原則上無效。蓋勞工於離職後本無競業禁止之義務，而且在自由競爭市場機制的大前提下，離職後競業禁止約款係課予勞工另一新的義務，若雇方欠缺任何值得保護之利益，抑或其所限制的勞工、職業活動、地區、期間，已逾越所企圖保護之正當利益之外，原則上應為無效。又離職後禁止競業係為雇主單方之利益而設，吾人若承認雇方不必給予任何補償、不必因而負擔任何義務，而勞工卻有不作為（不從事競業行為）之義務，這將在勞資雙方當事人間形成為單務、無償的關係；勞工之職業選擇之自由既然遭受限制、影響其經濟上與人格上之利益，雇方若未給予適當的補償，雙方權利義務顯失均衡，豈非劫貧濟富，這與現今民事契約法以及勞動契約法上保障締約弱勢之勞工的基本思想大相逕庭，應認為對於勞工並無期待可能性（Zumutbarkeit）而無效。

一就案例比較的方法而言，例如對於雇方有無值得保護的正當利益，本文認為應以雇方曾付出相當成本、且已涉及營業競爭上相關利益者為限，否則當無限制勞工離職後競業禁止之理。而就涉及客戶資料的問題，實務上曾有下列案例：(1)義肢產品的客戶名單，**乃任何人均可自各大醫院或殘障協會等相關單位得知**，因此臺北地方法院於87年度勞訴字第21號判決的判決理由四（三）中採否定見解。(2)臺北地方法院於88年度訴字第2826號判決中，對於載送學生上下學的交通公司，認為**其客戶名單上僅載有學生姓名、住址，別無其他特別資料，而其建立該資料既無需花費相當長時間之精神或複雜之蒐集，交通車之載送路線又僅須留意，取得並不困難**，因此認定本件之客戶名單暨載送路線，並非營業秘密。以上見解，可資贊同。(3)相對地，最高法院以下見解即有待斟酌。最高法院於86年臺上字第48號判決中，對於受僱於甲資訊公司，除負責有關色彩品質控制系統之銷售、簽約、

驗收等職務外，並拜訪客戶，與個別客戶接洽的勞工，認為其**對雇主公司產業之銷售、市場分布、市場區域分布及市場競爭情形當多所掌握，上開資訊乃至客戶資料，均屬甲資訊公司重要之營業秘密**。惟特別是就客戶資訊而言，該類資訊是否具有機密性、經濟上價值如何？雇主究竟花費多少成本而取得？皆未說明，其判決理由實有待加強。

肆、結　論

　　法學方法的功能在於檢驗法律的適用，藉以實現法律最終所要追求的目的：實現公平正義，以及憲法上的平等原則、法治國原則、依法審判（憲法第80條）的要求，同時也使得法律的適用具備安定性、明確性，以及有助於判斷適用法規是否顯然有誤、不備理由、乃至於判決理由與主文有無矛盾。本文以現今一般德文方法論上、廣泛接受的Larenz的論述為本，並從實用的角度出發，說明其中所提到的觀點：文義、體系、立法機關之目的、客觀的功能、合憲性／憲法取向的考量外，並論述我國法上經常提到的比較法觀點、以及勞動法上甚具實用價值的利益衡量、案例比較、價值判斷的形成等觀點，並藉由我國勞動法上的案例，說明上述法學方法上的觀點在勞動法適用上所可能產生的助益。本文認為上述法律適用時應參考的觀點，某程度上確能發揮其檢驗法律適用的功用，對法律適用實有正面的影響。

2 論保險業務員的從屬性
——評臺灣高等法院94年勞上易字第35號判決——

壹、臺灣高等法院94年勞上易字第35號判決

一、案例事實

　　本件原告（即上訴人）為保險從業人員，分別於85年及88年間與被告壽險公司（即被上訴人）訂立僱傭契約，為被告從事壽險相關業務工作，而保險業則自民國87年4月1日起依行政院勞委會公告適用勞基法。民國90年間經被告要求換約，雙方改簽訂僱傭暨承攬合約書。嗣後被告以原告業績不足為由，分別終止與原告等之僱傭暨承攬合約書，並僅給付按僱傭部分計算之資遣費及預告期間工資，就原告每月領取之佣金、獎金部分（即「承攬」合約部分的報酬）未計入平均工資。原告認此與勞基法之相關規定不符，因而訴請給付資遣費與預告期間工資之差額，其理由為：「兩造間僱傭暨承攬合約書中招攬保險之承攬部分，雖係以招攬保險之種類、件數及保險金額之多寡而定，然此僅係被上訴人計付上訴人報酬之方式，被上訴人在上訴人提供勞務之過程既擁有廣泛具體指示權，且有決定是否承保之權，上訴人招攬之保險產品又均係被上訴人所規劃者，故不能僅以工資計付方式認定本件契約關係重在工作之完成，而非勞務提供之僱傭契約等語。」被告則以：「上訴人所從事招攬保險之工作，被上訴人係依其等所招攬之客戶有與被上訴人訂立保險契約並交付保險費，始予給付佣金與上訴人，其等招攬保險工作之時間、地點自由，有獨立裁量權，無須被上訴人之指揮監督，且被上訴人並未限制上訴人於固定時間至特定地點上下班，上訴人係為自己之計算而勞動，非為被上訴人之目的而為之，兩造間並無人格及經濟上之從屬性」，並以原告所領取之佣金／津貼等為其等工作成果之對價，並非提供勞務之對價等為由，資為抗辯。

　　臺北地方法院判決原告敗訴，原告不服上訴，臺灣高等法院判決

駁回上訴，該判決並已確定。

二、判決理由

　　關於當事人簽訂之籌備主任合約書，就擔任籌備主任及襄理之部分，臺灣高等法院認定為僱傭（作者：即勞動）契約。另關於招攬保險的部分，法院首先基於民法第482條、第490條、勞基法第2條第1款、第2款、第6款以及同法施行細則第7條規定，以從屬性作為區分標準，並認此可三分為：人格上從屬性（其重要特徵在於指示命令權，例如：勞動者須服從工作規則，而僱主享有懲戒權）、經濟上從屬性（此係指受僱人完全被納入僱主經濟組織與生產結構之內，即受僱人並非為自己之營業勞動，而係從屬於他人，為該他人之目的而勞動，故受僱人不能用指揮性、計畫性或創作性方法對於自己所從事工作加以影響）、組織上從屬性（在現代企業組織型態之下，勞動者與僱主訂立勞動契約時，其勞務之提供大多非獨自提供、即能達成勞動契約之目的，僱主要求之勞動力，必須編入其生產組織內、遵循一定生產秩序始能成為有用之勞動力，因此擁有勞動力之勞動者，也將依據企業組織編制，安排其職務成為企業從業人員之一，同時與其他同為從業人員之勞動者，共同成為有機的組織，此即為組織上從屬性）。「至於是否具備使用從屬關係，則須以提供勞務時有無時間、場所之拘束性，以及對勞務給付方法之規制程度，僱主有無一般指揮監督權等為中心，再參酌勞務提供有無代替性，報酬對勞動本身是否具對價性等因素，作一綜合判斷。」據此，法院進一步認為：「觀之上訴人提出被上訴人業務同仁手冊第5點所載之工作時間，僅載工作「開始」時間：上午8時至9時之間，由通訊處主管與業務同仁協定之等語……，可知，被上訴人僅有關於上班「開始」時間之規定，且可由主管與業務同仁協定，至下班時間則無任何限制。又招攬保險工

作之性質，上訴人可自行決定招攬對象、時間、地點，並須依保戶之需求，於不固定之時間、場所與保戶洽談保險事宜等情，堪認就招攬保險部分，上訴人對被上訴人所負義務係須為公司招攬保險，但無固定工作時間，對於其保險之招攬等事務之履行方法等，具有獨立裁量權，被上訴人對於上訴人勞務提供方式其指揮監督程度極低，無具體之指揮命令之權。又依被上訴人服務津貼核發辦法所訂，招攬保險之服務津貼係按上訴人所招攬且簽訂保險契約並已繳交之保險費計算，而非以招攬保險之勞務次數計算，有該辦法在卷可憑……。可知，上訴人對於不特定之人招攬保險時，該不特定人僅有部分會與被上訴人訂立保險契約，上訴人招攬保險之勞務次數顯逾因此所簽訂之保險契約，而被上訴人僅係就最終訂立保險契約之要保人所繳保險費中，按一定之百分比計算服務津貼予上訴人。亦即被上訴人於設計保險商品核定保險費時，已將服務津貼計入考量，上訴人所領取之服務津貼，視其經手或招攬之保險契約是否成立，及要保人是否繳交保險費而定，係上訴人工作成果之對價，並非其提供勞務之對價，是上訴人招攬保險之工作與其所獲得之報酬，並不具有對價關係，與勞基法所稱工資係勞務之對價報酬，顯不相同。綜上，上訴人就招攬保險部分，關於勞務之提供具有相當裁量權，被上訴人之指揮監督程度極低，顯然欠缺人格上從屬性，且上訴人必須在完成保險之招攬，促成保險契約之締結進而收取保險費後，始有領取報酬之權利，其所受領之報酬並非勞務提供之對價，與僱傭契約有異，從而，就此部分，上述契約之性質應屬承攬契約無疑。」（事實及理由六）

貳、評　釋

　　上述臺灣高等法院判決，係以當事人間的法律關係可適當地區分

（籌備主任及襄理以及招攬保險的二部分）為前提，並以從屬性作為界定勞動契約之標準。對此，以下僅先整理我國法上相關見解，並介紹德國法上相關見解，之後提出本文見解，以供參考。

一、我國法上相關見解

我國法上的討論，多從保險法上的角度出發：（一）有主張應以指揮監督之有無區分為委任或僱傭關係者；認為：「一般所謂外務員分為兩種：其一為受保險公司聘僱，並聽從公司之指揮監督而募集保險者；另一為受保險公司委任而從事募集保險者。前者乃保險公司之正式職員，其與公司之其他職員所不同者，乃其工作僅在外招募保險，故亦稱為外勤職員。後者，則非公司正式職員，僅受公司囑託在外招募保險，並抽取佣金。一般所謂保險外務員，係兼指此二者而言。」[1]（二）另有以其勞務之對價、究竟為底薪亦或（混合）佣金制為區分，主張前者為僱傭、後者則為僱傭與承攬之混合契約；認為：「業務員與保險公司間之關係，有認為係屬委任者；有認為係屬僱傭者；亦有認為係屬居間承攬者，不足而一。依筆者之見，以自保險實務運作上加以探討為宜。首先，根據財政部於民國81年10月15日公布，六個月後正式施行的「保險業務員管理規則」之相關規定，業務員須受保險公司之訓練乃監督，且所屬公司也須替其辦理登錄；同時，從保險實務上看來，業務員大都享有底薪（招攬佣金除外），無待保險契約之簽定。似此種種現象，皆非居間或承攬所能涵蓋，故依本文見解，業務員如係領取固定薪資者，其與保險公司間之關係，以解為僱傭為宜。如此解釋，一方面可保障保護及第三人之權益；另

---

[1] 施文森，保險外務員之法律地位，保險法論文集，民77年，第四版，第316頁以下，第317頁。

一方面，更可加強所屬公司對其監督管理之責，如其有不法行為時，保險公司要難對其業務員已盡選任或監督之注意，如此對於整個社會及保險招攬秩序都有莫大助益。至於業務員所受領之報酬若為混合制（底薪+招攬佣金制）或佣金制，依本文淺見，其與保險公司間之關係，似為僱傭與承攬之混合契約。蓋就業務員完成登錄前，須受其所屬公司之教育訓練，且在招攬過程中須受其所屬公司之指揮監督而言，具有僱傭之性質；而在報酬方面，因其必須完成保險招攬始可領取招攬佣金，即具有承攬之性質。」[2]

二、德國法上相關見解

德國法為健全保險業並對其管理與監督，主要是透過保險業監督條例（Versicherungsaufsuchtsgesetz）予以規範，該條例雖主要係以保險業為監督對象，但保險公司之受僱職員（Angestellter）或其代理人（Versicherungsvermitteler, Versicherungsagent）亦間接地受到監督。甚至對於保險招攬人之營業活動，保險監督機關除得要求保險公司（例如有關於不當招攬保險之廣告之禁止、對於經紀人之選任監督）制定一般之規範加以約束外，並得要求保險公司對違反規定之經紀人為懲處（massregeln）或解聘（entlassen），以及通知其他有權機關（例如於經紀人涉及刑責時主動向檢方檢舉）[3]。而這種為健全保險業、保護投保人之舉，亦非德國法上獨有之現象；例如1991年12月12日歐盟管理委員會即訂立關於保險招攬人之建議書（Empfehlung der Kommision über Versicherungsvermitteler vom 12. 12. 1991）[4]，要求不論是獨立營

---

[2] 江朝國，保險法基礎理論，民國84年9月修定版，第155頁以下。

[3] 參閱Prölss, VAG, 11. Aufl, 1997, Zus. zu §1 VAG Rn 22.

[4] 92/84 EWG/ABL. vom 28. 1. 1992 Nr. L 19 S. 32 zit. nach Prölss, a.a.O., Zus. zu §1 VAG Rn 14.

業抑或是具從屬性之勞工，其擔任保險招攬人皆應具備相當之專業資格與能力、可信賴度（包含某程度上的財務狀況之要求），並應為登錄。在此背景下，對於招攬保險人員是否為具有從屬性的問題，德國法上仍是依循勞動法上所採的界定勞工之標準來加以判斷。德國聯邦勞動法院於近來判決中，更是採取相當明確的見解，完全以其於勞務提供時有無從屬性作為判斷之標準。茲節錄幾則重要判決如下：

（判決一）德國聯邦勞動法院於1999年12月15日的判決中[5]，基於下列事實，認定保險代理人欠缺從屬性：

—保險代理人（Versicherungsvertreter）得主要地自行決定工作時間；亦即何時訪視及提供支援措施給其保險複代理人（Nebenvertreter）（II 1 der Gründe）。

—其所獲得之超級佣金（Superprovision），係其建立、督導、與增進保險契約之締約之代價，於此，保險代理人極需具備與人磋商與貫徹之能力，因此並非單純從屬性勞務可相比擬（II 2 d der Gründe）。

—其根據契約以及事實上皆得自行僱用勞工加入其營業活動，而且契約上明定就此所生之人事費用應由保險代理人自行負擔，況且本件保險代理人更得藉由爭取更多之保險複代理人，而提高其所得之佣金（II 2 e der Gründe）。

—依契約約定或其實際進行情形，保險公司亦未給與相當於德國聯邦基本休假法（BUrlG）之休假（II 2 d der Gründe）。

反之，下列事實並不足以認定保險代理人具有從屬性：

—其有向保險公司報告其業務狀況之義務（Berichtspflicht）；蓋此義務係商法第86條第2項所明定（II 2 b der Gründe）。

—其必須每週四小時在保險公司出席報到（II 1 der Gründe）。

—有營業區域之限制（II 2 f der Gründe）；

—不得同時為他保險人工作，蓋此為德國商法第92條所明定允許

5　BAG Urteil vom 15. 12. 1999- 5 AZR 566/98, NZA 2000, S. 447.

者（II 2 g der Gründe）；

　　—受到保險公司營業政策或價格上之拘束（II 2 j der Gründe）；

　　—其本身實際上並未擁有一招攬保險的對內或對外的組織（II 2 h der Gründe）；蓋依德國商法第84條第2項規定、該法第七章對於依其性質無須營業組織之（獨立的）商業代理人亦有其適用（II 2 h der Gründe）

　　—雖然保險公司對本件保險代理人依訴訟保險之一般條款（Allgemeine Bedingungen für die Rechtsschutz—Versicherung）第26條之規定、於社會保險法上以及稅捐上，皆視其為非獨立營業者（II 2 i der Gründe）；

　　—對於同樣事務，保險公司亦同時交由勞工同處理（II 2 k der Gründe）。

　　（判決二）於同日的另一判決中，聯邦勞動法院[6]亦認為基於下列事實，保險代理人欠缺從屬性：

　　—保險代理人基本上得自由決定工時之起迄及長短（II 1 a der Gründe），得自由決定拜訪何客戶、招攬何種保險。又若依保險公司規定，保險人員必須於接到其工作區域內客戶電話之請求後，拜訪客戶並提供諮詢，然而此類情形基本上又只是個案（II 2 c der Gründe）；或是其須於一定期間內完成最低工作量，然而該最低工作量之設定，若仍使保險人員實際上保有相當之裁量空間，則亦不足以認定為是工時上之拘束（II 1 b der Gründe）。

　　—保險代理人應先得保險公司之同意後，方得自費設立諮詢處所，並且無權請求使用保險公司之處所（II 2 f der Gründe）。

　　—得自行僱用保險複代理人（II 2 h der Gründe）。

　　至於下列事實，基本上並不足以作為肯定保險代理人從屬性之理由：

---

[6]　BAG Urteil vom 15. 12. 1999 – 5AZR 770/98, NZA 2000, S. 481.

一保險代理人雖然必須參加訓練計畫（於上半年共舉行十二次、每次各二小時半，平均每週七五分鐘），有時候並須陪同參與外勤工作（II 1 b der Gründe）。

一保險公司之指示。鑒於保險市場的複雜多樣、高度財務風險、保險法規之複雜，保險公司之指示是不可避免的（II 2 der Gründe）。何況保險代理人是仲介保險公司、而非自己之產品，因此其應遵循保險公司（有關於保險契約之內容的）專業指示或工作指導方針（Arbeitrichtlinie），是合理且必要的（II 2 a der Gründe）。

一其必須採用保險公司所印製之廣告、促銷措施及相關附件；參酌德國商法第86a條之規定（II 2 d der Gründe），此項因素並不影響其獨立性之認定。又保險代理人所為其他之廣告與促銷措施僅於事先得到保險公司同意後，方得為之，亦同；因其有兼顧保險公司利益之義務，此於參酌保險監督管理條例（Versicherungsaufsichtsgesetz）之規定，亦屬當然（II 2 e der Gründe）。

一關於工作的報告義務；若此義務範圍並未過於廣泛，保險公司並未能因而享有廣泛之控制，以及透過相關制裁措施以確保保險人員應達到一定之最低工作量時，亦不足以作為肯認從屬性之理由（II 2 a der Gründe）。

一限定其工作區域。參酌保險契約法第46條，保險公司得限定其工作區域，這並不影響其獨立性（II 2 g der Gründe）。

一競業禁止之約定。基於其有兼顧保險公司利益之義務（德國商法第86條第1項之規定），以及德國商法第92a條亦明文允許保險公司禁止商業代理人為其他保險公司招攬就不同種類之保險，因此皆不影響其獨立性之認定（II 2 i aa der Gründe）。

對於以上實務見解，學說上有[7]採贊同見解者，認為：保險代理

---

7 Oberthür/Lohr, Der Handelsvertreter im Arbeits- und Sozialversicherungsrecht, NZA 2001, 126 ff.

人並非當然為勞工。其之所以必須遵守保險公司之指示，也可能只是一般契約當事人間照顧對方利益之義務的一種反映而已；蓋參照德國商法第86條第1、2項之規定，其銷售他人產品，應遵守該他人之相關指示；並且其報告工作之義務、至少當其非每日必須報告時，亦不影響其獨立性之認定。又其招攬活動僅限定於保險公司所指定之特定區域（德國保險契約法第48條參照），因該指示僅涉及對銷售結果之指示，而未直接涉及勞務提供之狀態，並不足以作為肯認其從屬性之理由。至於其得使用保險公司之電話、電腦相關設施，基本上亦無不同。反之，若就工作時間而言，其有義務於該行業通常之營業時間內，且整年營業；並且必須依照由保險公司既定之時間表去拜訪客戶（亦即保險公司所提客戶名單並非僅據參考性質、而係具有拘束力者）；並且其亦負有義務於保險公司內、使用公司所提供之生產營業工具以提供勞務，則有認定為勞工之可能。另有[8]反對見解認為不應僅以德國商法第84、86條所定之標準作為區分之依據，而是應參照德國近來以「承擔企業經營風險」作為區分標準之學說，以有無具有企業經營組織作為區分；亦即保險代理人之企業經營之機會、自身之經營組織若受到過度的限制，則應認定其為勞工。

三、本文見解

（一）居間契約

　　保險從業人員招攬保險，其勞務契約似應歸類為居間契約，亦即由保險從業人員向保險公司為訂約之媒介，後者於保險契約締結成立後給付報酬（媒介居間，民法第565、568條）。惟僱傭、承攬、委任

---

[8] Waßer, Arbeitnehmerstellung von Versicherungsvertretern, AuR 2001, 168 ff.

契約乃是勞務契約的三個基本的型態；所有的勞務契約，基本上依其情形都可認定為（至少）具有此三種基本型態契約中的一種。因此，保險從業人員雖應歸類為居間契約，惟其提供勞務之具體情形，仍可認定為僱傭契約，並於具備從屬性時，認定為勞動契約。亦即保險招攬人員是否（同時）為勞工、享有勞基法或其他勞工法令之保障，自應依據向來所接受之從屬性標準加以決定，不得以其法律關係為居間契約而一概加以否認。本件判決也是依據從屬性的標準，判斷保險人員是否為保險公司之勞工，值得肯定。至於我國學說上所主張之正式職員／非正式職員的區分、或是底薪／佣金之別，頂多只可理解為是判斷從屬性諸多參考標準之一而已。

（二）非典型契約歸類的考量

本件判決係以當事人間的法律關係可適當地區分（籌備主任／襄理以及招攬保險的二部分）為前提，這或許因本件當事人並無爭論，以至於法院未作更進一步的闡述。設若當事人間有爭論時，法院仍宜依向來關於非典型契約的歸類方法加以檢討[9]。亦即勞務提供契約，若同時包含比重相近的從屬性和獨立性勞務時，且此二部分可以適當地加以切割者，吾人原則上僅就具有從屬性的部分，適用勞工法規。否則，若無法分別適用個別的相關法規，為貫徹相關勞工法規之目的，似以全部適用勞工法規為宜。

---

[9] 作者，勞動契約之特徵「從屬性」，收錄於作者，勞動法案例研究（一），2002，翰蘆，第26頁以下。

（三）從屬性的具體認定標準

1. 一般說明

　　關於從屬性的認定標準[10]，基本上是一個契約歸類的問題，因此作為肯定勞動契約的從屬性，並不是「全有或全無」的問題，而是程度高低的問題；亦即其從屬性之程度，若愈接近於典型勞工的情形，愈可能被承認是勞工。又認定從屬性的前提，自以當事人間存在著契約關係為原則。至於如何界定勞動關係，原則上亦與民法上一般契約類型歸類的處理方式相同。基於相關規定的文義（勞基法第2條第1款定義勞工：「謂受雇主**僱用**從事工作獲致工資者」、第2款定義雇主「謂**僱用**勞工之事業主……」；同條第6款所謂：「勞動契約：謂約定勞**雇關係之契約**」）、體系（**僱傭契約**最能適當地吸納一般所接受的從屬性標準）、民法債編修正時立法者的意思（於**僱傭契約篇**的第483條之1和第487條之1增加了僱用人危害預防之義務以及補償受僱人損害之義務），本文認為吾人應可認定勞動契約，原則上應為民法上僱傭契約的下位契約類型。不同的見解，認為承攬契約亦可構成勞動契約。姑不論此一見解似乎是將案件計酬、誤認為承攬契約的工作成果之風險承擔，並且和立法者在勞基法第62條以下、對承攬關係中所生職業災害所為特別規定的出發點：「承攬人是獨立營業人、並非勞工」，有所衝突。此一見解僅當例外地涉及非典型勞務契約的問題時，才有可能是正確的。承上論述，以下幾點，可認為是肯定從屬性的關鍵性標準：勞務提供者之主給付義務在於提供勞務本身、而非（透過勞務達成）一定的成果；原則上應親自服勞務，並且勞務受領人對之具有指示權（關於勞務提供之具體時間、地點、種類與型態）、調職的權限、（違反職場秩序時的）懲戒權限（勞基法第70條第6、7款參

---

[10]　同前註，第1頁以下。

照）。特別值得注意者：與指示權相比較，懲戒權（特別是警告／申誡、調職、記過等向來所接受的懲戒權的型態）原則上可認為更強烈的從屬性的一種表現。蓋相對於一般債權人對於債務人、頂多是透過違約罰促其履行債務，並未擁有懲戒權限；懲戒權限基本上僅存在於當事人間是處於上對下、而非平等地位的情形。例如：國家對於公務員、社團對於社員、以及本文後述專門技術人員之公會對其成員的情形。至於所謂的「經濟上從屬性」（受僱人並不是為自己之營業勞動，而是從屬於他人，為該他人之目的而勞動）、「納入企業生產組織之內」、「與同僚基於分工合作的狀態」，因為其內涵不甚明確，且多須參考契約關係以外的因素，亦與保障勞工之目的欠缺明確關聯，頂多僅是諸多較弱的參考因素，在考慮契約整體形象，以及從屬性程度的高低時，列入參酌而已。至於「生產工具之所有權屬誰」、「有無代為扣繳勞健保費」、「有無身著制服、一定的標章」等等形式因素，亦同。

2. **對德國學說的幾點說明**[11]

　　至於德國法上近來有主張所謂的「自願承擔企業經營風險」（自願承擔企業經營風險者並非勞工），本文認為這基本上也只能在契約歸類的觀點下，才能適當地加以理解（亦即基本上承攬契約的承攬人才是「承擔企業經營風險」，僱傭契約之受僱人則否）。至於是否出於自願？甚或一方面雖處於從屬性關係底下、另一方面卻被迫承擔企業風險？這些基本上是契約類型選擇之控制的問題：亦即就契約約定或實際進行情形言，勞務提供者若一方面身處與典型勞工類似的處境、喪失企業經營之可能性，為貫徹相關勞動法規的保護目的，則當另一方面勞務受領人利用其優勢締約實力，透過約定、將企業經營風

---

[11] 另參作者，德國法上近來對勞工概念的討論與立法，勞動法裁判選集（三），第1頁以下。

險轉嫁勞務提供者承擔，令其不能享有勞動法規所提供的保護，原則上應認為構成契約自由之濫用[12]。至於「社會保護必要性」（參酌相關勞工法規之目的，有受保護必要之勞務提供者為勞工）、「經濟上從屬性」（與前述判決所稱的「經濟上從屬性」之內容不同，其意義為：勞工之經濟生活的來源大部分來源他方當事人：雇主）的觀點，若提供勞務者之具有「社會保護必要性」、「經濟上從屬性」，且其原因若主要是出於契約約定的結果，依其情形，可能與上述關於「自願承擔企業經營風險」的說明相同，作為契約歸類的參酌因素之一。

3. 本件判決評釋之一：幾個從屬性的具體認定標準

承上說明，本判決以勞務提供之專屬性作為判斷標準之一，這應可由「勞動契約係以僱傭契約為其上位類型」（民法第484條參照）推論獲得。同理，本判決以「報酬對勞動本身是否具對價性」，這基本上也可由該勞務契約為僱傭契約、並非承攬契約而推論得知（民法第482、487、490、508條參照）。至於法院所採關於從屬性的三種態樣：人格上、經濟上及組織上從屬性，其中當以人格上從屬性，因其判斷因素直接以契約內容為對象，並且標準較為明確而值得贊同。又法院在此標準下，以指示權、懲戒權作為說明，並在指示權底下檢討工作時間、地點、勞務之具體態樣，基本上亦為正確。另參酌德國法上的見解，保險業務員須受到保險公司營業政策或價格上之拘束，原則上亦不足以作為認定從屬性的依據。又關於最低工作量、職業訓練、活動區域之規定，若實際上並未造成保險業務員招攬保險活動的重大限制、使後者實際上仍得保有相當之裁量空間者，亦同。至於保險業務員僅能為一家保險業招攬保險的現象，因為對於民法第484條關於勞務提供專屬性的規定，當事人得為相反的約定，顯示該規定是一個較弱的參考標準。何況在保險代理人亦有類似專屬代理的現象（保

---

[12] 同註9，第29頁以下。

險代理人經紀人公證人管理規則第4條第2項參照），惟保險代理人並未因此成為該保險業者之勞工，則無爭議。故單純此一現象並不足以作為肯定從屬性的理由。

4. 本件判決評釋之二：「保險業務員管理規則」及其衍生的可能影響

　　惟就本件所涉保險業務人員的問題，審理法院並未檢討財政部發布之「保險業務員管理規則」及其衍生的可能影響，這不論在學理上或結論上都極待討論。茲論述如下：

　　(1)首先應注意的是：財政部所發布之「保險業務員管理規則」，其目的應當是有效地健全與管制各該專業，保護一般社會大眾而設[13]，因此若以之直接作為界定保險公司與保險招攬人間私法上法律關係，似有不妥。

　　(2)保險公司是否直接因為保險業務員管理規則所賦予其對保險業務員之懲戒權限，而成為後者之雇主？對此似應採否定見解。蓋此似可認為是：將本來由國家或各該公會的監督懲戒權限，轉交各保險公司代為行使的一種現象，從而有別於雇主對勞工的懲戒權限。因為（2-1）該管理規則第20條第1項各款有關懲戒事由之規定，主要是著眼於防止要保人、被保險人利益之危害（第1至5款、第7、8款）以及保險業之管制（第6、9至13款、第14款更以有損形象為懲戒之事由），至於勞動法上典型的懲戒處分：以勞工違反其對雇主所負之義務者（例如未準時出勤或違反工作秩序者）反而付諸闕如。然而「企業懲罰制度係勞動契約義務之具體化規定；涉及勞動契約義務之違反時，始有實施企業懲罰制度之制裁措施之正當性與合法性」[14]。因此

---

[13] 對此問題及行政主管機關之相關函令，參閱施文森，論產險外務員之權限，收錄於氏著，保險法論文集，第二集，民77年，第4版，第324頁以下。

[14] 黃程貫，企業懲罰權，臺灣社會研究季刊，1998，第二卷第三、四期，第1頁以下。

就懲戒之事由而言，保險公司依據「保險業務員管理規則」對於業務員之管理與懲處權限，實與雇主對勞工所擁有之懲戒權限，有所不同。（2-2）何況作為保險公司獎懲之依據，須報相關公會備查（第19條），而非如勞基法第70條有關獎懲之工作規則、應報由勞動主管機關加以核備。二者在制定的程序上亦有差異。（2-3）又不服懲戒者之業務員，依同規則第20條第3項規定「對於受停職登錄、撤銷登錄處分之業務員，得於受處分之通知到達之日起三個月內，向各有關公會組成之紀律委員會申請覆核」，此種申請覆核的情形，將懲戒與否之結果最終取決於公會紀律委員會之決定，於勞動法上並無相當的現象，實應解為是保險公司係代行公會懲戒權限的結果。特別是在訴訟救濟上，二者之差異更為明顯：保險業務員若不服公會紀律委員會的決定（例如被撤銷登錄、以致於無法執行職務），似乎僅能透過行政訴訟加以救濟，這與勞工不符雇主懲戒措施—例如當涉及勞工人格權之影響或解僱—時、透過一般民事訴訟加以救濟者，顯有不同。（2-4）吾人若將「保險業務員管理規則」上保險公司對於業務員之管理與懲戒處分的情事，與其他專業技術人員之相關規定相比較，益可支持上述論點。例如關於保險業務員之登錄（保險業務員管理規則第3條）、基本教育訓練與在職教育訓練（第12、13條）、懲戒處分（第20條第1項），此於律師或其他專技人員亦有相當之規定。有關職業訓練的問題，就律師而言，律師職前訓練辦法規定，關於實務訓練的部分，由法務部（司法官訓練所）委託律師公會或律師辦理（同辦法第4條）；學習律師完成實務訓練時，由指導律師評定其成績（同辦法第13條）。有關律師登錄的問題，須其基礎訓練及實務訓練成績均及格者，由法務部司法官訓練所發給合格證書（同辦法第14條），方可能聲請登錄（律師登錄規則第2條）。律師有應付懲戒之事由（含違背律師倫理或律師公會章程之行為而情節重大，律師法第39條）；由法院、檢察署、主管機關或律師公會（同法第40條）移送懲戒之機關；懲戒委員會由法官、檢察官及律師組成（同法第41、43條）；評議結

果若為懲戒,其可能之處分包括:警告、申誡、停止執行職務或除名(同法第44條)。類似地,醫師懲戒辦法第2條有醫師交付懲戒之事由,其懲戒機關由行政院衛生署所設之醫師懲戒委員會處理(同辦法第4條);其成員為衛生署副署長及醫學及法學專家組成(同辦法第5條);其可能之處分亦包含:警告、申誡、停止執行業務或撤銷醫師證書(同辦法第3條)。其他如會計師法第40條、建築師法第45條、技師法第40條,關於各項專業技術人員亦有類似的懲戒處分之規定(警告、申誡、停止業務和撤銷相關證照或除名)。**足見此類管制與懲戒措施實為監督及維護各相關專業、確保公眾利益之一般現象。**只是在保險業務員監督懲戒的問題上,獲得授權的並非——一個並不存在一保險業務員所組成的公會而已。(2-5)最後,以上見解可由比較法的觀點得到印證。德國法上認為對於類似的現象:要求保險代理人應參加職業訓練、遵守保險公司關於保險產品之指示、保險公司應對於保險從業人員應為相當之監督與管制(含懲處與解聘),這些因素並不足以作認定保險招攬人員是勞工的理由。

(3)與前述情形不同的是:當雇主另外透過工作規則的訂定,而就**保險業務員管理規則**——如第7條、第12條、第19條等規定——**規定外的情事**(亦即**僅僅或主要是涉及勞務契約義務之履行或是企業秩序之違反**),對於從事招攬保險人員所作之監督與懲戒。在此,保險公司對其保險業務員所行使者,性質上即為雇主對勞工的監督懲戒權。而保險公司縱然形式上援引保險業務員管理規則第18條作為依據,但由於其內容既與該管理規則無涉,自不影響其所訂定者、在性質上為勞基法第70條以下所稱之工作規則。而本件所涉及的終止事由:「業績不足」,似乎正是屬於此類情形。在此,保險人員所面臨的工作(時間)上的拘束與懲戒(人格從屬性),可能與一般勞工的情況並無重大差別。詳言之:若保險公司所設定的業績量,通常將占據保險人員相當長的工作時間,以致於後者實際上所餘存的自由時間受到相當壓縮,而雇主又據以作為懲戒的標準,則參照前述德國實務見解,就可

能認定是工作時間上之拘束以及（雇主對勞工之）懲戒權的表現，這將造成保險人員某程度的人格上從屬性。又若該餘存之自由時間，同時又不足以讓保險人員有從事營業活動、獲取相當之利益、合理地維持其經濟生存，則參照德國法上「自願承擔企業經營風險」、「社會保護必要性」、「經濟上從屬性」等觀點，綜合判斷其從屬性之程度，若與典型的勞工並無重大的差異，自宜認定其為勞工。

四、結論

1. 招攬保險人員，其勞務契約應屬居間契約，亦即由保險從業人員向保險公司為訂約之媒介，後者於保險契約締結成立後給付報酬。惟依其提供勞務之具體情形，若具有從屬性時，仍可能認定為勞動契約。

2. 至於以下幾點，可認為是肯定從屬性的關鍵性標準：勞務提供者之主給付義務在於提供勞務本身、而非透過勞務達成一定成果；原則上應親自服勞務，並且勞務受領人對之具有指示權（關於勞務提供之具體時間、地點、種類與型態）、調職的權限、（違反職場秩序時）懲戒權限（勞基法第70條第6、7款參照）。其他所謂的「經濟上從屬性」、「納入企業生產組織之內」、「與同僚基於分工合作的狀態」，「生產工具之所有權之歸屬」、「有無代為扣繳勞健保費」、「有無身著制服、一定的標章」等等因素，頂多僅在考慮契約整體形象、是否較接近於勞動契約時，列入參酌而已。

3. 本件審理法院所採關於從屬性的三種態樣：人格上、經濟上、以及組織上從屬性，其中當以人格上從屬性，因其判斷因素直接以契約內容為對象，標準較為明確而值得贊同。又法院在此標準下，以指示權、懲戒權作為說明，並在指示權底下檢討工作時間、地點、勞務之具體態樣，基本上亦為正確。至於保險業務員僅能為一家保險

公司招攬保險的現象，原則上並不足以作為認定從屬性的依據。又參酌德國法上的見解，保險業務員須受到保險公司營業政策或價格上之拘束，原則上亦不足以作為認定從屬性的依據。又關於最低工作量、職業訓練、活動區域之規定，若實際上並未造成保險業務員招攬保險活動的重大限制、使後者實際上仍得保有相當之裁量空間者，亦同。

4. 惟就本件所涉保險業務人員的問題，審理法院並未檢討財政部發布之「保險業務員管理規則」及其衍生的可能影響，極待補充。本文認為：財政部所發布之「保險業務員管理規則」，其目的既在健全與管制保險業務、保障要保人／被保人之利益而設，因此若以之直接作為界定保險公司與保險招攬人間私法上法律關係，似有不妥。因此，保險公司並不會直接因為保險業務員管理規則所賦予其對保險業務員之懲戒權限，而成為後者之雇主。因為此一懲戒權限，基本上是將本來由國家或各該公會賦與之權限，轉交各保險公司代為行使的一種現象。這特別是反映在**制定的程序**上，該獎懲依據，須報相關**公會**備查（保險業務員管理規則第19條），而非經如一般工作規則之經**勞動主管機關**（勞基法第70條）核備；以及在不服懲戒者之業務員，得向各有關**公會**組成之紀律委員會**申請覆核**（保險業務員管理規則第20條第3項）以及**訴訟救濟**上的差異：透過行政訴訟、而非訴請普通法院加以救濟。

5. 惟應加區別的是：雇主就**保險業務員管理規則規定外的情事**（亦即**僅僅或主要是涉及勞務契約義務之履行或是企業秩序之違反，本件所涉之終止事由：「業績不足」即屬之**），對於從事招攬保險人員所作之監督與懲戒。在此，保險公司對其保險業務員所行使者，性質上即為雇主對勞工的監督懲戒權；其為此所制定者，在性質上為勞基法第70條以下所稱之工作規則。由於在此情形，保險從業人員所面臨的工作（時間）上的拘束與懲戒（人格從屬性），可能與一般勞工的情況並無重大差別。詳言之：若保險公司所設定的業績

量，通常將占據保險人員相當長的工作時間，以致於後者實際上所餘存的自由時間受到相當壓縮，而雇主又據以作為懲戒的標準，應可認定是工作時間上之拘束以及（雇主對勞工之）懲戒權的表現，造成保險人員某程度的人格上從屬性。若該餘存之自由時間，同時又不足以讓保險人員有從事營業活動、獲取相當之利益、合理地維持其經濟生存，則參照德國法上「自願承擔企業經營風險」、「社會保護必要性」、「經濟上從屬性」等觀點，綜合判斷其從屬性之程度，設若其情形與典型的勞工並無重大差異，自應認定其為勞工。

3 雇主概念的界定與義務的擴張
——實務數則相關判決評析——

壹、雇主的界定

相對於如何界定「勞工」此一問題受到學說與實務的廣泛討論[1]，雇主的概念在相形之下向來就甚少被討論到。德國法上通說認為雇主即是與勞工締結勞動契約之相對人，亦即基於勞動契約得要求勞工提出勞務者[2]。我國勞基法第2條第2款對雇主雖定義為「謂僱用勞工之事業主、事業經營負責人或代表事業主處理有關勞工事務之人」，文字上易令人誤認該三者皆為雇主。惟上述規定係受勞工安全衛生法之影響所致[3]，依正確之理解，至少就契約上的權利義務而言，應認雇主為與勞工訂立勞動契約之相對人；勞動契約上的權利與義務一概歸由與勞工締結勞動契約之相對人享有或承擔，方符合勞動契約所產生之債權／債務關係、基於債之關係的相對性的特徵。亦即設若公司A由董事長甲，代表公司僱用司機丙駕駛公務車，則公司本身為勞動契約之相對人，雖然丙事實上受到公司之董事甲以及人事經理乙之指揮監督，但甲、乙之監督權限係間接源自於A公司，並非其直接基於勞動契約所產生者。何況若甲、乙於A公司內之地位、被他人取代，吾人亦不至於認為和司機丙締結契約之相對人——雇主——有所變更。因此就雇主的概念而言，仍應以和勞工締結勞動契約之相對人為準。

司法院第一廳基本上亦採取相同見解。對於負有資遣費發放義務之雇主的認定，司法院第一廳認為「究以何人為雇主，**端憑由何人僱用勞工之事實為斷，非謂一勞工必有三雇主。本件係由某甲以公司董**

---

[1] 參閱林更盛，職業災害中雇主之責任，收錄於氏著，勞動法案例研究（一），翰蘆，2002，第157頁以下。

[2] S. mur MünchArbR/Richardi, 2. Aufl, 2000, § 30 RdNr 1.

[3] 此由行政院就該規定草案之說明：該定義係參照勞工安全衛生法；以及在立法院內政、經濟、司法審查會對此說明未加更改（立法院，勞動基準法案，上冊，第6頁；下冊，第803頁），可以參照得知。

事長身分代表公司僱用丙、丁、戊、己等數十名工人，故雇主應為公司，其資遣費應由公司負責。……」⁴。對於其他相關問題，基本上亦認為：勞基法第20條規定得為解僱事由之事業單位改組或轉讓，「如事業單位為公司組織並不包括其機關內部改組之情形在內。因如僅公司機關內部改組，原公司仍繼續存在，雇主依舊，自不發生勞動基準法第20條所謂「新雇主承認」之問題，必於公司變更組織或合併，**雇用之主體已生變更者**時，始得謂事業單位改組。」⁵

貳、關係企業中雇主概念的界定

　　惟上述關於雇主的概念，係以雇主——與勞工之特徵從屬性相對地——是在企業經營上擁有獨立性為出發點。但這一前提，就關係企業／控制性持股關係中的子公司的情況，未盡符合。因為當關係企業彼此間並非是平行的、而是具有上下從屬關係（Abhängigkeit）時，不僅僅是子公司之企業之計畫、組織與經營，將會受母公司的影響，更重要的是：上述外力的影響，乃是源出自關係企業內結構性的從屬關係。子公司（雇主）之經營權限，因為關係企業／控制性持股關係而受影響；因此勞動法向來企圖透過課予雇主之義務、影響其決策，以保護勞工的作法，對於關係企業／控制性持股關係中的子公司（雇主），是否仍然能夠適當地發揮其功能，不無疑問。何況子公司的勞工在關係企業／控制性持股關係下所面對的風險，與少數股東及公司債權人相比，並未更少。因此如何在關係企業／控制性持股關係之子公司界定雇主及其相關義務，即有待探討。

---

⁴　民事法律專題研究（三），第393頁。
⁵　民事法律專題研究（三），第400頁以下。

一、基本出發點

　　對於上述關係企業中母公司對子公司的經濟上／企業經營上的控制、是否足以動搖雇主的概念（例如是否足以使母公司變成子公司勞工的雇主？），德國法上通說[6]基本上採否定見解，認為原則上仍應以和勞工締結契約之相對人為雇主；蓋單純的經濟上／企業經營上的控制權限，並不足以影響子公司在法律上仍然擁有獨立的法人格（rechtliche Selbständigkeit）[7]，子公司之員工仍以與之締約的子公司為其雇主，經濟上／企業經營上的控制權並不足以使母公司轉變成為成是子公司之員工的雇主[8]（何況具有控制權的「總部」／「總事業處」，可能只是單純的多數企業的結合而已，並無法人人格[9]）。同理，子公司員工既然是和子公司締結勞動契約，因此原則上關係企業整體亦非子公司員工的雇主[10]，關係企業全體亦不必連帶地負雇主之責（keine Gesamthaftung im Konzren）[11]。而這種見解，從勞工的角度言，亦未必不利。蓋關係企業內的母公司或其他企業對子公司的勞工並不當然擁有和雇主指示權相當的權限[12]，母公司經濟上／企業經營上的控制權，最終仍須透過子公司行使其雇主之指示權，才會影響到子

---

[6] MünchArbR/Richardi, 2. Aufl, 2000, § 32 RdNr 8, 18; Martens, Das Arbeitsverhltnis im Konzern, FS 25 Jahre BAG, S. 367, 371ff, 358 ff; Karamarias, Bundesdeutsches Individualarbeitsrecht im Konzern, RdA 1983, S. 353, 355; Bauschke, Arbeitgeber in AR-Blattei SD 100, 1995, RdNr 46.

[7] MünchArbR/Richardi, 2. Aufl, 2000, § 32 RdNr 26, Bauschke, Arbeitgeber in AR-Blattei SD 100, 1995, RdNr 46.

[8] Gamillscheg, Arbeitsrecht I, 8. Aufl, 2000, S. 191.

[9] Schaub, Arbeitsrechtshandbuch, 9. Aufl, 2000, S. 128.

[10] Martens, Das Arbeitsverhltnis im Konzern, F.S. BAG, S. 368.

[11] MünchArbR/Richardi, 2. Aufl, 2000, § 32 RdNr 26.

[12] MünchArbR/Richardi, 2. Aufl, 2000, § 32 RdNr 24; Karamarias, Bundesdeutsches Individualarbeitsrecht im Konzern, RdA, 1983, S. 353, 355, 357.

公司勞工的勞動條件。又基於勞務受領的專屬性，子公司的勞工並不當然有義務向關係企業的其他公司提供勞務[13]。子公司的雇主若調派其員工至母公司或其他關係企業所屬公司工作，仍須得勞工同意方可[14]。

　　對此問題，德國聯邦勞動法院亦早於1975年11月26日的判決[15]中表示：對於廣播公司所屬、其主要活動係為廣播公司演出的樂團，該廣播公司雖然有強烈的經濟上及藝術上的影響力，但這並不當然使該廣播公司成為該樂團之樂手的雇主。若廣播公司拒絕直接雇用樂團之成員，而是令樂團成為樂手的雇主，以致於樂手無法享有適用於廣播公司之團體協約的有利條件，這在法律上是被允許的。又例如：縱然子公司股份完全屬於某甲所有，且甲為該公司唯一的董事，子公司因停工、而依社會計畫給予被裁員的勞工補償（社會計畫補償，Sozialplanabfindung），之後該子公司破產，破產管理人因破產財團根本不足以清償破產債權而拒絕給付該項補償，勞工因而轉向該董事甲請求社會計畫補償，德國聯邦勞動法院[16]認為：該子公司的唯一董事／所有股份的擁有人甲，並不因而當然必須承擔雇主給付社會計畫補償的責任。

　　至於當勞工被原雇主借調而為關係企業內的其他公司服勞務，是否會影響到其雇主的認定？僅得就各案情形決定[17]。茲分析可能情形如下。

---

[13]　MünchArbR/Richardi, 2. Aufl, 2000, § 32 RdNr 23.

[14]　MünchArbR/Richardi, 2. Aufl, 2000, § 32 RdNr 25; Schaub, Arbeitsrechtshandbuch, 9. Aufl, 2000, S. 128 f.

[15]　BAG Urteil vom 26. 11. 1975, BAG E 27, S. 341 ff.

[16]　BAG Urteil vom 11. 11. 1986, zu B I der Gründe, NJW 1987, S. 2606 f.

[17]　MünchArbR/Richardi, 2. Aufl, 2000, § 32 RdNr 9, 19; Vgl. Schaub, Arbeitsrechtshandbuch, 9. Aufl, 2000, S. 128 f.

二、借調：既有的勞動關係的維持

　　就所謂借調的情況言，若依係爭勞動契約言，借調工作係屬常態，且當事人並無終止（中斷）勞動契約之意思，原則上應認原雇主仍為勞工之雇主，勞動關係繼續存在。上述見解為德國法上通說所採，其立論之根據在於：關係企業內對於較高階之勞工調動職務，乃是一典型的現象，基本上與一般的派遣勞動關係並無實質上的差異，亦即勞工雖然實際上到受派地點工作，惟此係受其雇主（即派遣人）之指派、構成其依勞動契約提供勞務的內容之一，因此並不當然引起任何受派勞工任何信賴、使其與實際工作場所之公司（即要派人）成立另一個勞動關係[18]。

　　我國實務基本上亦採此見解。例如最高法院於89年臺上字第1858號判決中表示：「查多○樂公司設董事長及監察人各一人、董事五人，其中董事長李○正為上訴人公司（作者：即雇主）之董事兼經理，監察人李○怜珠、董事李○財、李張○理及林○雅均為上訴人公司之董事，另兩名董事李○坤、李○春鳳為夫妻，其中李○坤為上訴人公司之董事長（85年10月2日起由李○正繼任），此外，兩公司營業項目相同，曾設於同一棟建築物，**員工於兩公司間調動係以內部作業方式，不經資遣，受僱之員工有跨公司工作等情**，為上訴人所不爭，再參酌被上訴人提出之63年度免扣繳稅款所得資料申報單，係由上訴人公司所製發，並以上訴人公司為薪津給付單位，以及上訴人公司製發之**人事任免通知單、員工請假卡均記載被上訴人之到職日期為60年8月24日**，暨證人林○玉、高○嬪之證詞，足證被上訴人（作者：即勞工）主張上訴人公司與多○樂公司為關係企業，被上訴人於兩公司間調動，**係由上訴人公司自行決定作業，其始終係受僱於上訴人公司，**

---

[18] Martens, Das Arbeitsverhltnis im Konzern, F.S. BAG, S. 371.

已連續任職二十五年乙節，應堪採信。」[19]

　　司法院第一廳基本上亦採取相同結論，認為：「母公司與子公司之關係，僅為母公司支配子公司，但兩公司仍為個別之權利義務主體，因此若係基於借調關係將勞工調往子公司工作，工資請求權及契約終止權僅得對母公司請求；若非基於借調關係，而係經勞工同意，則屬另一勞動契約之履行，與原雇主之勞雇關係亦因合意而終止。」

三、借調：新的勞動契約的簽定

　　勞工為關係企業中的甲公司（多是控制公司／母公司）所雇用，其後被派致關係企業中的乙公司（多是子公司），與後者締約、為後者公司工作。於此，應視其與甲公司之契約關係是否已經終結而定。

（一）成立另一勞動關係

　　若依各案情形（特別是當事人之約定），可認為勞工與原公司之契約關係已經終結，則應認為勞工在為新公司服務時，與新公司成立另一新的勞動契約。例如最高法院於93年度臺上字第1055號民事判決基本上採類似見解，認為：「次查被上訴人陳斯英於78年6月30日由上訴人公司**辦理退出勞工保**，同年7月1日起轉由訴外人建林公司**辦理加保**，82年3月26日退保，82年3月22日由訴外人新豐公司**加保**，迄88年4月12日**退保**等情，有勞工保險局89年1月21日保承字第1001496號函及附件可稽。被上訴人陳斯英雖曾在新豐公司任職，專責辦理該公司之業務等情，不僅有證人張麗鶯之證言可稽，並有被上訴人陳斯英以**新豐公司臺北主管身分覆核之傳票**，陳斯英多次以新豐公司主管身分與

---

[19] 引自法源法律網網站www.lawbank.com.tw，搜尋時間：2006.11.03，以下實務見解出處亦同，故不另附註出處。

客戶洽公暨參加「臺灣區高壓氣體工業同業公會」年會之**出差旅費報告單等主管業務文件**資料，以及被上訴人陳斯英提出證明其確實服務於新豐公司之**薪資袋**等附卷足憑，可見被上訴人陳斯英自82年起實質上乃對於新豐公司提供勞務，由新豐公司發薪，係屬新豐公司之受僱人，是被上訴人陳斯英88年3月間申請退休時，係受僱於新豐公司，並由新豐公司向勞工保險局申請老年退休給付（見第一審卷第74頁勞工保險局89年2月25日保承字第103791號函暨附件），則其退休金之給付義務人應係其僱用人即新豐公司而非上訴人公司。**縱新豐公司與上訴人公司為關係企業，惟究屬不同主體之另一法人。原審以上訴人公司與新豐公司為家族性關係企業，被上訴人陳斯英勞工保險加退保，及支領新豐公司薪俸，係上訴人公司負責人基於家族企業資金之運用、調度、人事之調派，節省稅捐之措施，不能因此否認被上訴人陳斯英係受僱於上訴人公司之事實，上訴人自有給付退休金之義務，進而以上開理由為上訴人敗訴之判決，自有可議。上訴論旨，執以指摘原判決其敗訴部分為不當，求予廢棄，為有理由。**」

另外就具體的認定標準，下列判決值得注意：

案例（一）板橋地方法院於91年度勞訴字第57號民事判決中依據：發放薪水的名義人，請假單上的相關記載（職別，任職部門，到職日期，人員代號，准假的名義人），勞保未經勞工同意、片面由公司予以更改等情，認定「原」僱用公司為雇主（理由乙三）。

案例（二）臺南地方法院94年度勞訴字第18號民事判決從：對勞工提供之勞務給付報酬者為雇主、保護我國勞工得受勞基法等相關勞動法令之保障為出發點，勞工所領薪資名義中另有「大陸津貼」項目，勞工債權人對之執行薪資債權、原僱用公司並未異議，原僱用公司嗣後仍負責協商離職相關事項，認定「原」僱用公司為雇主。至於當事人曾協議將薪資給會致勞工母親的帳戶、辦理勞保退保事宜，僅係因為迴避債權人聲請強制執行等理由，並不足以因此否定兩造勞雇關係之延續（理由四（一））。

　　案例（三）對於在臺灣受聘、前往泰國任職的勞動關係的雇主，臺灣板橋地方法院92年度勞訴字第14號民事判決主要基於聘僱合約書之約定（合約書第1條「甲方（即被告）聘請乙方（即原告）為盛美針織機械（泰國）有限公司任職位……」），認定勞工是受僱於盛美針織機械（泰國）有限公司，至於不再續聘函、薪資異動函勞工保險被保險人投保資料表、各類所得扣繳暨免扣繳憑單上的名義人為何，並不足以變更上述的認定（理由二、三）。上訴審臺灣高等法院於92年度勞上易字第59號民事判決則採相反見解，認為「合約書上記載聘僱合約書之當事人雖為他人，惟兩造先前已有僱傭關係，且合約書規定：「（一）甲方（作者：即被上訴人）聘請乙方（作者：即上訴人）為盛美針織機械（泰國）有限公司任職位縫整部主任……。（二）服務地點：泰國曼谷盛美針織機械（泰國）有限公司之廠址。……（六）……乙方需配合甲方（即被上訴人）之業務支配……」可見上訴人原係受僱於被上訴人，而派至盛美針織機械（泰國）有限公司服務之人員，且需受被上訴人之業務支配，則被上訴人所提由盛美針織機械（泰國）有限公司署名之聘僱合約書及服務證明書，正足以證明被上訴人派上訴人至泰國服務乙節屬實」，另外並參照不再續聘函上最後署名之人，盛美針織機械（泰國）有限公司致被上訴人之傳真函（「查生產管理部經理蘇淑美及技術經理林文裕‥由臺北總公司立工作契約，調派泰廠任職案事由。**1.**按公司規定由臺此調派所屬原單位工作，所調派人員每人每年辦理簽契約一次，為雙方約束之準則。**2.**蘇、林兩員調派泰廠工作業已十年。……由1997-1998兩年由3月1日起應予訂定續約，但未能成立。……**6.**……該兩員於1998年工作續約再簽定之……是否恰當，呈請李董（指被上訴人之法定代理人李賓）裁示（並速交待人事部訂定續約）職林豐烈呈」）認為勞方為盛美針織機械（泰國）有限公司服勞務，實係上訴人與被上訴人間契約之延續。又被上訴人關於避免泰國之高稅率的抗辯，既然合約書第7條的約定不符（「薪金：……分月支付，每月兩期按甲方（即

泰國盛美公司）泰廠發放薪資規定，乙方每月支取臺幣5萬元正，在泰國支付，其餘均在臺灣支付，由『甲方』撥付至乙方郵局存款帳戶內。」），亦無法提出任何委託代墊之證明及其與泰國盛美公司就代墊後如何償付或撥付款項之證明，而且勞方之所得稅扣繳憑單上亦登載以「薪資」，足認勞工與泰國盛美公司訂立合約，實因囿於其需服從配合被上訴人之業務支配及公司規章，難有選擇或拒絕之餘地，因此被上訴人之抗辯即不足採（理由三）。

（二）成立多重的契約關係

德國法上通說認為勞工與原雇主（母公司）之勞動契約關係基本上並未終結，因為原則上可認為保有對勞工勞力處置與指揮之權，亦有利控制公司（母公司）[20]；故在此情形，勞工同時與二雇主成立二個勞動關係。

例如對於一適用德國法的勞動契約的勞工，其依勞動契約之補充約定，被德國公司派到關係企業所屬的國外公司與後者締結勞動契約、提供勞務，惟因其提供勞務不僅須依該外國公司、甚且亦應依該德國公司之指揮監督為之，而且該德國公司仍保有權利、得隨時指派該勞工到另一關係企業所屬的其他國家的公司工作，對此德國聯邦勞動法院[21]認定該勞工同時保有二個勞動關係，該德國公司同時仍然為該勞工的雇主。又德國聯邦勞動法院於其後判決中強調[22]勞工有可能和同一個法人保持二個法律關係，但應以此二法律關係是明確可分的為前提。

與之類似地，德國聯邦勞動法院認為[23]：若一職員（Angestellter）

---

[20] Vgl. Schaub, Arbeitsrechtshandbuch, 9. Aufl, 2000, S. 128 f.
[21] BAG Urteil vom 21. 1. 1999, BAG E 90, 353 ff.
[22] BAG Urteil vom 17. 1. 1985, zu B I 2 c) der Gründe, NZA 1985, S. 68.
[23] BAG Urteil vom 24. 8. 1972, BB 1973, 91 f.

附帶地擔任其雇主所控制之子公司（有限公司）的經理人（Geschäftsführer）之職務，若二者的工作範圍在功能上和事物上為可分時，則通常並不是存在著一個統一的混合契約（Übernimmt ein Angestellter zusätzlich die Aufgaben des Geschäftsführers einer in der Rechtsform der GmbH betriebenen Tochterunetrnehmen seines Arbeitgebers, dann liegt dann in der Regel ein einheitlicher Vertrag nicht vor, wenn die beiden Tätigkeitsbereiche sich funktionell und sachlich voneinander trennen lassen.），而可能是二個不同的契約關係。在有利於認定為是包含數個非獨立部分而統一的混合契約時，應考慮下列因素：締約時間是否相同、不同約款間是否具有共同一致的內容、在法律上應否為相同的處理、以及其相互間是否依存性。就該案例，由於勞工是先受僱為職員，之後才另擔任子公司之經理人（締約時間不同），而且就其擔任母公司之職員和子公司之經理人的職務，在功能上和事物上為可分時，又此二工作範圍在法律上係相互獨立，亦不須作相同處理。因此就勞工所擔任職員的契約關係（而非擔任子公司經理）部分，仍有勞動法的適用。上述判決顯示了：提供勞務者可能同時基於二個契約關係供給勞務，而且其中之一可以是勞動契約、另一個契約關係則否。

　　在我國法，最高法院97年度臺上字第13號民事判決所涉及的事實，經原審認定為：被上訴人（勞工）自92年8月1日起受僱於上訴人公司，擔任總經理特助職務，月薪6萬元，未約定契約期間，於同年月4日被調派至北良公司擔任總經理職務，其任職期間仍受上訴人公司之指揮監督，應定期向上訴人公司報告在大陸工作情形，並由上訴人公司繼續按月給付6萬元薪資，並為其投保勞、健保，又上訴人公司於95年3月23日以勞方應於北良公司解職後返國工作而未為，構成曠職為由，終止兩造間之勞動契約，認被上訴人與上訴人及北良公司間存有雙重勞動契約關係。亦即被上訴人與北良公司間屬定期勞動契約、與上訴人間則屬不定期勞動契約，於定期勞動契約終止時，不定期勞動契約並不當然終止。……」對此，最高法院採肯定見解，認為「……

本件被上訴人與上訴人間為不定期勞動契約關係、與北良公司間屬定期勞動契約關係，三方間存有**雙重之勞動契約關係**。……」對此，本文認為：實務上承認可以存在著雙重勞動關係，在理論上甚具有重要性。惟應注意者：總經理常態上是公司法上的經理人，和公司之間是委任關係，並非勞動關係。本件勞務提供人和臺灣公司仍保有勞動關係，固無疑問，然而和大陸的北良公司可能是委任關係，因此三方間雖然存在著雙重法律關係，卻非雙重勞動關係。

參、雇主義務的擴張

一、德國法上的見解

　　對於上述「雇主為勞工在勞動契約上之相對人」的原則，德國勞動法上見解認為仍應承認其有所例外，惟在此並無一固定的解決方式[24]，而是（包括）應當援引德國關係企業法上例外地承認母公司／控制性的企業應負責任（Durchgriffshaftung）的想法，於類似情形，令真正有控制權者承擔雇主之責。

（一）「雇主」概念的擴張──企業老年年金

　　德國司法實務上對「雇主」概念擴張地加以理解者，其最顯著之例為關於企業老年年金法（BetrAVG）「雇主」的範圍的問題。

　　依該法第16條規定，雇主每三年應審查是否調昇企業老年年金之額度；在此，應特別顧及年金請求權人之利益以及雇主的經濟狀況，依衡平的裁量加以決定（第1項）。對此，德國聯邦勞動法院於

---

[24]　MünchArbR/Richardi, 2. Aufl, 2000, § 32 RdNr 5.

1977年11月10日的判決[25]中即已表示：依該規定，當雇主的經濟情況惡劣時雖然可能夠成撤回照顧給付（老年年金）之正當事由，惟在此，不僅應以該年金基金本身，尤其更應以提供基金財務來源之企業（Trägerunternehmen）本身無法提供足夠財務的來源為準，而後者又不僅應以雇用勞工之雇主本身，同時更應以其關係企業中母公司之經營狀況為準。於其後的判決中，德國聯邦勞動法院[26]再次表示：依上述規定，於雇主的經濟情況（營運）欠佳時，雇主得不調昇企業老年年金。就關係企業而言，這涉及到如何／是否應顧及關係企業所屬之其他公司的經濟情況。而這只能依個案，參考給付之承諾的具體內容、關係企業的結合型態及關係企業的政策等因素，加以決定。特別是當僱用勞工之雇主僅僅因為顧及關係企業之利益、而陷入經濟狀況的窘境時，即應同時考慮關係企業所屬其他公司的經濟情況，加以決定。

（二）基於信賴責任原則

就「雇主」責任的擴張而言，除了考量到有無濫用控制權外，多以信賴責任原則作為依據。

就工資的問題，德國聯邦勞動法院[27]認為：二家公司單純的關係企業的結合，尚不足使該二公司、對其各自所僱用之勞工的工資請求權，應共負連帶責任。惟若其中一公司引起其他公司員工的信賴，認為該公司負責代付工資給付之責，則該公司就此亦應負連帶責任。

就年資相關的問題，德國聯邦勞動法院[28]認為：關係企業之母公司原為勞工的唯一之雇主，若因其自己之利益、基於其要求，而將勞工調派致子公司，並與子公司同時締結勞動契約，惟承諾維持其原先所

[25] BAG Urteil vom 10. 11. 1977, unter II 2 der Gründe, DB 78, 939 f f.

[26] BAG Urteil vom 19. 5. 1981, BAG E 35, S. 301 ff, 308.

[27] BAG Urteil vom 23. 2. 1978, 1. und 2. Leitsätze, BB 78, 1118.

[28] BAG Urteil vom 25. 10. 1988, 3. und 4. Leitsätze, BB 89, S. 360.

承諾之企業年金，則該母公司仍為企業老年年金法的基金提供人。以上所述，對於將員工派至國外子公司，亦無不同；因此，勞工受僱於國外子公司之年資應予以併計。

就社會計畫之補償（Sozialplanabfindung）的問題，德國聯邦勞動法院[29]認為：有經營控制權人對於受其控制之子公司未付之工資與社會計畫之補償，可能應負責任，惟其前提是：該控制權人對於控制權之行使，未顧及受控制公司之利益，以致於對於因此所加諸於受控制公司之不利益，並未藉由其他措施與以補償。準此，對於一對外有代表權限的二董事的其中一人、擁有該公司55%者，若其於運用關係企業控制權限時，未顧及子公司之利益、以致於對加諸子公司之不利益絲毫未為補償時，對於受其控制之子公司未付之工資與社會計畫之補償，亦應負責。

就給付企業老年年金（Betriebsrente）的問題，德國聯邦勞動法院[30]表示：關係企業之母公司若對其子公司的勞工表示承擔雇主照顧性質的給付（Versorgungszusage）的義務，並且母／子公司於該承諾中共同表示：這是為了表達您（員工）對我們（公司）的貢獻的一種肯定，以及強化您和我們之間的聯繫（in Anerkennung ihrer uns geleisten Dienste und im Betreiben, ihre Bindung an unseren Betrieb enger zu gestalten）。由於母公司係基於關係企業間的緣故，才願意承諾上述的子公司作為雇主的給付義務。而子公司員工之所以獲得系爭的請求權，其法律上之原因，即在於其和子公司之間的勞動關係。況且系爭給付之承諾，是由子公司的經理以雇主公司的代理人加以轉達。又關於得撤回該承諾的情形，也僅限於以雇主（即子公司）、而不含母公司之經營狀況為正當事由。又曾提出變更該承諾的提議，乃是雇主（子公司），而非當初為此允諾的母公司。以上種種事實，足認雇主

---

[29] BAG Urteil vom 8. 3. 1994, BAGE 76, S. 79 ff.
[30] BAG Urteil vom 13. 7. 1973, DB 73, 2302 f.

（子公司）之行為確實足以引起勞工之信賴，認為：子公司縱然不親自為系爭之承諾，至少該照顧性質的給付，亦係因其倡議而由母公司為之。由於本案母公司嗣後進入清算程序，則就該照顧給付，雇主（子公司）基於照顧義務（Fürsorgepflicht），有代為履行之責。

就類似的情形，德國聯邦勞動法院[31]認為：企業老年年金法第7、10條所稱之雇主，係指其自身或經由照顧基金、承諾並提撥老年給付者而言。又所謂的企業老年年金，不僅包括其本身雖非有領取權人之契約相對人，更包括係關係企業的母公司，為使子公司的員工獲得統一的年金給付、而設立集中的企業老年年金基金。若母公司對一勞工承諾給付企業老年年金、而將該勞工派至國外販售部門的公司工作，並由後者另與勞工締結勞動契約，惟後者並未承諾給予企業老年年金。由於母公司所設立之老年年金基金的相關章程及其嗣後的文件皆確認：勞工雖被派至國外，但並不喪失其企業老年年金的請求權及其年資，嗣後母公司受破產宣告，該（原）企業年金基金仍應負履行之責。

二、勞動派遣中雇主義務的界定

我國法上特別值得探討的是勞動派遣中雇主義務的界定。勞動派遣的特色：雇用與使用分離的現象，同時也影響到：勞動契約上雇主的權利義務、究竟應如何切割？

德國法上基本上認為派遣勞工的雇主是派遣人、而非要派人。惟勞動派遣法（AÜG）第10條第1項於派遣人（Verleiher）與派遣勞工（Leiharbeitnehmer）之間的勞動契約無效時，擬制於要派人（Entleiher）跟派遣勞工間成立勞動關係。基於上述規定的以及基於信

---

[31] BAG Urteil vom 6. 8. 1985, BAGE 49, S. 225 ff.

賴責任的想法，學說[32]上有認為在異常長期的派遣、且依要派人之行為
而引起勞工之正當信賴時，應賦予派遣勞工向要派人請求締結勞動契
約的權利。

　　由於派遣勞動在締約時，多明文約定勞動契約當事人為派遣機構
（乙）與派遣勞工（丙）約定，並約定丙應向（特定或不特定的）要
派機構（甲）提供勞務、遵守甲的指揮監督，因此本文認為基本上可
作如下區分[33]：(1)契約上一般的（亦即和勞務的指揮監督無直接相關
的）權利義務，由於勞動關係是債權／債務關係，基於債之關係的相
對性，雙方的權利與義務基本上只能向相對人主張。因此例如工資、
資遣費、退休金的給付／提撥義務，原則上丙只能向乙主張之；惟乙
若積欠丙的工資，丙得類推適用民法第264條、主張同時履行抗辯權、
拒絕（向甲）提供勞務[34]。(2)直接跟指揮監督／指示權之行使（特別是
與工作時間、勞工安全、衛生與職業災害）有關者，為貫徹相關法規
保護勞工之目的，契約上的雇主（派遣機構）以及實際上行使雇主之
指揮監督權者（要派機構），都應考慮納入規範對象之內。因此，實
際上行使雇主之指揮監督權的要派機構甲，基本上亦應與派遣機構乙
共同負雇主之責。

---

[32] Martens, Das Arbeitsverhltnis im Konzern, F.S. BAG, S. 370 f; Karamarias, Bundesdeutsches Individualarbeitsrecht im Konzern, RdA, 1983, S. 357.

[33] 關於美國法上的說明，參閱鄭津津，收錄於臺灣勞動法學報第一期，2000年，第123頁以下，第138頁以下；關於德國法上的說明，參閱楊通軒，收錄於同一期刊，第69頁以下，第98頁以下；關於日本法上的說明，參閱邱駿彥，勞工派遣法制之研究，收錄於同一期刊，第54頁以下；邱駿彥，勞動派遣，收錄於臺灣勞動法學編，勞動基準法釋義—實施二十年之回顧與展望，2005年，第160頁以下，第179頁以下。至於國際勞工組織第181號公約對此問題，並未能提出解決之道，參閱焦興鎧，論勞動派遣之國際勞動基準，收錄於前揭期刊，第151頁以下，第177、178頁。

[34] Schüren, Handbuch neue Beschäftigungsformen, 2002, Teil 4 Rn 27；Schüren/Feuerborn, AÜG, 2. Aufl, 2003, Einl. Rn 172; ErfK/Wank, 4. Aufl, 2004, Einl. AÜG Rn 42.

　　例如就職業災害的問題[35]，在勞動派遣的情形，**1.**就派遣機構的責任而言，派遣機構乙是派遣勞工丙契約上的雇主，且派遣勞工丙向要派機構甲提供勞務，既然是受派遣機構乙之派遣，乙自應負勞基法第59條以下所規定的雇主職災補償責任。又對於丙職災的發生，吾人可認為甲行使從派遣機構乙所讓與之勞務請求權及指揮監督權限，因此在法律上似可認為甲是乙之保護義務的履行輔助人，因此除非乙能證明甲對職災的發生並無故意或過失（勞工職業災害保護法——以下簡稱職災保護法——第7條），否則丙得依據民法第224條之規定，對乙主張債務不履行的損害賠償。又由於甲行使對丙的指示權時，基本上並不受乙的指揮監督，並非乙之受僱人，因此乙原則上不必就甲之行為負僱用人之連帶侵權行為的責任（民法第188條參照）。**2.**就要派機構的責任而言，由於甲、丙間基本上並無契約關係，因此甲對丙原則上固然沒有債務不履行的問題。惟對於丙遭遇職業災害，甲應依民法第184條以下的侵權行為損害賠償責任。又有鑒於甲為實際上行使雇主指揮監督權之人，應認為：參酌職災保護法第7條的規定，若甲無法舉證證明其無可歸責之事由時，即應依民法第184條以下的侵權行為責任。**3.**有待討論的是：甲對丙職災的發生雖無過失，甲是否須負勞基法第59條以下之雇主的責任？對此應採肯定見解，理由如下(a)依勞基法第2條第2款的主要目的不外乎是：使事實上執行、實施雇主權限者，在該定義的範圍內，於有違反勞基法的情事而應受處罰時，亦應共同負雇主之責，已如前述。而勞基法第81條的規定：「法人之代表人、法人或自然人之代理人、受僱人或其他從業人員，因執行業務違反本法規定，除依本章規定處罰行為人外，對該法人或自然人並應處以各該條所定之罰金或罰鍰。但法人之代表人或自然人對於違反之發生，已盡力為防止行為者，不在此限。法人之代表人或自然人教唆或縱容

為違反之行為者，以行為人論。」，也再次表現出相同的想法。準此，就職業災害的問題，上述勞基法第81條所定**為他人（法人）之營業利益、實際上行使雇主權限之自然人**，既然都應該和雇主法人接受相同制裁（勞基法第59、79條），則對於**為自己之營業利益、實際上行使雇主權限之人**（要派機構甲），也應當（或是更應當）和派遣機構乙共同負雇主職災補償之責。(b)何況在事業單位以其事業轉包給承攬人時，若承攬人所雇用之勞工發生職災時，事業單位雖未實際上指揮監督該勞工，仍應和承攬人應連帶負雇主職災補償之責（勞基法第62、63條）；蓋事業單位一方面有相關的專業能力、能防止職災的發生，另一方面也藉此營利[36]，因此自不得藉轉包以圖免雇主職災補償之責。若然，在勞動派遣，要派人既然實際上指揮監督勞工，一方面既有防止職災發生的可能，另一方面也藉此營利，和事業單位相比，要派人更不得藉勞動派遣以企圖免除雇主職災補償之責。在方法論上，這至少也可以透過勞基法第59規定規定的舉輕（**為他人之營業利益、實際上行使雇主權限者，應負職災補償之責**）以明重（**為自己之營業利益、實際上行使雇主權限者，更應當負職災補償之責**），而獲得上述的結論。

---

[36] 林更盛，承攬關係中職災補償責任，收錄於氏著，勞動法案例研究（一），翰蘆，2002，第195頁以下，第202頁。

4 對工作規則法律性質的幾點初步想法
——評最高法院80年2243號判決——

壹、本案例事實及判決內容

　　本案勞工於72年2月16日起受僱於中〇公司及中〇公司職工福利委員會轉投資之福〇企業有限公司擔任技術員。於受僱之初，勞工即出具志願書，謂「願遵守一切規章（同高雄煉〇總廠）」。雇主福〇企業有限公司則遲至80年1月、方才自行訂定工作規則；在此之前，係以高雄煉〇總廠所從屬之中〇公司工作規則為其工作規則；至於中〇公司之工作規則則是於77年4月訂定，並經主管機關核備。而雇主於遲至最近方發給員工公司工作規則，在此之前，**未發給或揭示高雄煉〇廠或中〇公司之工作規則**。本案勞工於79年2月6日、7日以電話委請同事代請病假，雇主以其未親自請假為由，不予准假，論處曠工二天。同年月14日上午本案勞工又暫離工作崗位，被記曠工一日，依中〇訂頒工作規則第68條第12款規定，一個月內曠工累計達三天、記大過一次。嗣於同年7月17日再核定本案勞工違規記大過一次，並通知本案勞工因同一年度內功過相抵後仍有大過二次，予以免職。本案勞工於除主張其於79年2月6日、7日，已依規定請假，不應以曠職論處外，另主張雇主未依勞動基準法第70條規定訂立工作規則、報請主管機關核備及公開揭示，依法不生效力，自不得任意終止勞動契約。雇主則以勞工於受僱之初既已簽立志願書，自應遵守其所屬中〇公司之工作規則，因此雇主依該規則規定、不經預告逕予解僱，於法有據。原審認為雇主於解僱該勞工前，既未自行訂定工作規則，而所依從之中〇公司之工作規則復未按規定揭示，依勞動基準法第70條規定及內政部75年6月25日（75）臺內勞字第415571號函釋：「依勞動基準法第70條規定，事業單位工作規則之訂立，應報請主管機關核備，並公開揭示。如未符上開法定要件，自不發生工作規則效力」之見解，本案雇主所為之解僱不生效力。

　　就涉及工作規則的爭議，最高法院於本案判決中表示：「查被上

訴人（作者：即勞工）於72年2月16日受僱之初，出具志願書，記載：願遵守一切規章（同高雄煉○總廠），為原審認定之事實，則在上訴人（作者：即雇主）於80年1月訂定工作規則以前，係以高雄煉○總廠所從屬之中○公司工作規則為上訴人公司之工作規則，被上訴人出具志願書既表明願遵守之，既不能謂不知有該工作規則，原審謂上訴人未揭示該工作規則，被上訴人即得違背志願書所載，而不受其拘束，其法律上之見解不無可議。」

貳、最高法院採取契約說的源起與演變

一、最高法院以上所示意見（簽立志願書，即應遵守），可認為對工作規則之性質採取契約說的觀點；而這也似乎是最高法院最早對工作規則的法律性質所表示意見。而在其後判決中，最高法院大致上也維持了契約說的方向。

二、至於最高法院較明確地採取契約說中定型化契約說的見解，最早應當是出現在88年臺上字第1696號判決。對於該案所涉及之雇主變更其自行訂定的退休辦法，最高法院表示：「在現代勞務關係中，因企業之規模漸趨龐大受僱人數超過一定比例者，雇主為提高人事行政管理之效率，節省成本有效從事市場競爭，就工作場所、內容、方式等應注意事項，及受僱人之差勤、退休、撫恤及資遣等各種工作條件，通常訂有共通適用之規範，俾受僱人一體遵循，此規範即工作規則。勞工與雇主間之勞動條件依工作規則之內容而定，有拘束勞工與雇主雙方之效力，而不論勞工是否知悉工作規則之存在及其內容，或是否予以同意，除該工作規則違反法律強制規定或團體協商外，當然成為僱傭契約內容之一部。雇主就工作規則為不利勞工之變更時，原則上不能拘束表示反對之勞工；但其變更具有合理性時，則可拘束表

示反對之勞工」（判決要旨）[1]。這種對工作規則之性質採取定型化契約的見解，在後來的判決中大致上都被維持著。

　　三、至於工作規則之訂定及變更是否應得勞工同意、才對後者有拘束力，最高法院的見解並未統一。(1)前述88年臺上字第1696號判決一方面認為就工作規則之訂定，勞工不論知悉、同意與否，皆應受拘束。但另一方面卻又認為工作規則之變更，僅當具有合理性時，例外地才能拘束表示反對的勞工。相反地有主張基本上應得勞工同意的見解。(2)其中就工作規則之訂定，明確主張應得勞方同意才對後者有拘束力者，例如最高法院於91年度臺上字第1625號判決中表示：「**按工作規則為雇主統一勞動條件及工作紀律，單方制定之定型化規則。雇主公開揭示時，係欲使其成為僱傭契約之附合契約，而得拘束勞雇雙方之意思表示。勞工知悉後如繼續為該雇主提供勞務，應認係默示承諾該工作規則內容，而使該規則發生附合契約之效力**」[2]，並據以判定

---

[1] 傾向於採取定型化契約說者，例如臺灣高等法院於89年度勞上字第39號判決理由中表示：「按工件規則之產生，係由於近代企業分工日益精細、經營規模日益龐大，而勞工亦日眾，雇主與個別勞動者一一約定、談判、締結勞動條件誠屬不便，為了統一規範所有勞動者之行為，提供一可供遵循之準則，以維護企業整體之紀律，遂以工作規則將各種多樣的勞動條件予以整理、統一，學說及實務上對工作規則之法律性質雖無定見，惟只要工作規則未違反法令之強制或禁止規定或其他有關該事業適用團體協約規定，工作規則即係勞資雙方權利義務之來源，而須為勞資雙方所遵循。又依勞動基準法第70條第6、7款規定既允許雇主在自訂工作規則中，訂定獎懲及解僱事項，乃基於僱主企業之領導、組織權，得對於勞動者之行為加以考核、制裁，惟勞動基準法第12條第1項第4款僅有關於違反勞動契約或工作規則情節重大時，得予以懲戒解僱之規定，至較輕微之處分例如警告、申誡、減薪、降職及停職等，雇主的裁量權除受勞動基準法第71條之限制外，另應遵循權利濫用禁止原則、勞工法上平等待遇原則、相當性原則為之。」

[2] 採同見解者，例如臺灣高等法院於88年度勞上字第50號判決就該案所涉及的員工在職撫恤辦法，認為：「又雇主僱用勞工人數在三十人以上者，應依其事業性質，就撫卹等事項訂立工作規則，報請主管機關核備後並公開揭示之，勞動基準法第2條第6款及第70條第8款分別定有明文。其所謂工作規則，性質上應認為係雇主所提出之勞動條件，因勞工明示或默示而成為勞動契約之內容，且勞動基準法之訂立，旨在就此等涉

雇主牴觸工作規則之調職不生效力。(3)就工作規則變更問題，對於和88年臺上字第1696號判決所涉同一案件，最高法院於其後的91年臺上字第1040號判決中表示：當工作規則之變更影響勞工之既得權時，縱然勞工先前曾為概括同意，依據誠信原則，仍應得勞工具體之同意、方對後者有拘束力。最高法院表示：「按行使權利，應依誠實及信用方法，民法第148條第2項定有明文，上訴人係勞動契約之資方，固得因經營管理需要而變動攸關勞工勞動條件之工作或退休有關事項，但為保障較為弱勢之勞工權益，**除法律明定或契約具體約定外，尚不得以勞工曾概括同意可由資方逕行變更工作或退休內容事項，遽謂資方所為不利勞工之相關事項變更，均毋庸取得勞工之同意**。本件上訴人82年間修訂發布之退休辦法中，曾有第12條之保留退休基數條款，明示為顧及員工既有權益，應保留服務已滿十五年以上員工依修正前辦法先行結算之退休基數，而被上訴人於斯時服務均已滿十五年，為原審合法認定之事實，則依上訴人82年修訂發布之退休辦法計算被上訴人所得保留之退休基數，**已屬被上訴人之既得權益，上訴人嗣後就此有利於勞工即被上訴人權益之退休條件變更，自應獲得被上訴人之同意，否則即與誠實信用有違**。」

　　四、至於主管機關核備、雇主之公開揭示對於工作規則可能的影響如何？(1)最高法院判決中有認為工作規則之效力不以經核備、公開揭示為必要。如本文所評釋的判決——80年2243號判決——認為勞工既已簽立志願書，不能謂不知有該工作規則，即應受拘束。又就同一案例，最高法院嗣後在81年臺上字第2492號判決中更明確地表示：「雇主違反勞基法第70條，工作規則應報請主管機關核備後公開揭示

及勞雇權義關係之勞動條件為最低標準之限制，若勞雇雙方於勞雇關係存續中，另經達成合意之勞動條件，不違背勞動基準法中關於勞動條件最低標準之限制，且對勞工係屬有利者，亦應認已屬勞動契約內容之一部分，而有拘束勞雇雙方之效力，方符貫徹保護勞工之原則。」

之規定，僅係雇主應受同法第79條第1款規定處罰之問題。苟該工作規則未違反強制或禁止規定，仍屬有效」。(2)相反地，最高法院部分判決認為主管機關之核備以及雇主之公開揭示係工作規則的生效要件，例如最高法院在90年臺上字第1582號判決認為：「**原審審理結果以：雇主制定之工作規則，依勞基法第70條規定，必須報請主管機關內政部核備後並公開揭示之，始對勞工有拘束力，上訴人提出之該公司員工應遵守事項，其真正為被上訴人所否認，上訴人復未證明其經報請內政部核備，是否對上訴人公司員工有拘束力，已非無疑。**而該員工應遵守本項所為曠工應再扣薪之規定，與前述內政部臺內勞字第315275號函牴觸，上訴人執以抗辯，原審認其於法不合，未予採納，要難謂為有何違誤」。(3)在91年臺上字第897號判決中，最高法院則更進一步地認為：主管機關之核備以及雇主之公開揭示，可以創設工作規則的拘束力。最高法院表示「**又雇主依勞基法第70條訂立之工作規則，倘已依規定報請主管機關核備並公開揭示，不僅雇主應受其拘束，勞工亦有遵守之義務。**該工作規則關於年節獎金、中夜班點心費及績效獎金，非屬經常性給與之約定，究有何違反勞基法第1條第2項之規定，自應予澄清。原審未遑詳查，並敘明前揭工作規則之約定；違反勞基法第1條第2項規定之理由，即以依同法第71條規定，無論該工作規則是否經核備公告，前揭工作規則之約定均屬無效等語，遽為上訴人不利之判斷，已有未合」[3]。

---

[3] 系爭事實略為：對於員工因須經常性輪值中、夜班，而輪值中夜班、而可定期定額領取之「點心費」，以及與工作量之多寡無關，只須依規定前來工作、每月即可固定領取之「競賽獎金」等，二審法院認係經常性給與、為工資。但依雇主之工作規則卻規定其非為經常性給與（該規定內容為：「本公司員工工資由勞雇雙方依政府規定現行基本工資辦法標準以上給付，由勞雇雙方議定之……非經常性給與項目如左：(1)包括各項年節給與之節金、競賽獎金、夜點費、年終獎金。(2)其他依勞基法施行細則第10條所規定之非經常性給與」。）依本判決之見解推論，工作規則將賦予雇主自行決定工資範圍以致於改變勞基法第2條第3款對工資之立法定義的權限，其見解實甚值得懷

參、司法院第一廳的相關見解

司法院第十四期司法業務研究會期，曾討論下列議題：（一）法律問題：位於臺北市區內之甲公司，其未經報請主管機關核備，惟已公開揭示之工作規則規定「員工一年中不得遲到逾三次。逾三次者，即予調職至本公司臺南分公司服務。」如員工於訂立勞動契約時，已訂明工作地點為位於臺北市區內之甲公司本公司時，該工作規則效力如何？討論意見：本題擬研討者有三：**1.** 未經報請主管機關核備，惟已公開揭示之工作規則，其效力如何？**2.** 工作規則已涉及變更勞動契約內容時，可否由雇主單方予以變更？**3.** 員工拒受合理懲戒，可否即認有勞動基準法（以下簡稱本法）第12條第1項第4款「情節重大」情事，雇主予以解僱？抑或必需審究員工受懲戒之具體原因是否構成「情節重大」，始可予以解僱。如本題所示，如採後面見解，員工一年內遲到逾三次，顯尚不能認為「情節重大」而予解僱」。「研討結論：**1.** 形式上發生效力。**2.** 工作規則不可變更勞動契約內容。**3.** 應依具體事實認定之。司法院第一廳研究意見：同意研討結論」。（二）同會期中就涉及工作規則變更的問題，曾有如下的討論：「法律問題：甲受乙公司於民國67年雇用，斯時乙公司，工作規則中規定職工服務滿三年以上，而離職者（含自動辭職），每滿一年得請求發給相當一個月薪資之離職金，嗣乙公司工作規則於72年間修改，廢除職工自動辭職得請

疑。相反地，於91年臺上字第1006號判決中，最高法院表示：「勞工非有勞動基準法第12條第1項所定各款事由，雇主不得不經預告即終止勞動契約。故工作規則雖得就勞工違反勞動契約或其工作規則之情形為懲處規定，惟雇主因勞工違反勞動契約或工作規則，不經預告而終止勞動契約者，仍應受該條項第4款規定之限制，即以其情節重大為必要，不得僅以懲處結果為終止契約之依據」，此與作者先前所採意見相同，參閱作者，作為解僱事由之「勞工確不能勝任工作」，收錄於勞動法案例研究（一），2002，第217頁以下，第239頁以下。

求離職金之規定，甲則於77年自動請辭，問甲可否援引67年間之舊工作規則規定，請領離職金？」討論意見中的丙說「採分段給付，前段照舊工作規則給付，後段照新工作規則給付。研討結論：採丙說。司法院第一廳研究意見：同意研討結論。」

肆、相關學說

關於工作規則之法律性質，我國學說上多參酌日本法上的討論[4]加以說明，而其中尤以下列諸說值得注意：

一、修正法規說

持修正法規說者[5]係參酌工廠法第75條關於工廠規則的歷史背景，以勞基法第70條作為授權雇主單方制定工作規則之依據，惟主張為兼顧勞動者權益，另以既得權、合理的勞動條件或誠信原則等對雇主之上述權限加以限制。又依該說，勞基法第70條規定工作規則須經行政機關核備，而核備既與核准不同，故未經核備之工作規則並非無效。然而工作規則本在避免企業的「密規」，故應令勞工有事先知悉的機會，因此公開揭示係其生效要件。就其變更言，本說主張雇主原則上雖可單方變更工作規則，但如涉及勞動條件之不利益變更時，基於既得權之保護、誠信原則等，仍然需要勞動者之同意始可，否則該不利

---

[4]　關於日本法上的討論，參閱劉志鵬，論工作規則之法律性質及其不利益變更之效力，收錄於氏著，勞動法理論與判決研究，2000，第259頁以下，第259頁以下，第262頁以下。

[5]　楊通軒，工作規則法律性質之探討，收錄於勞動法裁判選輯（三），初版一刷，2000，第77（91）頁以下。

益變更並不能拘束勞動者。至於如果企業確有經營上之必要時，是
否亦得對勞動者已取得之既得權全盤加以廢棄之（即連分段給付都不
是），則認為必須採取更為嚴格之審查態度。

二、定型化契約說

　　持定型化契約說[6]者首先認為：依據勞基法第70條規定，雇主可單
方訂定工作規則，其變更時亦同（同法施行細則第37條第1項後段），
因此只要報請主管機關核備後，不問勞工是否同意，皆能發生拘束；
因此契約說或根據二分說皆難以立足。其次主本說者認為：於勞動關
係領域內，為求經營之效率，有必要將勞動條件及服務規律等契約內
容，以統一定型化之方式加以處理，工作規則其實就是雇主為統一勞
動條件及服務規律所制定。進一步對照我國勞動關係之實態，勞工與
雇主間之勞動條件依工作規則而定，已成為勞資間均有共識、合意之
一種事實上習慣，工作規則之所以能夠拘束勞資雙方，其根據即在於
此。申言之，正如同運送業及保險業內所盛行之定型化契約一樣，工
作規則可以看做是勞資關係（或就業市場）內之定型化契約。且主管
機關對工作規則可加以監督、工作規則應予公開揭示（勞基法第70
條）、且其內容應具一定的合理性（勞基法第71條）；與法律對定型
化約款典型的規制相同。就其變更而言；在保護勞工利益及兼顧企業
經營之必要性的考慮下，認為雇主單方不利益變更工作規則時，不能
拘束表示反對之勞工，但如不利益變更有合理性及必要性時，例外地
亦能拘束表示反對之勞工。

---

[6] 劉志鵬，論工作規則之法律性質及其不利益變更之效力，收錄於勞動法理論與判決研
究，2000，第259頁以下，第283頁以下，第288頁以下。

三、根據二分說

　　持根據二分說則認為[7]應將勞動條件分為關於工資等之狹義、實質的勞動條件，以及關於工作規律之廣義、形式的勞動條件；前者之生效與變更須得勞工同意、否則不能拘束現有之勞工，後者則無須得勞工同意。

四、集體合意說

　　集體合意說[8]者的基本出發點是：勞動條件係勞動契約之內容，自應經勞資雙方合意。因此雇主片面制定之工作規則亦應經勞工同意，始得生效。惟企業運作現實上有必要統一且迅速處理勞動契約之問題，故工作規則實有訂定之必要。基於此一現實考量，本說認為工作規則雖原則上須經勞工個別同意，但可由勞工之集體意思的同意取代之。這不但可兼顧契約說與規範說之基本立場，且能避其缺點。惟因欠缺法律明文依據，主此說者亦認為該說係立法論的指標，而非現行法的解釋。

伍、本文見解

一、工作規則的可能內容

　　為適當地判斷相關見解之優缺點，茲就工作規則的可能內容大致

---

[7]　呂榮海，勞工法法源（二）工作規則，法學叢刊第140期，第127頁。

[8]　黃程貫，勞動法，初版，1996，第451、452頁。

——而非窮盡地——分類舉例如下，以作為討論的基礎。

（一）單純反映公司經營理念／人事管理策略者

與現今法規常於一開始明定其立法政策、目的相類似，有工作規則規定「本公司為確立公司管理制度，健全人事組織，促進勞雇雙方和諧團結，共同致力公司經營發展，特訂定本規則」。又例如在薪資管理規則，有明定其目的為「3.目的：3.1維持內部公平性。3.2保證對外之競爭力。3.3 可充分反映工作績效。3.4彈性反映工作之變化。3.5 可有效控制薪資成本。」此類規定多反映雇方經營理念與策略，雖然未必涉及所謂的勞動條件，但正如同—例如—勞動基準法第1條是勞基法的一部分，這些規定仍屬工作規則的內容。

（二）涉及通常勞動契約合意之對象者

工作規則中可能涉及通常勞動契約合意之對象者，有的是雇主提出較法律所未規定、或雖已規定、但更高的標準（如薪資結構、較高的退休金基數、或是職業災害的補償），又亦不乏僅是對當事人既已適用之法規的抄寫／轉引而已（例如適用勞基法的勞動關係，關於每週工作時間及所謂的變形工時的部分是照抄勞基法第30、30條之1的規定，請假日數及工資之續付，照抄勞工請假規則，關於放假日則是照抄勞基法施行細則第23條之規定）。

（三）涉及雇主可單方決定（含指示權）者

例如規定「本公司員工應準時上下班。設有出勤卡、或簽到簿單位，須按時打卡或簽到」，或是「工作時禁止吸煙、禁食檳榔」。

（四）可能同時以上第2、3點之因素者

例如：就涉及獎金、升遷之前提要件的考績，就其考核之項目規定為「職務效能、工作智能、工作態度、工作品質」抑或是「領導能力、協調能力、創意、判斷力、忠誠心、品德、專門知識、工作質量、特殊貢獻、合群性、警覺性、身體狀況」。對此，吾人一方面雖可認為得由雇主單方決定考核之項目，但其結果卻可能同時影響到通常成為勞動契約合意之事項者（獎金之額度、升遷所致薪資之多寡）。又就調職的前提要件、懲戒解僱所涉及的程序問題等，基本上也可歸入此一分類。

二、對法規說的檢討

綜觀以上諸說，除集體合意說係以立法論著眼，在此不予討論外，其餘諸說皆涉及現行法解釋論的問題；又其中唯有修正法規說是將工作規則認定為在勞動契約、雇主指示權以外另一獨立的法源。然而（一）依勞基法第70條之文義、體系以及立法過程中所呈現之立法意旨、現行法律之基本原理等角度加以觀察，吾人皆無法認為工作規則之拘束力在於勞基法之授權（授權說）。（一1）首先從勞基法第70條之文義而言（「雇主……應依其事業性質就左列事項訂立工作規則……」）；該規定乃是課雇主義務、而非授權雇主得藉此擴充其原所未具備之權限。（一2）其次從體系的觀點言，當雇主未履行該義務時，依勞基法第79條第1款之規定，應被處以罰鍰，顯見勞基法亦非出於授權之觀點而作如上之規定。因為法律上對於權利人因其不行使權利而加以處罰者，無寧是屬於特異的現象。而勞基法第71條（「工作規則違反法令之強制或禁止規定或其他有關該事業適用之團體協約規定者，無效」）對工作規則作負面規定、而非正面肯定其應有如何

之效力，似亦反映了本文所持觀點。（一3）再從立法過程中看來，依行政院於其所提出之草案第69條、以及後來增修條文第70條（亦即相當於現今的勞基法第70條）之規定：雇主僱用之勞工超過十人者，即應制定工作規則；其後則因我國中小企業為數眾多，**為避免增加雇主過多負擔、考慮其實施之可行性**[9]，乃將僱用人數改為三十人。是以勞基法設定工作規則的目的，並不在於授權雇主得透過工作規則、單方地決定勞動條件；反而是在於課予雇主訂定工作規則之義務。（一4）而其正當性，或許在於：藉此促使雇主自制、自我拘束——但這基本上只當涉及雇主得單方決定之事項（含指示權），才同時具有法律上拘束力，詳見本文以下關於根據二分說和定型化契約說的討論——，促使其在工作規則所定範圍內，個別針對個案所為之具體行為，不偏離既有工作規則之內容；又藉由行政主管機關之核備，使工作規則所定之勞動條件較易趨於妥當；最後並且藉由工作規則之公開揭示，使職場勞動條件趨於公平一致、透明化。綜上論述，吾人並無法從勞基法授權雇主的觀點支持法規說。（二）雇主經營權的論點亦不足以支持法規說。因為在雇主在其和原料供應商、產品經銷商、或是在和消費者之間，同樣地也涉及到其經營權，惟其法律關係的決定仍須得後者之同意，不得僅以事涉其經營權為由，任由雇主片面地加以決定。因此為何在雇主和勞工間卻有所不同？殊難理解。（三）至於另外可能作為支持法規說的習慣法說，並未能說明在此存在著其所必須具備的事實上慣行以及——特別是——法的確信。（三1）蓋縱然對於先前工廠法上的雇主單方制定的工廠規則，勞動行政機關對其拘束力亦有所保留。例如內政部44年11月4日臺內勞字第76925號令「查工廠規則之訂定或變更應依照工廠法第75條之規定呈准主管機關並揭示之；但在工廠規則未核准前工廠依法令所為之處分仍不得認為無效」，依該令函工廠規則於經核准後雖似具有法規效力，但內政部62年8月11日臺

---

[9]　立法院，勞動基準法案，第28、52頁；第645、651、653至654頁。

內勞字第551666號函表示：「廠礦所定工人管理規則經主管官署核備後，除解僱工人或其他特殊情形，須報請主管官署核定外，餘可逕照規定處理」，顯然對於工作規則具法規效力的觀點有所保留。而這種帶有保留的態度，也反映在其後的相關函釋中。例如內政部66年3月25日臺內勞字第725403號函表示「一、工廠法第75條規定工廠規則之訂定須報准主觀機關並揭示之。**如工廠未訂定工廠規則或雖訂定但未報准主管機關時，自不得引用工廠法第31條第1款「工人違反工廠規則而情節重大時」之規定終止契約」**。又如內政部73年10月22日（73）臺內勞字第253208號函「事業單位工人違反經陳報核准之工作規則，係屬得不經預告而逕予解僱之規定者，事業單位得逕行終止契約。**如因而發生爭議時，可依勞資爭議有關法令處理」**[10]。因此吾人是否得以先前工廠法上之工廠規則具有法規效力為由，逕行認為現今勞基法上之工作規則亦應具法規效力，尚非無疑。（三2）何況縱然吾人肯認先前之工廠規則具有法規效力，但在特別是價值觀念有所變遷時，吾人即不應拘泥於對舊有法律的解釋、而強加於現今之制度。特別是針對工作規則之性質，現今學說爭論不止、司法實務又顯然採取定型化契約說的情況下，認為依據習慣法、勞基法上工作規則具有法規效力的看法，將因欠缺習慣法所必具之法的確信而無法令人信服。（四）最後從法規說之結果觀之，（四1）該說難以適當地說明：為何當雇主僱用人數未滿三十人時，雇主並無單方制定工作規則拘束勞工的權限；反之，當僱用人數超過三十人以上時，雇主卻有此權限。（四2）更嚴重的是：該說將使勞務提供者一旦進入勞動關係，即全面——依勞基法第70條之規定，工作規則可包含之事項，基本上並無限制——處於雇主單方決定、單方處分的情形之下，亦即使勞工被所謂的客體化、成為雇主處置的對象。這顯然顛倒了法制上「從身分到契約」的發展，

---

[10] 以上內政部函令，引自黃茂榮／申康，植根勞工法案例體系 勞動基準篇，再版，1987，第158、159頁。

使勞工淪為次等公民，亦與現代勞動法之基本目的「保護勞工」——或更抽象地說：「勞動者人格之回復」——大相逕庭，其不當甚明。論者有謂[11]：法規說過分提高工作規則之法律地位，不當授與私人立法權，使資方因此立於近乎國家對於國民之統治地位；此項批評，誠屬的論。

三、對根據二分說的檢討

（一）根據二分說將工作規則分為契約及指示權二部分，已意識到工作規則並非單其中一種法源型態所能全部掌握，較法規說及（定型化）契約說為佳。依該說之見解推論，就涉及契約內容之事項者，其應如何處理，詳如本文後述對於定型化契約說之討論。就涉及雇主得單方決定（包括指示權之行使）者，其生效或變更（例如因科技進步以致於門禁管制從打卡改為IC讀卡或指紋辨識）應無須得勞工同意。在此，為貫徹勞基法要求雇主制定工作規則之目的，應認為工作規則之規定乃雇主上述權限行使的一般準則，若為雇主就個案所為具體之處置，若之相牴觸者，不生效力。（二）然而僅以契約／指示權二型態仍未能說明工作規則的全貌。（二1）姑不論雇主得單方決定之事項是否一概屬其指示權之範圍，對於前述工作規則內容中單純反映公司經營理念／人事管理策略者，既然單純屬於雇主經營自由的範圍，而其原則上對勞動條件亦無具體影響，因此無法作為決定勞資間爭議的解決標準——從而在此意義下，並非勞動法之法源——應不發生承認其有無拘束力、或是須否得勞工同意的問題。（二2）而依該說如何處理同時可能涉及雇主單方決定以及契約內容者——例如考

---

[11] 黃越欽，從勞工法探討企業管理規章之性質，收錄於私法論文集，第383頁（410）以下。

續——，則不甚清楚。依本文見解，若實質上並未變更薪資結構（例如考核項目由四項變成五項），則無須得勞工同意；否則（例如變更獎金等級、數額），原則上仍應得勞工同意。（二3）最後值得注意的是：如何區分工作規則當中何者屬契約、何者屬雇主單方決定權限的部分，雖然基本上可以、卻非必然地是以所謂的廣義／狹義或是形式／實質的勞動條件作為區分。蓋契約自由原則於勞動契約仍有其適用，勞動法上並未禁止勞資雙方就一般屬於雇主指示權範圍內之事項加以約定，亦未禁止當事人就特定事項、與其餘勞動關係做不同之約定。例如勞資雙方就工作區域、彈性上班時間個別協商，以致於該事項應認為是勞動契約之內容，雇主自不得單方予以變更。又例如涉及所謂企業外調職的問題，本應雙方合意為之；惟勞資雙方亦得事先約定就關係企業內的調職，在一定條件下得由雇主決定之、成為雇主單方決定權限之事項。因此，某事項究屬契約合意，亦或雇主指示權、甚或其他雇主得單方決定之事項，最終仍應視個別勞動關係具體決之，而非一概以所謂的廣義／狹義、抑或形式／實質的勞動條件作為區分。

四、對定型化契約說的檢討

（一）至於定型化契約說，則是將工作規則視為契約的一種態樣，合乎現代法制之當事人自決、自治的想法，較法規說為佳，並且在工作規則涉及契約合意之事項時，基本上能做適當地說明。吾人若採此見解，則應繼續探討下列問題：（一1）工作規則應否得勞工之同意、方能對後者發生拘束力？對此，依據定型化約款的理論，應採肯定見解。蓋「一般約款之所以適用的理由，一如契約本身，其生效以當事人之合意為前提，必須由一方提出，另一方接受」、「當事人間對於一般契約條款之適用，可以明示或默示為之，惟只有在顧客可

清楚的看出，企業家只願依其條款定約，而顧客亦無反對之意思表示時，才可認定顧客之默示接受。顧客至少須有機會可以得知條款的內容，如欠缺此一要件，則不能認為顧客之表示，在客觀意義上，默示同意企業家之條款」[12]。而新增訂之民法第247條之1規定：「依照當事人一方預定用於同類契約之條款而訂定之契約，為左列各款之**約定**，按其情形顯失公平者，該部分約定為無效……」，亦足為佐證。此於勞動關係上，應無不同。準此，最高法院88年臺上字第1696號判決主張：不論勞工是否知悉或同意，工作規則當然成為僱傭契約內容之一部，此項見解，不僅在學理上欠缺依據，在結論上亦與法規說無別，其不當甚明。至於本案——80年臺上字2243號——判決認為勞工只要簽訂志願書，表示願遵守工作規則，縱當時並未有任何工作規則，於制定後亦未立即發給或揭示之，仍可對勞工發生拘束力；這種結果等於使勞工簽定志願書形同對雇主廣泛的空白授權，並不適當。

（一2）主管機關核備、雇主之公開揭示是工作規則的生效要件？由於勞基法第70條要求工作規則應經主管機關核備、而非（如工廠法第75條對工廠規則之要求應經主觀機關）核准，又從立法過程當中，吾人亦無法明確地認為：立法者有意使工作規則在勞雇間的拘束力、取決於主管機關之核備。為避免過度干涉私法關係，宜認為主管機關核備與否，原則上僅涉及雇主是否遭受行政上處罰（勞基法第79條）的問題，並非工作規則之生效要件。換言之，工作規則若確經勞工明／默示同意，縱未公開揭示，仍生效力。最高法院在本案判決及81年臺上字第2492號判決所示見解，貫徹契約說之見解，值得贊同。惟應提醒者：是否公開揭示，事實上可能影響吾人判斷當事人是否將工作規則納入成為契約之內容。又勞基法相關規定的目的，既不在授權雇主

---

[12] 黃立，民法總則，2版1刷，1999，第258、259頁。德文資料，參閱Larenz/Wolf, AT, 8. Aufl, 1997, § 43 RdNr 23; Wolf/Horn/Lindacher, AGB-Gesetz Kommentar, 4. Aufl, 1999, Einl. RdNr 21.

單方制定具有拘束勞方效力的工作規則，而工作規則在未得勞工明／默示同意前，對勞工並無拘束力，既已如前述，因此最高法院於在91年臺上字第897號判決中表示：主管機關之核備以及雇主之公開揭示、可以創設工作規則拘束力，此見解實乏依據。（一3）吾人若認工作規則具定型化約款的性質，則定型化約款的相關理論，原則上對於工作規則亦有適用。例如於工作規則內容不明時，應作有利於相對人（勞工）的解釋。又特別是新增訂的民法第247條之1規定：「依照當事人一方預定用於同類契約之條款而訂定之契約，為左列各款之約定，按其情形顯失公平者，該部分約定為無效：一、免除或減輕預定契約條款當事人之責任者。二、加重他方當事人之責任者。三、使他方當事人拋棄其權利或限制其行使權利者。四、其他於他方當事人有重大不利益者」，在對工作規則內容的審查，亦應適用。（一4）依定型化契約說的理論推論，就工作規則的變更，原則上亦應認為應得勞工同意、才對後者具有拘束力。至於該變更是否有利勞工，基本上並無不同。蓋一方面工作規則之變更可能同時有利有弊（例如降低底薪、提高績效獎金額度），另一方面對甲勞工有利者、對乙勞工卻未必然（同前例，此變更對工作能力強的甲有利，對工作能力不強的乙不利）。最高法院88年臺上字第1696號判決認為：工作規則之變更原則上須得勞工同意，誠屬正確；但卻與其就工作規則訂定時、不以勞工同意為必要之見解不相一致。至於最高法院於該判決中同時表示：於具有合理性時，得對工作規則為不利益之變更，無須得勞工同意；或是於91年臺上字第1040號判決中以誠信原則，要求應得勞工具體同意、方得變更其既得權。最高法院上述判決所處理的問題，似涉情事變更的情形，而其見解與新增訂之民法第227條之2規定：「契約成立後，情事變更，非當時所得預料，而依其原有效果顯失公平者，當事人得聲請法院增、減其給付或變更其他原有之效果」相比較，不論在構成要件（不能預見、顯失公平）、或是法律效果上（特別是須否聲請法院為之），皆有不同，應當是屬於法官造法的範疇；如何對此結

果加以正當化,有待進一步地探討。(二)然而(定型化)契約說並未能適當全部說明工作規則的全部可能內涵。(二1)例如對於前述工作規則內容中單純反映公司經營理念/人事管理策略、或是雇主單方決定權(含指示權之行使),認定其生效或變更應得勞工同意,似無必要,已如前述。(二2)至於就涉及勞資雙方合意之事項——例如當涉及所謂的實質勞動條件者,多屬之——若是雇主提出較法律所為規定或是更高的標準,貫徹契約說的觀點,要求應得勞工明/默示同意時、才對後者有拘束力,固無疑問,已如前述。但若只是單純的抄寫/轉引既已對當事人適用之法規,單純依照定型化契約的理論,恐未能適當地說明。首先,因該法規對當事人已有拘束力,因此是否得勞工同意,基本上並不影響,較無爭議。然而當涉及所依據之法規——特別是做不利於勞工之——變更時,工作規則作相應的變更(例如每週工時及彈性工時的規定因勞基法相關規定修改,亦或若勞基法施行細則第23條第1項第7款規定之國父誕辰紀念日,因為行政機關不知國父為誰而加以取消時),是否仍須得勞工同意?似應做如下區分:若依情形可認當事人意思不僅是照抄法規、更有以之直接作為其勞動條件者,則採肯定說;反之,若單純地照抄既有法規——這或許是常態——,於法規變動時當事人亦願隨之更動者,則否。(二3)當涉及雇主單方決定的事項時——例如工時/輪班、懲戒、合法權限內調職、解僱權之行使等問題——,工作規則乃是作為雇主權限行使的一般準則,在此,工作規則的效力應當是著重在對於雇主的自我拘束,雇主個別行為不得與之相牴觸,至於其訂定與變更,原則上不須得勞方同意(詳如後述)。

五、本文見解:獨立法源否認說

1. 綜上論述,本文認為工作規則本身並非獨立於現今既已公認的勞動

法法源之外的另一種法源。不論是從勞基法第70條之文義、體系以及立法過程中所呈現之立法意旨而言，吾人皆無法認為勞基法的立法者企圖透過工作規則相關規定，授權或承認雇主得單方地決定勞動關係。實情反而是：立法者透過課予雇主訂定工作規則之義務，藉此使雇主自我約束，使其在工作規則所定範圍內、個別針對個案所為之具體行為，不得偏離既有工作規則之規定。並藉行政主管機關之核備，使工作規則所定之勞動條件較易趨於妥當；藉由工作規則之公開揭示，使職場勞動條件趨於公平一致、透明化。因此工作規則所定內容對勞資雙方的拘束力為何，應當透過其他既已被承認的法源型態被正當化。對於本文以上之見解，姑且名之為「獨立法源否認說」。

2. 當工作規則涉及單純屬雇主經營理念／人事管理策略者，基本上這既無法作為解決勞資雙方爭議的標準，因此也不發生有無拘束力的問題，已如前述。

3. 當涉及當事人合意的對象時，原則上應認其為定型化約款（定化契約說），應得勞方同意才對之有拘束力。主管機關核備、雇主之公開揭示，僅涉及雇主是否遭受行政上處罰（勞基法第79條），並非工作規則在勞資雙方間有拘束力的前提要件；惟在判斷工作規則所定內容是否被納入契約時，是否公開揭示亦足為參考之標準。至於工作規則內容，若只是單純的抄寫／轉引既已對當事人適用之法規，特別當涉及所依據之法規做不利於勞工之修正時，若依情形可認當事人意思不僅是照抄法規、更有以之直接作為其勞動條件者，則採肯定說；反之，若單純地照抄既有法規，於法規變動時當事人合理地亦願隨之更動者，則否。

4. 至於涉及雇主單方決定權之行使的問題，工作規則乃是作為其單方指定權限行使的一般準則，其個別行為不得與之相牴觸。在此，問題的重點在於工作規則對於雇主的自我拘束力。與法律已經公布的情形相類似，若工作規則已經揭示，抑或已經告知勞工，雇主即應

受拘束。又若具有企業經營上的合理事由，法律上亦應允許雇主加以變更，惟須受誠信原則、權利濫用之禁止、信賴保護等等法律原則之拘束，自不待言。又應提請注意者：在此所涉及的僅僅是對於**雇主**自我拘束的問題，因此某一具體的指示在不牴觸工作規則時，對**勞工**是否有拘束力，係屬另一問題，應予區別。（4.1.）例如雇主關於上下班時間、輪班的問題——指示權之行使——，定有相關辦法（工作規則），則雇主對於個別勞工的上下班時間、輪班的要求，於牴觸該工作規則時，自不生效力。又如對此問題，個別勞工曾與雇主另有約定，則雇主對工時或輪班之指示，除不得違反工作規則外，亦不得違反該約定，否則對該勞工不生效力。（4.2.）例如當涉及調職時，雇主常將內政部原先函示的調職五原則——雖然其正當性以及實際內涵，尚有疑問——納入成為工作規則的一部分[13]，從而雇主具體調職權限的行使，若牴觸工作規則時，應認為無效。（4.3.）當涉及懲戒或解僱權之行使時，若雇主個別懲戒處分或解僱權之行使，牴觸工作規則的要求時——例如未依工作規則所定之程序[14]——，該懲戒或解僱即應被認為無效。

---

[13] 例如最高法院91年度臺上字第1625號民事判決：「……則依上開德春公司暨關係企業管理規則……第27條：本公司因工作需要，須調動人員時，被調人員不得拒絕等規定。足認上訴人因工作需要，有權調動其僱用之人員至關係企業德春公司工作。惟參諸上開管理規則第27條但書規定，該調動以不降低原有勞動條件及確為員工能力所能勝任為原則。被上訴人主張上訴人調其從事工地之支撐、安裝、拆除工作，與其原任需具備合格證照之吊車司機一職之性質迥異，且具高度危險性等語，業據其提出德春公司之公告、結業證書及照片為證……。上訴人未舉證證明該調職並未降低原有勞動條件及確為被上訴人所能勝任，僅以被上訴人年資較淺，身體無缺陷即遽予調任，顯然違反上開規則第27條但書之規定，被上訴人拒絕接受該項調職自無不合。……」

[14] 近來有下列案例，足資參考：(1)最高法院95年度臺上字第567號民事判決：「……查上訴人既訂頒「員工輔導暨不勝任處理辦法（高雄廠）」及「不勝任員工輔導暨處理辦法」作為規範員工輔導及不勝任時之處理準據（見一審調字卷第17-24頁），該處理辦法並未排除如被上訴人職位之員工之適用，而依該辦法規定，上訴人對於不勝任工作之員工係採「勸導」、「輔導」及「懲戒」三階段（即初期、中期、後期）循序

六、本案判決評釋

本案判決係最高法院最早對工作規則之性質表示意見者，其所採取契約說的觀點基本上也被後來的判決所維持。最高法院於本案判決中表示：主管機關之核備、雇主之公開揭示，並非工作規則之生效要件，基本上是貫徹契約說的觀點，在結論上誠屬正確。然而最高法院於本案判決中表示：勞工只要簽定志願書，表示願遵守公司規章，縱然雇主事實上並未發給、亦未公開揭示相關工作規則，勞工仍應受拘

処理，對其員工之保護較為周詳有利，當無捨該處理辦法而逕行適用勞基法之理。依該處理辦法規定，當員工有不勝任之情況發生時，單位主管除予以糾正規勸外，並應作成書面約談記錄（附表），載明輔導措施、要求員工改善之日期、項目，定期追蹤，並影印呈部門主管及人事單位。此份約談記錄須由雙方簽署。足認上訴人對其不勝任工作員工之「輔導」程序，為要式行為，須以該辦法所附「員工糾正／輔勸記錄」表為之，並經被輔導員工簽名，自非績效考核或管理等文件所得取代。……上訴人既未能提出符合上開處理辦法所循序處理之證據資料以供審酌，徒以被上訴人「長期來工作績效及表現欠佳」為由，即終止與被上訴人間之勞動契約，自屬無據」。(2)最高法院95年度臺上字第2710號民事判決：「……查勝一公司訂頒之「工作規則」第52條第二之（五）規定，投機取巧矇謀取非分利益者，應作記小過處分；第52條第三之（六）規定，擅自變更工作方法致使公司蒙受重大損失者，應作記大過處分；第53條規定，記小過以上處分者，應送人評會審議，除聽取當事人或關係人之說明及舉證外；由人評會決議後簽報核定……。準此，員工如有上開不勝任之情況發生時，除予以記過懲處外，並應送人評會審議，聽取當事人或關係人之說明及舉證，由人評會決議後簽報核定。而上訴人一再主張：丁○○、丙○○、乙○○均明知系爭「客戶訂貨作業管理辦法」之修改，並無影響勝一公司內部作業流程控管，也明知勝一公司上開工作規則規定，若上訴人有隱匿本件訂貨辦法修改案之不同意見，其情節均較上開工作規則所定記過事由為輕，且勝一公司無損害發生，充其量亦僅應作記過以下之懲處，不合勞基法第11條第5款規定所謂「不能勝任工作」之要件等……。上訴人之行為縱認已達上述情節，而有不能勝任其工作之情形，然勝一公司是否已踐行上開人事審議程序，並使上訴人有答辯之機會，原審亦未調查審認，遽以勝一公司依勞基法第11條第5款規定解僱上訴人並無不合，就上訴人請求確認僱傭關係存在及給付薪資、年終獎金部分為其敗訴之判決，揆諸上開說明，於法亦有未合。上訴論旨，指摘此部分原判決不當，求予廢棄，非無理由。」

束，此見解實偏離（定型化）契約說的觀點。蓋於此法律上實無法合理地期待勞工得知相關規定，因此依（定型化）契約說的觀點，工作規則之規定應當無法（被納入）成為契約之內容。最高法院上述見解，使得原本處於締約劣勢的勞工的情形雪上加霜，在結果上與法規說並無差異。此外，最高法院判決（以及本案當事人共同）的前提似乎是：雇主得以違反工作規則為由，直接依據工作規則規定解僱勞工。此項前提，毋寧是與法規說較為相符、而與（定型化）契約說相互牴觸。蓋吾人若認為勞基法上解僱相關規定乃是強行規定，原則上自不允許雇主或當事人創設或約定法律所無之解僱事由。最高法院採此前提，顯示其徘徊於法規說與（定型化）契約說之間，而這也預示了在其後判決中、最高法院對於一些具體問題未能貫徹（定型化）契約說的現象。

5

從「事實上勞動關係」到「有瑕疵的勞動關係」

——評最高法院87年度臺上字第451號判決——

壹、案例事實與判決理由

　　本件雇主承攬某建築物之鷹架拆卸之工程。於民國84年1月，僱用年僅十四歲九個月之勞工為其工作。於拆卸鷹架時，因該建築物外側緊臨高壓電纜線，從高處落下之鷹架卡在電纜線上，本件勞工遂企圖以徒手方式搬運被卡在高壓電纜線上之鷹架，致遭高壓電電擊臉部、頸部、兩側手臂、兩側大腿及背部，受有第二至三度電傷，約占體表面積20%，兩手前臂潰爛，左膝蓋骨關節外露，經送醫救治，接受截肢、多次清創手術及復健等治療。本件勞工依據勞基法第59條以下規定、向鷹架拆卸工程之定作人及雇主請求職業災害補償。後者除提出其他理由外，更主張：本件勞工受僱時，未滿十五歲，違反勞動基準法第45條之規定，其僱傭關係無效，因此其職業災害補償之請求，自非有理，以為抗辯。對此，第一、二審法院皆以認其抗辯為有理由，判決雇方勝訴。

　　對此，最高法院認為：「勞動基準法第45條雖規定：雇主不得僱用未滿十五歲之人從事工作。此條立法理由，係因我國義務教育，業經延長為九年，兒童六歲入學，十五歲完成教育，為求與教育政策一致並參照有關國際公約，特設此規定，是此條立法目的係在保護未滿十五歲之人。故如雇主違反該條規定僱用未滿十五歲之人，於事故發生後，得依該條主張勞動契約無效，受僱人不得請求職業災害補償，自有違該條立法意旨」（判決要旨）。因而廢棄原審判決、將該案發回更審。

貳、評　釋

　　本案爭點是：當事人所訂立之勞動契約違反法律之禁止規定（勞

基法第45條）時，應如何處理的問題。若依據民法第71條規定，該勞動契約將因違反法律之強行規定而無效。然而這看似理所當然的結論，在本案例卻顯得與吾人公平正義的觀念格格不入。究竟吾人應──如同本案之下級審法院的判決──「嚴守」現行法規定？亦或應如最高法院所採之見解者，顯然有待深究。本案最高法院基於法規目的，肯認勞工仍應擁有職災補償的請求權，不論從理由上或結論上，皆值得贊同。本文以下首先嘗試介紹民法學說上所謂的「事實上契約關係」理論之源起、演變與沒落。在此基礎上，介紹「事實上契約關係」理論在勞動法上的可能影響，以及現今對於所謂「有瑕疵的勞動關係」的處理方式、相關理論的正當性，最後並嘗試對於相關理論加以分析，並藉此評釋本案的情形。

一、「事實上契約關係」理論之源起、演變與沒落

　　依據Lambrecht[1]近來對此一問題的研究，氏認為：依據作為德國民法立法的理論基礎、亦即十九世紀的法典編纂學派（Pandekten）的理論，契約關係只能透過契約之締結而產生，事實（行為）僅能產生其他的法律關係，但卻非契約關係。因此契約關係實與法律行為／意思表示概念密不可分（第18頁以下），而意思表示又深受當時意思說（主觀說）的影響，以表意人有效果意思作為前提（第46、47頁）。於方法論上，該學派運用概念法學的方法，專注於法律概念與體系的建立，這在德國民法立法時達到其高峰。然而於十九世紀後半期，法學理論上開始有漸有偏離法實證主義、個人自由主義的見解，主張對於意思表示、契約應更客觀化地加以理解。而在方法論上，則

---

[1] Lambrecht, Die Lehre vom faktischen Vertragsverhältnis, 1994.為行文方便及避免過多引註，若係引用Lambrecht之見解，其出處頁數將直接置於本文括號中。

脫離了概念法學派；其中自由法學派就強調被規範對象之社會事實的
重要性，主張在依現行法不能獲得妥當的判決時，應由法官依據個案
衡平，自由地造法加以解決（第53頁）。而利益法學派也強調應分
析研究被規範之社會生活事實所涉之利益狀態，方能適當地理解與運
用法律規範。這些都改變了先前概念法學將法學的研究著重於法律規
定本身的思考模式，促使法學上對被規範之生活事實的重視，令吾人
從被規範之生活事實的角度去理解法律。而這種傾向在納粹的意識形
態影響下，更加明顯。德國納粹黨於1920年2月25日所公布黨政綱要
（Parteinprogramm）之第十九點——該黨綱在納粹時代（1933-1945）
被視為是具有最高等級憲法規定的性質——就已經宣示：羅馬法乃
是德國民法以及其他現代的法制最主要的內涵，然而羅馬法的繼受
實係歷史上的錯誤，應予以糾正，應以日爾曼普通法取代此一替物
質世界服務的羅馬法。凡是與納粹團體意識型態以及日爾曼精神相
牴觸者，應一律予以刪除。這反映在民法上的是：終極的目標是訂
定一部民族民法（Volksgesetzbuch），因此私法的再造（Neubau des
Privatrechts）、法律的更新（Rechtserneuerung）就變為民法學的重要
任務。然而在未達成該終極目標前，所謂依法審判的要求變成是依據
將要制定的民族民法典，而非依據**現有**、應被取代之德國民法為審判
（第55頁）。在方法論上，Carl Schmitt所提出所謂的具體秩序及型態
的想法（Theorie vom konkreten Ordnungs-und Gestaltungsdenken），也
賦予法官不必依據現行法律規範，而是基由法所表現之秩序作為判決
的根據，使得法官得以從，例如婚姻、家庭等社會生活制度內在的秩
序、秩序的本質，獲取法的內容，這種思考模式也成為納粹時代廣為
使用的方法（第54頁）。在此氛圍下，契約並非如先前被視為是一種
個人自由意志的表現，而是變成僅僅是形成民族秩序的手段之一。也
正是在此背景下，Haupt提出「事實上契約關係」的理論（1941年），
並自述其撰寫之目的正是：在法律更新的任務下，嘗試盡可能從具
體被規範之生活事實中，確定法規範應有之內容（unter der Aufgabe

(der) Rechtserneuerung von dem Bemuhen geleitet gewesen sei, die Norm moglichst konkret auf den zu regelenden Lebensvorgang abzustimmen）（第57頁）。同樣地也是在此背景下，其理論雖然欠缺法律明文為基礎，但在納粹時代卻廣受學說的肯定，這也就不令人意外了。依Haupt（第5頁以下）之見解，契約關係的產生往往異於民法原先的設計；有鑑於新型態社會事實之產生，吾人須脫離向來契約關係發生的窠臼。由於契約相對人多非當事人自由選擇、契約內容亦非個別商議的結果，因此實際上契約之發生並非基於意思表示合致，而是基於事實上給付之交換所致。向來學說對此嘗試透過契約擬制加以解決，但這反而使問題的焦點模糊。吾人實應承認除了意思表示合致之外，對於法律關係內容事實上的實現此一事實，依其所具有的社會意義及類型，也應根據契約的相關規定加以解決。至於此類足以產生契約關係的事實，因為甚為複雜，無法歸納出統一而明確的構成要件，而僅可分類如下（第7頁以下）：(1)基於社會接觸（例如涉及締約過失、搭便車的責任問題）；Haupt希望藉此將部分侵權領域的問題透過契約法加以解決。(2)納入共同體關係（例如涉及有瑕疵的合夥關係、勞動關係）；Haupt希望藉此避免適用不當得利規定所生不妥的結果。(3)涉及社會給付義務（如水／電力之供給等等涉及民生基本的照顧給付、大量交易），於此，Haupt認為因為多存在著締約強制（提供上述照顧給付者有和潛在的使用者締約之義務），而契約條件又多因定型化約款而事先早已被決定；既然契約自由在此領域不論是在事實上和法律上都不存在，吾人自無法藉由契約自由原則底下的默示意思表示，而只能透過事實上契約關係加以說明。

　　然而Haupt的理論也並未隨著納粹時代的結束而即告消逝。第二次大戰結束之後該理論仍廣受討論，其中尤以Larenz所提出的修正理論：「社會典型行為」（Lehre vom sozialtypischen Verhalten）之見解尤其值得重視。氏認為（第76頁以下）在——例如搭乘電車等——涉及民生基本需求的大量交易（Bereich des versorgenden Massenverkehrs）的情

形，由於這是公開地對社會大眾提供服務，而且任何人均得使用之，一般觀念並不期待於事前雙方——包括默示地——締結契約[2]。使用該項服務者多僅意在獲致相對人所提供的服務，而不在意獲得特定的法律效果，因此使用者可能根本並無表示意識、甚或欠缺表示行為。惟因該行為之社會典型的意義，既然與法律行為相同，因此依一般交易觀念，吾人應肯認於此仍成立契約關係，而法律行為的相關規定只能依個案，而非全部一概地加以適用。至於在司法實務上，除了聯邦最高法院（BGH）於1956年的停車場案（Parkplatz-Entscheidung）[3]、1957年的竊電案（Stromdiebstahl-Entscheidung）[4]、農莊繼承權案（Hoferben-Entscheidung）[5]中，以及布來梅邦法院（LG Bremen）於

[2] s. dazu Larenz, Die Begrüdung von Schuldverhältnissen durch sozialtypisches Verhalten, NJW 1956, S. 1897 ff (1898).

[3] 就使用漢堡市停車場地（該場地已明確標示有停車之保管／監督以及應付費使用）者，雖其於停車時已向管理員表示拒絕管理員之保管監督以及拒付停車費，聯邦最高法院於判決理由C II中明確援用「事實上契約關係」／「社會典型行為」等相關理論，判令停車者應依收費規定繳交提車費（BGHZ 21, S. 319 ff, 333 ff）。

[4] 對於身為家長、房屋所有權人以及家中唯一經濟收入來源者，因為對外使用電力者，其私下令人偷接線路以盜用電氣，聯邦最高法院於判決理由I中明確援用「事實上契約關係」／「社會典型行為」等相關理論，認為其縱無締約意願、亦未授權代理人代理為相關法律行為，應認為在電力公司間成立電力供給契約，原則上應依相關定型化約款給付所訂定之契約罰（BGHZ 23, S. 175 ff, 177 f）。

[5] 就於農莊繼承人之指定的問題，除非是法定繼承人，否則需另以遺囑、繼承／轉讓農莊契約加以指定；而該類法律行為皆須具備特定的形式要件，否則不生效力。本案農莊主人與其原先唯一的合法繼承人—其已故之姊妹之兒子—訂立農莊經營權轉讓契約，約定於讓與人（農莊主人）死亡、農莊所有權移轉給受讓人（其外甥）時，農莊經營權轉讓契約即將終止。其後二者不睦，農莊主人收養其管家之子為養子，此舉將危及其外甥原先可能擁有的農莊繼承權利，其外甥遂訴請主張（先位聲明）：該農莊經營權轉讓契約同時構成農莊所有權轉讓契約、只是所有權移轉之時間為將來農莊主人死亡之時，或者（備位聲明）：至少這構成雖欠缺法定形式時、但卻有拘束力的農莊所有權轉讓契約的預約，而請求法院對該契／預約予以必要的同意。對此，第一審法院駁回其請求，第二審法院廢棄原判決並發回更審，聯邦最高法院同意第二審法院之判決，判決理由2 C中指出在農人階層當中普遍存在著於生前指定農莊繼承人之

1966年的無票乘車案（Schwarzfahrt-Entscheidung）[6]採用事實上契約關係理論外，並未見其他法院採此理論（第95頁以下）。

另一方面，1957年於Bad Mergentheim所舉行的民法學家會議中，Lehmann以「事實上契約關係」此為題發表論文[7]。Lehmann以及多數參與討論者反對該理論（第155頁以下）[8]；認為「事實上契約關係」理論不必要地偏離了現行法，危及私法自治及法律安定性。法學上應提出一個能因應變動的社會關係的意思表示的學說，建立一個以社會事實為導向的法律行為理論。而後來學說的發展也正與此相呼應。學說多傾向於對意思表示採取更客觀化的理解，放棄以表示意識（Erklärungsbewusstsein）作為意思表示之要素，並且採取和事實相牴觸的口頭表示之學理（Lehre von der protestatio facto contraria），以便更有彈性地限縮意思表示錯誤的可能。透過上述的調整，通說大致上已能獲致原先僅能透過「事實上契約關係」理論所獲得的結論，這也導致在60、70年代「事實上契約關係」在學說上的沒落。而德國聯邦最高法院也開始漸漸偏離「事實上契約關係」理論，僅僅以之作為有疑慮時的一種輔助的說理，而最終德國聯邦法院也採用客觀的法律行為概念、放棄以表示意識作為意思表示之要件，這意味著再也無輾轉適用「事實上契約關係」理論的必要了。

慣行，因此援用「事實上契約關係」／「社會典型行為」等相關理論，肯認其外甥之訴求（BGHZ 23, S. 249 ff, 261 f）。

[6]　對於一個八歲兒童，在父母不知情的情形下無票搭乘電車遊玩，布萊梅邦法院援引「社會典型行為」理論，認為於大量交易、典型的交易中，有意識地使用所提供之服務者，依廣泛意義的習慣法，應認為於當事人間成立有效的契約，並拒絕類推適用德國民法第107條—與我國民法第77條相似—的規定，因而判令本案八歲兒童應支付0.3馬克的車資以及（由10馬克酌減至）5馬克的契約罰。

[7]　另參Lehmann, Faktischer Vetragsverhältnisse, NJW 1958, S. 1 ff.

[8]　對於該會議的報導，另參Baur, Zivilrechtslehrertagung 1957, JZ 1957, S. 764 f; Habscheid, Bericht über die Tagung der Zivilrechtslehrer in Bad Bergentheim am 9. Und 10. Oktober 1957, AcP 1957 (1957/1958), S. 100 ff.

　　至於現今德國法上的討論，則多放棄「事實上契約關係」理論。一般認為[9]在此所涉及的問題，可透過締約過失理論、法律行為的理論──特別是默示意思表示的承認──或是信賴保護原則加以解決。另外在認定契約已然成立、當事人無法僅以與該事實相牴觸的口頭申明以圖卸責的情形，則可逕依關於和事實相牴觸的口頭表示之學理（Lehre von der protestatio facto contraria）、亦即賦予事實行為、而非與之相矛盾的口頭表示，更重要的意思表示的價值，加以解決[10]。而在不注重相對人特性的大量交易，主張類推適用德國民法第612（對於工資額度於無明示約定時、依通常價額之規定）、第632條加以解決[11]。又因欠缺完全行為能力人仍應優先保護，故在此亦不應承認「事實上契約關係」的存在。至於所謂的事實上**勞動**關係，則終究僅僅為了貫徹更重要的保護原則，限制法律行為之無效，僅是對將來、而非溯及無效的問題[12]；但是這仍應以當事人間實際上仍有締約行為為前提，並且以和相關法規目的、公共利益或其他更值得保護的法益，不相牴觸者為限[13]。至於所謂的社會典型行為，實乃意思表示解釋的參考標準，而非獨立的債務發生的原因[14]。最後值得一提的是Larenz[15]於1987年第七版的民法總則一書中也明白表示：其先前關於因典型的社會活動所生的契約關係的主張，因欠缺現行法上之依據，而僅僅以現代生活上大量交易之需求，尚難予以正當化，因此放棄了其先前的主張。

---

[9]　Hübner, AT, 2. Aufl, 1996, S. 451f; MünchKommBGB/Kramer, 4. Aufl, 2001, Vor § 145 RdNr 29.

[10]　Medicus, AT , 7. Aufl, 1997, RdNr 249 ff; ders, Bürgliches Recht, 18. Aufl, 1999, RdNr 190.

[11]　Medicus, AT , 7. Aufl, 1997, RdNr 249 ff.

[12]　Hübner, AT, 2. Aufl, 1996, S. 451f; Medicus, AT , 7. Aufl, 1997, RdNr 249 ff; ders, Bürgliches Recht, 18. Aufl, 1999, RdNr RdNr197; Palant/Heirichs, 59. Aufl, 2000, Einf v § 145 RdNr 29.

[13]　Medicus, AT , 7. Aufl, 1997, RdNr 249 ff.

[14]　MünchKommBGB/Kramer, 4. Aufl, 2001, § 151 RdNr 10.

[15]　AT, 7. Aufl, 1989, S. 535 f.

　　至於我國法上對「事實上契約關係」理論，學說上亦多採反對的見解。因為所謂「事實上契約關係」的用語本身，自相矛盾，因「契約關係」就是基於契約而發生法律關係，契約以外人的行為，縱然能發生一定法律關係，但不是契約關係[16]。由於以意思表示主導的契約概念，被認為是現代私法的重要特徵，自不能輕言放棄。「事實契約說」於通常訂立大量契約領域之社會典型行為，也可依現行民法之基礎加以解決。亦即於當事人無明示締約時，再檢視其有無默示締約之情形。否則於其他如竊電或無票乘車等情形，自不應承認當事人間有契約關係。至於當事人不願締約，卻有可視為締約意願之行為時，此種矛盾意思表示須依一般原則解釋之，同一類型契約締結之數量越多，就必須更有利於交易往來加以解釋。而這也說明了「社會典型」並不是法源，也不能代替意思表示，只不過是解釋的準據之一。民法上大量契約的「社會典型行為」，其案件多數可以傳統契約理論解決。其有問題之部分來自「對意思表示的抗議」，其中矛盾意思表示可以依據解釋規則解決，並斟酌意思表示大量發生的事實[17]。社會典型行為說之最大貢獻，在於指出現代消費社會大量交易行為之事實規範性，但此亦為其弱點之所在。社會之典型雖可作為意思表示之標準。但其本身並不具法源性。實際上，民法上古典「要約與承諾」之締約方式，尚足以應付社會典型行為說所欲克服之問題[18]。

附論：法學理論的篩選

　　另Lambrecht轉引孔恩（Thomas Samuel Kuhn）針對自然科學中不同理論抉擇的問題，所發展出的評價觀點，藉以分析「事實上

---

[16] 陳自強，民法講義I─契約之成立與生效，一版，2002年，第106-107頁。

[17] 黃立，民法債篇總論，二版二刷，2000年9月，第20-25頁。

[18] 王澤鑑，債編總論（一），1988版，第167頁。

契約關係」理論的沒落的原因。由於這不足以作為分析「有瑕疵的勞動關係」理論的參考，也在法學上具有普遍的重要性，茲援引並分析如下。Lambrecht認為(1)首先從一理論可獲得更多合理結論（Fruchtbarkeit）觀點來看（第128頁以下），傳統的契約理論透過對於法律行為客觀化的理解、引用和事實相牴觸的口頭表示學理（Lehre von der protestatio facto contraria）、限制撤銷相關規定的適用範圍，已經大致上可和「事實上契約關係」理論可獲得同的合理結論；(2)其次就無矛盾性（Wiederspruchsfreiheit）而言（第145頁以下），對於「事實上契約關係」及其相關理論的正當性、類型的分類以及民法一般規定之適用等問題，支持者間並未獲得一致的見解，而且該理論也顯得與民法現行規定格格不入，並與既已被承認的「優先保護未成年人」的價值判斷不符，甚至導致矛盾的結果（例如已購票搭乘電車時，成立一般的契約，有民法一般無效／得撤銷規定之適用；反之，未購票搭乘電車時，成立事實上契約關係，則否），因此較不可採；(3)就理論可說明／適用的範圍（Reichweite）而言（第148頁以下），從Haupt當初提出「事實上契約關係」理論時、強調其理論並不以其所舉例的三種分類為限，到後來的Larenz「社會典型行為」說之僅侷限於大量交易／社會典型行為的範圍，顯見該理論可說明／適用的範圍（Reichweite）漸趨窄化，僅僅具有較狹小的說明／適用的範圍；(4)就簡單性（Einfachheit）而言（第152頁以下），「事實上契約關係」理論因為放棄以表示意識作為意思表示的要件，外表上似乎較為簡單。但由於Haupt當初提出該理論時，即有意地對於構成「事實上契約關係」之要件，留待將來作更進一步的探討；然而這卻始終未付諸實現，反而使該理論在適用上留有許多的不確定性。至於後來相關理論所提出的「大量交易」「民生基本照顧給付」等標準也甚為模糊。加上：(5)「事實上契約關係」理論所隱含的危險（Gefahren des faktischen Vertragsverhaltnisses）（第154頁以下）：該理論不僅破壞現行法體系，使得司法者幾乎可以獲得任何所想要的結果，更危及私法自治／

契約自由原則。在比較上述各項觀點之後，向來契約／法律行為的理論在相形之下更易為人所接受。

對於Lambrecht上述見解，本文認為有以下值得注意者：（一）首先就其所引用Thomas Samuel Kuhn針對自然科學的理論抉擇的問題所發展出的評價觀點於法學上，有其貢獻[19]。就其中第二個標準：無矛盾性（Wiederspruchsfreiheit）而言，應當是對所有理論的基本要求。至於Lambrecht在此標題下以「事實上契約關係」和現行法（所蘊含的價值判斷間）間的矛盾、而未以該理論本身內在論述的矛盾作為討論，其對理論之「無矛盾性」的探討似待補充。至於其所稱的第一點：可否獲得更多合理結論（Fruchtbarkeit）及第三點：可說明／適用的範圍（Reichweite）標準間似有密切關聯（亦即當一理論可獲得更多合理結論時，通常亦具有更大的說明／適用範圍）而有待進一步的說明。（二）其次Lambrecht於處理無矛盾性時，討論「事實上契約關係」和現行法牴觸的問題，並在此標題底下提到該理論支持者間彼此觀點的不一致——後者在法學上可認為是涉及法律明確性／安定性的問題——；在簡單性（Einfachheit）的觀點底下實係引用法學上向來常用的觀點：法律明確性／安定性的考量，而在最後提到「事實上契約關係」理論所隱含的危險時（破壞現行法體系，私法自治／契約自由原則，這也是向來法學上常用的觀點），參照前述德國法以及我國法上的討論，與先前的幾個評價觀點相比，這些似乎是更具有決定性的影響。若然，則如何對於這些向來法學論證上常使用的觀點、賦予適當地評價（例如如何在遵循現行法體系與合理的法官造法、在法律明確性／安定性與個案的妥當性之間取得一個平衡？），將是法學上重要、特有的課題，而這也是無法單純地援引一般知識論所發展出來的理論加以取代的。（三）類似地：「事實上契約關係」理論的興起

---

[19] Thomas S. Kuhn, Objectivity, Value Judgement, and Theory Choice, in The Essential Tension, 1977, p 320-339.

與沒落，與其提出時法秩序外所盛行的價值判斷（意識形態）頗有關聯，後者影響了吾人對於依法審判和對現行法的偏離（法官造法？）的接受程度。因此，如何謹慎合理地處理價值判斷的問題，乃是法學上不可忽略的課題。（四）「事實上契約關係」理論雖然已經沒落，但該理論仍然帶來了正面的影響（例如促使通說對放棄以表示意識作為意思表示的要件、對法律行為更加客觀化地加以理解）。這似乎顯示了：在不同理論相互競爭、論辯的結果，並非（只）是「甲說／乙說，結論採甲說」的模式：勝者全贏、敗者全輸，而（更）可能是一個辯證的過程，亦即：雖然向來的通說終究獲勝，但它實質的內容已然變動，已經不再完全等同於先前的那個通說了。這或許也是一種嘗試在法律的安定性、與法律妥當性／進步之間求取平衡的一個現象。

二、「有瑕疵的勞動關係」在法律上的處理

（一）我國法

　　至於「事實上契約關係理論」原先所要處理的類型之一「事實上勞動關係」，在我國法上的討論上，學者[20]認為：依該理論倘若勞動契約業經進行，尤其是在勞務給付之後，始發現勞動契約具有瑕疵時，亦不能逕適用無效撤銷規定，令既生之關係，自始歸於消滅，此非特使問題難以處理，在甚多情形，對於勞工之保護亦嫌不周。然為其救濟，似不必採用事實上勞動關係之理論，亦無須以納入企業此項事實本身，作為契約成立之規範基礎。而是原則上仍應回歸民法上法律行為之理論體系，但為保護勞動者，應以適當的修正，亦即在勞動關係業已進入履行，尤其是在受僱人為勞務給付之後，當事人主張意思

---

[20]　王澤鑑，債編總論（一），1988版，第168頁，王澤鑑，事實上契約關係，民法學說與判例研究（一），第93頁以下，第107頁。

表示無效，不生效力或撤銷具有瑕疵之意思表示時，應限制其溯及效力，原則上僅能向後發生效力，對於已生之權義關係，原則上不生影響，如此即能避免適用不當得利之規定，而使勞工仍能取得約定之報酬，以達保護勞工之社會目的。

（二）德國法

1. Nikisch的納入說及Hanau的契約擬制說

從結論上與「事實上契約（勞動）關係」理論完全一致的是Nikisch[21]所主張的納入說（Eingliederungstheorie）。氏認為勞動關係除基於當事人合意外，也可以例外地僅僅因為勞工被納入企業或雇主之個人生活領域而發生（durch die blose Eingliederung in den Betrieb oder den privaten Lebensbereich des Arbeitgebers）；其理由為：勞動關係所產生的法律效果超過一般的債之關係，它的目的在於設立一特定的狀態（這包括對物的管領力、屬人共同體關係、公司法上的組織關係）。設若該狀態已然達成，雖欠缺有效的法律行為時，吾人仍應承認該勞動關係仍應有效力。蓋於此類情形，當事人間和正常勞動關係一樣地形成密切的屬人關係。勞工若已提供勞務，則其應有工資請求權，而他也和一般勞工一樣地需要保護；否則這將與現實生活有違。

與上述學說相似者，Hanau[22]企圖透過契約之擬制（契約擬制說，Vertragsfiktion）加以說明。依氏之見解，德國民法第612條——與我民法第483條類似——之明文，雖係針對僱傭契約工資額度所為的擬制規定，惟在法律上實不應解為僅此而已，而更應解為是擬制契約的成立。蓋對價實係契約必要之部分，吾人必須據此方能更進一步區分

---

[21] Arbeitsrecht, Band I, 3. Aufl, 1961, S. 172 ff, 174.

[22] Objektive Elemente im Tatbestand der Willenserklärung, AcP 165, S. 220 ff, 263 ff.

其究竟屬於法外空間、亦或法律關係。而於後者情形，再更近一步地決定當事人間之契約究竟屬於何種契約類型。換言之，法律上僅僅承認具有特定內容的契約關係，一個未約定對價、欠缺契約要素的契約關係實際上並不存在。上述規定授權法官依其衡平裁量以決定工資額度，而非輾轉訴諸並不存在之當事人意思。既然法官可以擬制契約關係之對價——工資的額度——，則對於一個和契約關係是如此相接近、類似的給付關係（事實上勞動關係），一般可認為賦予契約上的工資請求權實甚妥當時——這特別是當吾人可以藉此避免適用不當得利規定的不當後果時——，則將該給付關係和契約關係作相同的處理，實為妥當。

2. Beuthin的見解：適用調整後的不當得利規定

　　Beuthin[23]主張對於有瑕疵的勞動關係，仍應適用不當得利規定，只是對於不當得利的規定應加以調整，以適應勞動契約的特性。氏認為依據現行法，法律若禁止某一勞動關係，則吾人原則上並無法賦予當事人契約上的權利，只能適用不當得利規定，賦予其返還利益的權利。只是在決定如何適用不當得利規定時，設若當事人間曾存有契約關係，則不當得利的規定同時具有契約法上回復原狀之功能。換言之，相對人是否獲得利益？獲得如何之利益？應如何返還？利益是否已不存在？仍受到其原法律關係之影響。另外吾人亦可透過對德國民法第139條（與我民法第111條相當）一部無效之規定作質的理解，以適當地兼顧不同勞動條件的特性。準此，由於勞工依勞動契約所附義務在於勞務之提供本身，非一定的成果，因此當勞動契約無效時，雇主所應返還者為所受領之勞務的價值，而這基本上應依各該勞動市場決之；依現今德國勞動市場狀況而言，則是應依團體協約或市場一般工資計算標準加以決定。又勞工依勞動契約負有提供勞務之義務、但

---

[23] Das fehlerhafte Arbeitsverhältnis als bürgliches Abwicklungsverhältnis, RdA 69, S. 161 ff.

並不負擔勞務成果之風險，因此雇主亦不得主張其所受利益已不存在。勞工上述不當得利返還請求權，依相關規定應與工資類似地享有禁止扣押、抵銷、優先受償等保障。至於雇主依原勞動契約所應負之保護與照顧義務，由於在勞動安全衛生、社會保險、企業組織以及勞動訴訟等法律領域，原則上以實際上有受僱關係為前提，因此當然仍有其適用，並無疑義。此於雇主發給離職證明書的問題上，亦同。至於有給休假，由於並不存在可免除之勞動義務存在，因此自無休假可言；惟勞工所可請求休假期間續付之工資，因具有工資之性質，應一併列入雇主應返還利益之的計算之內。就給付障礙的問題，於雇主受領遲延時，應認其對於勞工提出勞務之準備受有利益，應予返還。至於勞工因人身事由、非因過失而暫時無法工作時，德國民法第616條規定其工資請求權仍不喪失，由於本規定屬於雇主照顧義務的性質，因此縱然勞動契約無效，應認雇主照顧義務仍繼續存在，而仍有該規定之適用。

3. Käßer的主給付義務／其他義務二分說

Käßser[24]主張應區分主給付義務和其他義務，前者（例如勞工之工資請求權）將因契約無效而受影響，只能援引信賴責任原則作為請求之依據；反之，後者並不受影響。氏認為：就雇主之主給付義務所涉及者，既然欠缺有效之契約作為基礎，因此另須援引信賴責任原則作為依據。在此，吾人需進一步檢驗：請求權人是否有善意信賴（Gutgläubigkeit）特定的情事（Vertrauenslage），並且因而為一定的處置（Disposition），且該特定情事最終應歸屬（zurechnen）給引發該情事之人負責。若然，則善意信賴者得主張其勞動關係如同契約有效時之效力，該勞動關係僅能依據終止相關規定加以終結。又既然在此以有信賴責任原則作為基礎，因此並無援用「事實上勞動關係」理論

---

[24] Der fehlerhafte Arbeitsvertrag, 1979, S. 104, 112 ff, 99 ff; S. 141 ff.

的必要。至於保護義務及其他附隨義務，因其本身即是法定義務，亦即於締約過程中、契約尚未成立前既已存在，因此其後契約縱然有瑕疵而無效，亦不妨礙其仍然生效；因此，不論是雇主的照顧義務，或是勞方的忠誠義務，皆不因勞動關係瑕疵而受影響，亦無須援用「事實上勞動關係」的理論。

就上述理論可能的適用情形而言：(1)對於一替藥品公司工作長達十二年、從事醫藥廣告行為之（具獨立性之）商業代理人，離職前更被任命為廣告主任；惟最終發現該勞務契約牴觸禁止醫藥廣告的法規。氏認為：由於該商業代理人長期為藥品公司工作，善意不知此為法律所禁止之行為。而藥品公司實際上使用其勞務、更任命其為廣告主任，實已引發其信賴。該商業代理人繼續為藥品公司工作，係因信賴而有所處置。該信賴情勢最終應歸由藥品公司所承擔，蓋藥品公司應知法令也。是以基於信賴責任原則，本案商業代理人基於契約關係所為之請求有理由。(2)對於一已有全職的勞工另為兼職、而其兼職工時因過長而違法（超出法律規定平均每日二小時以上之六小時）。由於勞工於兼職時所提出的是第二張的工資稅卡，兼職之雇主應知該勞工為兼職。又知道兼職工時的法律限制，應屬雇方組織範圍的情事。兼職之雇主既應知該情事卻仍繼續使用勞工之勞力，勞工又藉兼職之收入調整其經濟生活。因此基於信賴責任原則，就已進行的勞動關係，勞工有工資請求權（至於勞動關係若尚未履行，勞方既無因信賴而有所處置的問題，因此並不構成信賴責任的問題）。例外地，若勞工對超時兼職的違法情事有所知悉，因無善意信賴，故無工資請求權。

4. Boemker的基礎關係／履行關係二分說

Boemker[25]的出發點是將勞動關係回歸到民法上的契約關係加

---

[25] AR-Blattei SD, Arbeitsvertrag-Arbeitsverhältnis V, Mängel des Arbeitsvertrags, Das fehlerhafte Arbeitsverhältnis, 1999, RdNr 1 ff.

以處理。氏認為契約上所有的權利義務或其他法律效果雖以債之關係為其基礎，卻未必全部是以有效的締約行為為前提，單純的給付的履行亦得產生特定的法律效果（這特別是就保護義務而言，已廣被承認）。因此所謂的契約關係並不僅止於給付義務的承擔（Leistungsverpflichtung）而已，更應包含給付義務的履行（Leistungserfüllung），後者在法律上具有獨立於前者之外的法律效果——這正如吾人區分負擔行為／處分行為一樣；二者雖可分而相互獨立，卻屬於同一個債之關係——換言之，吾人應將契約關係區分為基礎關係（Grundverhältnis）與履行關係（Erfullungsverhältnis）；前者決定契約關係之給付標的、目的、態樣、時間與地點，特別是關於主給付義務的決定，以及為提出給付所為之準備、實施及其確保的從給付義務的問題。後者則是涉及當事人實際上為給付時，所衍生法律效果的問題，如對於相對人人身的保護義務、交付收支證明以及社會保險法上相關的問題。

所謂的有瑕疵的債之關係／勞動關係，係指一債之關係雖然欠缺基礎關係，卻已進入履行關係的情形而言。由於欠缺有效的基礎關係，因此原先依據基礎關係所應發生的法律效果（特別是主給付義務）即有瑕疵。反之，由於履行關係的法律效果係基於實際上之給付行為而生，不以基礎關係之生效為前提，因此履行關係的法律效果仍然可以基於事實上給付之提出而發生。惟基礎關係既未生效，依此所為之給付自應依不當得利規定返還之。此於一般債之關係或勞動關係，皆無不同。蓋履行關係並不足以取代無效的基礎關係。雖然通說有以勞動關係具有屬人共同體關係而採取相反的見解，但無論如何，此一神秘的勞動關係本質並不足以改變立法者將勞動關係作為一種債之關係的決定。何況在此所要解決的—與解除契約相類似者—是法律效果、而非事實的問題，因此亦不能以所謂「勞動關係已履行的事實，不能溯及地、一概予以抹煞」加以反駁。至於適用不當得利雖有困難，但此於解僱訴訟時，雇主繼續僱用勞工（Weiterbeschäftigung）

時亦有之，惟聯邦勞動法院仍主張於此仍應適用不當得利之相關規定，因此亦不足以作為反對的理由。至於勞工保護的考慮，於令其仍得保有履行關係所生之法律效果即為已足。

就其具體適用情形言：在有瑕疵的勞動關係，當事人並無主給付義務，因此雇主工資給付及其相關的義務（包含雇主於勞工生病、雇主受領遲延、有給休假、假日時應繼續支付的工資）、因主給付義務不完全履行所生之損害賠償請求權、勞工之就勞請求權，因為都是以基礎關係有效作為前提，故亦不生效力。惟於適用不當得利規定時，勞工原先依約所負義務為勞務之提出，因此雇主所應返還之利益在於該勞務本身、而非勞務所致之特定成果，該勞務本身既無法返還，因此雇主應返還其市場價值，而這基本上等於其通常可得之工資。至於勞工對於支出費用之補償請求權（Aufwedungsentschädigung）（含出差費、誤餐費）、全勤獎金（Anwesenheitsprämie），因係以勞工實際上有勞務之提出——亦即以履行關係——為前提，故雇主仍負有給付之義務。至於雇主所為之津貼（Gratifikation），究竟係以基礎關係、亦或履行關係為給付之前提，應以當事人之約定決之；如某津貼係以於某日勞動關係之存在為給付要件，則應認為係以基礎關係有效存在為前提；反之，若某津貼將因勞工之曠工而予以扣減，則與全勤津貼類似，以勞工事實上有提供勞務為已足，勞工仍有請求權。至於保護契約相對人——特別是勞工——人身完整、人格權的保護義務、守密義務等，因係以事實上提供勞務——及履行關係——為前提，故仍有效存在。又此於薪資所得稅、社會保險費之扣繳上亦無不同，雇主仍有代為扣繳之義務。至於勞資雙方契約責任減輕或限制的相關規定，亦不因基礎關係之無效而受影響。其他諸如雇主之指示權、解僱權，係以基礎關係之存在為前提，故於此並不存在。至於有瑕疵勞動關係的結束，係以當事人事實上給付的接觸之中斷為準；於此，當事人可隨時為之、無須預告。至於勞工請求雇主返還所受之利益的權利——其勞務在勞動市場上的價值——，因工資保護（如扣押、抵銷）的相

關法規，係以勞動所得（Arbeitseinkommen）加以規定，在文義上已足以涵蓋有瑕疵勞動關係的情形，因此勞工請求雇主返還所受之利益的權利，亦應受和一般工資情形相當的保護；當然，這相對地亦罹於工資的短期消滅時效。

5. 通說

通說在結論上認為當勞動關係已進入履行階段時，縱然事後證明其有無效或被撤銷，原則上應限制其並非溯及、而僅是對將來無效；已履行的勞動關係的部分應當作為如其有效時加以處理。在此，因為僅僅是限制無效、撤銷效力，而非將勞動關係強將於當事人身上，因此應以在當事人間，至少有曾為合意的事實為前提[26]。又對此有瑕疵的勞動關係，當事人得隨時主張結束該法律關係，性質上並非勞動契約之終止，因此自無終止相關規定之適用[27]。至於當勞動契約牴觸刑法或是嚴重牴觸善良風俗、而且為雙方所明知者[28]，或是當勞工為詐欺以致於勞動契約被撤銷時[29]，則仍應認為該勞動關係自始、溯及地無效。至於當勞動契約因勞工欠缺行為能力而無效時，為貫徹保護欠缺完全行為能力者的目的，應認勞工仍保有契約上的權利，但雇主對之並無契約上給付或損害賠償請求權[30]。

---

[26] Staudinger/Richardi, 1999, § 611 RdNr 184; ErfK/Preis, 1998, § 611 BGB RdNr 170; Kasseler Handbuch/Leinemann 2. Aufl, 2000, 1.1 RdNr 609 ; a.A, Zöllner/Loritz, Arbeitsrecht, 5. Aufl, 1998, S. 605.

[27] ErfK/Preis, 1998, § 611 BGB RdNr 172 ; KR/Friedrich, 5. Aufl, 1998, § 4 KSchG RdNr 87; Heuck/v. Hoynigen-Huene, KSchG, 12. Aufl, 1997, § 1 RdNr 54; KR/Etzel, 5. Aufl, 1998, § 1 KSchG RdNr 56; Kasseler Handbuch/Leinemann 2. Aufl, 2000, 1.1 RdNr 602 ff ; Küfner-Schmitt, Arbeitsvertragsrecht, 2002, S 277 f.

[28] ErfK/Preis, 1998, § 611 BGB RdNr 171.

[29] Staudinger/Richardi, 1999, RdNr 190; Kasseler Handbuch/Leinemann 2. Aufl, 2000, 1.1 RdNr 605.

[30] Staudinger/Richardi, 1999, § 611 RdNr 199; Hueck/Nipperdey Band I, S. 190; Schaub,

對於上述結論所持理由之理由，於學說間尚有不同。有強調本質／事實層面的觀點，認為有鑑於勞動關係所特別具有之屬人本質[31]，在此限縮無效或得撤銷之無效的效果，實基於已進行之社會生活的要求[32]；若依不當得利規定處理，有其實際上的困難[33]，例如雇主是否得利？勞工已提供勞務之價值如何決定？有無所受利益不存在？勞工就雇主工資以外的給付、是否仍應返還[34]等問題，皆有疑慮。又例如勞工使用工廠餐廳、運動器材如何估算其價值[35]、如何返還？在事實上亦甚困難[36]。有強調價值判斷——保護勞工——的層面，認為勞工有保護的必要性[37]，應避免使法律所課雇主之保護義務嗣後落空[38]。有[39]同時強調勞工保護的必要性及（信賴保護的）正當性，認為：勞工既然必須仰賴其工資所得以維持經濟生活，因此其必須可以信賴過去工作所得之對價不至於嗣後被要求返還。特別是當勞工於花用其工資後，吾人更難課以勞工負擔返還對價之風險。反之，若雇主主張因勞工詐欺而撤銷勞動契約，因勞工於此為不正行為，其信賴即不值得保護，應使原契約溯及無效。至於近來的論述，更有混合、併用不同層面的論證方式；例如Zöllner/Loritz[40]認為有關於法律行為瑕疵的規定，主要是

Arbeitsrechts-Handbuch, 9. Aufl, 2000, S. 253.（前述Nikisch Arbeitsrecht, Band I, 3. Aufl, 1961, S. 218 Kässer, Der fehlerhafte Arbeitsvertrag, 1979, S. 153則採不同結論）

[31] BAGE5, S. 58 ff, Siebert, Faktisches Vertragsverhältnis, S. 82 ff, 84; beide zit nach Käßer, S. 65 f ; 72 f.

[32] MünchKommBGB/Müller-Glöger, 3. Aufl, 1997, § 611 RdNr 330.

[33] ErfK/Preis, 1998, § 611 BGB RdNr 170.

[34] Siebert, Faktisches Vertragsverhältnis, S. 84; zit nach Käßer, S. 72 f.

[35] Küfner-Schmitt, Arbeitsvertragsrecht, 2002, S 277 f.

[36] ArbR BGB, 2. Aufl, 2002, Schliemann, § 611 RdNr 146, 443

[37] Küfner-Schmitt, Arbeitsvertragsrecht, 2002, S 277 f.

[38] Schaub, Arbeitsrechts-Handbuch, 9. Aufl, 2000, S. 252 f.

[39] Wiedemann, Das Arbeitsverhältnis als Austausch- und Gemeinschaftsverhältnis, 1966, S. 78 f.

[40] Arbeitsrecht, 5. Aufl, 1998, S. 605 f.

針對財產交換契約而設,於勞動關係並不甚適當。因為像勞動關係這種長期的繼續性債之關係所衍生諸多權利義務,在法律上不能一概加以否認,因此不當得利的規定並無法適當地解決利益返還的問題,何況這也可能使勞工基於勞動關係原先所得的利益(例如年資,從雇主所受照顧性給付、雇主的保護義務)溯及地喪失,於勞工之保護,顯有不周。至於前述Käser之以信賴責任理論作為說理的基礎,Zöllner/Loritz認為這不但是過度擴張信賴原則之運用,而且企圖以終止取代無效、撤銷之相關制度,是較通說更偏離現行法。又例如Richardi[41]認為這乃是法官造法的結果。至於其正當性,氏一方面認為:問題的重點不在於勞工有所謂的保護必要性與正當性,而是在於勞工就其原先依約所負義務僅僅是勞務之提供、而非完成特定成果本身。因此勞工一旦已提供勞務,則已無法返還地成為勞務受者財產的一部分,若逕自否認契約之效力,則將與生活事實不盡相符。另一方面又認為:若對於勞動關係已履行的部分,勞工之信賴值得保護;亦或受領勞務者於嗣後主張契約無效,將與其先前行為互相矛盾時,則應禁止其主張契約無效。因為當事人若不得主張契約無效,則其原先提出給付的原因即為此一法律行為,而一如契約有效時,工資請求權亦有效地存在著。由於在此並未欠缺法律行為此一要件,因此在法律釋義學上這並未涉及信賴原則適用的問題(Soweit jemand sich nicht auf die Nichtigkeit berufen kann, ist die causa für die Erberingung der Leistung das Rechtsgeschäft, und entsprechend besteht dann auch der Anspruch auf das Arbeitsentgeld wie bei einem rechtswirksamen Vertrag. Da der Tatbestand des Rechtsgeschäfts nicht fehlt, handelt es sich rechtsdogmatisch nicht um einen Anwendungsfall der Vertrauenshaftung.)

另外在文獻上常被忽略、但卻值得注意的是由Sack[42]提出的法規目

---

[41] Staudinger/Richardi, 1999, § 611 RdNr 183 ff, insbes. RdNr 185, 187, 190,196.

[42] Der rechtswidrige Arbeitsvertrag, RdA 1975, S. 171 ff, 175 ff.

的的觀點。氏認為依德國民法第134條規定─與我民法第71條相當─，和法律禁止規定相牴觸的法律行為，僅當該禁止規定未為其他規定時，方為無效；換言之：該規定所顯示的是：例外地僅當基於系爭規定的法規目的之要求應當無效時，該法律行為方為無效。對於勞動關係，這意味著：當勞動關係因牴觸法律禁止規定時，由於勞動法規之一般的目的在於保護勞工，因此依相關規定之法規目的言，原則上應認為其勞動契約僅對將來無效、而非溯及／自始無效，僅當勞動契約嚴重牴觸禁止規定或善良風俗時，方認為自始／溯及無效。以上這種以法規目的決定相牴觸之法律行為的效果的見解，於當法律行為牴觸善良風俗時，亦無不同。德國民法第138條（與我國民法第72條類似）雖欠缺類似其第134條的明文規定，惟前者既然具有一般條款的性質，且其與後者之差別僅在於其所違反者，並非制定法所明定者、而是未明定的行為規範，因此依善良風俗之要求強度，做不同的無效的處理，是妥當的。同理，對於德國民法第139條規定（與我國民法第111條類似）之適用，原則上也僅當基於相關法規目的無法承認其一部無效時，方才認定為全部無效。至於一般多認為僅當契約關係嚴重地牴觸法律規定或公序良俗時，才認定其自始、溯及的無效，但這基本上僅於參酌德國民法第812條第2句（與我國民法第180條第4款相類似）之規定所蘊含的思想時，才是適當的。換言之，若當事人一方明知或因重大過失而不知其勞動關係牴觸禁止規定或善良風俗，原則上應不得擁有契約上之請求權；惟若契約之所以違反禁止規定或公序良俗，僅僅在於違反其所欲保護之勞工者，則為貫徹保護勞工之目的，勞工雖知其不法性，仍不喪失契約上之請求權。因此，設若勞工所從事之醫藥廣告的工作，雖因牴觸醫藥法規而無效，惟後者之目的主要在維護社會大眾之健康與安全，因此對於已經進行之勞動關係，仍應當作其有效一般的加以處理。相反地，若勞工明知其藥品廣告之工作牴觸法律規定，即無勞動契約上的請求權。又若勞工的兼差的工作時間超過法律規定之工作時間上限時，原則上仍應肯認就已履行之部分仍不

喪失契約上的請求權。至於雇主非法僱用童工，原則上應認為該勞動關係就已履行之部分仍為有效，童工對其雇主有契約上之請求權，惟為貫徹保護童工之目的，雇主對童工並無契約上之請求權一例如雇主對於瑕疵給付並無損害賠償請求權。

三、對於「有瑕疵的勞動關係」相關理論的分析與檢討

上述學說共同的結論是：有瑕疵的勞動關係不應一概地適用民法不當得利的規定，在此意義下，前述學說認為這是法官造法的結果，誠屬正確。至於其修正的幅度則各有不同。

（一）Nikisch的納入說及Hanau的契約擬制說

勞動法學說中Nikisch的納入說及Hanau的契約擬制說完全以履約之事實，取代締約合意作為勞動關係的基礎，與民法上「事實上契約關係」理論最為相近，與現行民法之距離最為遙遠。而與民法上「事實上契約關係」理論相似，此二說亦有類似缺點：納入說／契約擬制說在當事人欠缺有效的締約合意，仍認契約生效，有導致締約強制之虞，何況僅以納入或是其他事實擬制契約之應有內容，都將可能嚴重影響契約自由，亦導致法律明確性、安定性的減損。因此該二說當不足採。

（二）Beuthin適用調整後的不當得利之規定

至於Beuthin適用調整後的不當得利之規定的見解，外觀上最接近現行的民法。惟依氏之見解，一方面認為契約既以無效，應回歸民法不當得利的規定。另一方面在不當得利的適用上，卻又要求顧及原先、但是已經是*自始／溯及無效*的勞動契約加以調整，如何在理論上

一以貫之，頗待斟酌。何況該說在適用現行法的外觀下，卻獲致與通說基本上相同的結果，這不但使其「遵守」現行法的外觀「破滅」，更顯示該說有掩蓋、忽略其背後所隱藏的實質的價值判斷之虞。Beuthin的理論顯然有過度調整不當得利規定的傾向（不僅需以團體協約確定勞務的市場價值、更需認定雇方不至於有所受利益不存在的情形，在給付障礙時也應依僱傭／勞動契約的相關規定決定其利益之返還）、並且作了不必要地區分（例如對於有給休假，一方面否定勞工休假之權，另一方面卻又賦予勞工有相當於工資續付之請求權），這使得Beuthin的理論更為複雜；參照本文先前關於Lambrecht理論抉擇中所提到「簡單性」的觀點，在和通說獲得相同結論的前提下，Beuthin的見解自然不易被接受。

（三）Käser的主給付義務／其他義務二分說

對於Käser的主給付義務／其他義務二分說，本文認為這種二分法雖然不失為一個的基本出發點，但能否適切的區分勞動關係所有的權利義務，則有疑問。例如雇主的工資給付義務固然屬於主給付義務，照顧義務（德國民法第618條，我國民法第483條之1）則否。但有時勞動關係上義務的區分未必如此簡單明確，蓋勞動法基於保護勞工之意旨，可能廣泛地擴張雇主照顧／補償責任、甚至涵蓋原先雇主主給付義務的範圍，這已非單純藉由上述二分法所可以適當地加以說明。例如在有給休假，該類規定原係基於雇主照顧義務的想法所衍生，惟雇主除給假外、另應續付工資，續付工資的義務似乎又與原先雇主主給付義務有密切的關聯。又於本案所涉及職災補償的情形，依我國勞基法第59條規定，雇主補償責任包括醫療期間之原領工資、醫療費用、殘廢及死亡補償。該規定固然可解釋為是雇主照顧義務的反映，但其中原領工資的補償義務應如何歸類，則有待斟酌。其次，對於Käser以信賴責任原則作為主給付義務發生的原因，本文

認為於此信賴與否雖為吾人必須考慮的觀點之一，但並非唯一、亦非最重要的評價標準（詳見下文對通說的檢討）。是以誠如Canaris,[43]所言，雖然這和信賴責任原則實質上有類同之處，但不論是就其「事實上／有瑕疵的勞動關係」理論的正當性或是體系歸類上而言，信賴保護的想法皆未扮演重要角色。從當今的學理研究的成果而言，事實上或有瑕疵的合夥／勞動關係理論，皆無法認定為是信賴責任學說的適用類型（der Vertrauensgedanke spielt weder für die Begründung noch für die systematische Einordnung eine wesenliche Rolle. Die Lehre vom "faktischen" oder vom "fehlerhaften" Gesellschafts- und Arbeitsverhältnis kann daher beim heutigen Stand der Dogmatik nicht als Anwendungsfall der Lehre von der Vertrauenshaftung angesehen werden.）。何況依Käser之見解，有瑕疵的勞動關係於依信賴責任生效後，另需終止事由方得終止，儼然變成為締約強制的一種型態，過度干涉契約自由，並不足採。至於Käser另以法定責任說明保護義務及其他附隨義務、不因法律關係無效而受影響，這種說法是否能適當地說明雇主於職業災害所負廣泛的（含原領工資之繼續支付）責任，亦頗有疑問。蓋依氏之見解，當勞工明知其勞動關係無效／有瑕疵時，根本無工資請求權；於不幸發生職災時，卻又因而擁有原先並不存在的原領工資之繼續支付補償權利。縱上論述，Käser之見解並不足採。

（四）Boemker的基礎關係／履行關係二分說

Boemker的基本出發點是將債之關係二分為基礎關係／履行關係，將有瑕疵的勞動關係理解為是雖然欠缺基礎關係、卻已進入履行關係，並主張——例如關於工資之支付義務——應適用不當得利規定加以解決，只是應顧及先前勞動關係的特性，如雇主應返還者為勞務之

---

[43] Die Vertrauenshaftung im deutschen Privatrecht, 1971, S. 448.

市場價值。另外雇主其他的給付—如費用之補償、全勤獎金—以及保護義務等，因係以履行關係為要件，因此仍繼續生效、不因基礎關係無效而受影響。關於其調整不當得利規定的見解，與前述Beuthin之見解有相類似的疑慮，茲不贅述。又Boemker將債之關係二分為基礎關係／履行關係，亦恐與前述Käser的區分主給付義務／其他義務的見解有相同的缺點。不過Boemker見解最大問題在於：對於基礎關係／履行關係在概念上的區分，賦予過多重要的法律效果，以致於支持前者區分的理由，並不足以同時作為支持後者的理由。這種思考方式頗有概念法學的色彩，而有著與之相同的弱點。蓋法律上賦予履行關係有獨立於基礎關係以外的法律效果（支持前者的理由），並不表示於基礎關係無效後，履行關係當然仍不受影響、無須依不當得利的規定加以處理。實情反而是：由於原先履行關係既已獨立生效、而非與基礎關係同歸無效，因此吾人必須更進一步地考慮是否適用不當得利規定加以處理。此由以下事實可得而知：吾人於承認物權行為之獨立性後，跟著必須考慮其與原因行為間的關係如何（有因／無因）？並且於認定物權行為無因性後，對於原因行為無效，已生效的物權行為再適用不當得利規定加以處理。是以Boemker由雇主部分給付係以履行關係為要件，推論到：因此勞工可終局地保有此類給付、不因基礎關係無效而受影響，其說理顯有不足。

（五）通說：限制無效或撤銷相關規定的法律效果

　　對於通說之限制無效或撤銷相關規定的法律效果，本文認為值得贊同。其中以勞動關係之具有屬人性質的說理，這種本質論的觀點基本上容易掩飾其背後所蘊含的價值判斷[44]，何況該說已不為現今德國多

---

[44] 參閱作者，對於以「事務本質」作為法學論證的反思—一個方法論上的嘗試，收錄於黃宗樂教授六秩祝賀，基礎法學篇，第235頁以下。

數學說所採[45]，因此並不足作為適當的理由。至於通說中以適用不當得利規定之困難為理由者，吾人固然應當承認法律若要適當地規範，必須對於被規範的社會生活事實有所認識；適用上過度困難的法律、將損害其正當性及明確性。但何種程度的適用困難是尚可接受？何種情形已致應脫離現行法、須以造法加以因應，則是價值判斷的問題，並無法單純地被規範的事實層面（適用上有困難）加以說明，是此理由亦不充分。至於幾個強調價值判斷的觀點，基本上是較正確的出發點。只是吾人如何適當地獲得所需的價值判斷，一方面具有實質正當性／說服力、另一方面又不流於法官恣意，則為問題的關鍵。在此，本文僅能提出以下的初步想法用供參考：價值判斷原則上應優先從現行法秩序內尋找（包括普遍承認的憲法上、其他實定法上、或者是透過判決／學說所承認的價值判斷），其次是從社會一般通念，再其次是依法官個人確信為之。另一方面是：原則上應訴諸較明確、而非較抽象的標準。準此，勞工的保護固然是勞動法一向所追求的目的，但此觀點頗為抽象，蓋如何才是適當的勞工保護？何種情況是保護過度、適得其反，並不甚明確。至於同時強調勞工保護必要性與正當性者，除了提出信賴保護的觀點是較具體者外，基本上亦甚模糊。因此上述觀點雖足為參考，但在有其他更明確的價值判斷時，仍應優先考慮依據後者加以判斷。至於信賴保護的觀點，因為一方面可認為是現行法所承認的價值判斷的一部分，另一方面在內涵上已較為具體，不失為值得參考的標準之一。但這並非唯一也非最重要的判斷標準。例如於本案所涉童工職災之情形，縱然該勞工偶而得知其勞工關係為非法，基於保護勞工、未成年人的立場，吾人仍不應否認其職災補償之請求權。至於Sack所提法規目的的觀點，不但在認定上較為明確／容

---

[45] 黃程貫，勞動法中關於勞動關係本質的理論，政大法學評論，第五九期，第227頁以下；另參作者，工資的迷思：「恩惠性給與」，收錄於作者，勞動法案例研究（一），2002，第53頁以下，第61-63頁。

易，更促使吾人有意識地回到現行法內尋找價值判斷，在方法論上甚為正確，值得贊同。只是相關法規的目的為何？也並非經常足以提供明確的答案；例如吾人從民法第482條、勞基法第2條第6款、第59條以下規定的目的，對於有瑕疵的勞動關係是否原則上僅對於將來可以主張無效，恐怕未必能提供明確的的答案。而近來併用不同論證的見解，也正顯示出吾人無法單從某一特定的價值判斷、而是必須併用數個可能相關的價值判斷，才能獲得圓滿的答案。在此所呈現的正是一個變動的體系（bewegliches System）[46]。在此，吾人首先應在勞工保護目的以及法律明確性／安定性的考量下，一般地認為有瑕疵的勞動關係，僅對於將來可以主張無效，例外地若依相關法規之目的、所涉及的法律強行規定、公序良俗的要求程度，或因該瑕疵主要係因勞工引起，以致於吾人可認為與雇主相較、勞工並不值得保護時（例如勞工明知其係從事犯罪行為、或是為詐欺、脅迫），則仍認定該勞動關係自始／溯及無效。

四、本案分析

（一）本案之勞動關係違反勞基法第45條禁止僱用童工之規定，依民法第71條之規定應屬無效。但由於該勞動關係已履行，勞工且遭受職業災害，若令該勞動契約自始無效，顯然對勞工甚為不利。最高法院依據勞基法第45條之立法目的，認為勞工得主張職業災害補償，參酌本文前述對於相關理論的分析，其判決不論是就結論或是理由，皆甚正確。亦即，最高法院在此並未「嚴守」民法第71條的規定、以致於獲得和吾人公平正義觀念格格不入的結果，而是透過實現相關勞基法第45條之目的：保護童工，賦予勞方職業災害補償的請求權，這

---

[46] s. dazu Bydlinski, Juristische Methodenlehre unf Rechtsbegriff, 2. Aufl, 1991, S. 529 ff.

在結論上是適當的。又其訴諸相關法規之目的，而不是較抽象的勞動契約之本質、或是適用不當得利所可能遭遇到的困難，在說理上更為清楚明確，而且更貼近現行法所蘊含價值判斷，值得肯定。

（二）惟對於，包括在我國學說已論及的「事實上契約關係」、「有瑕疵的勞動關係」的理論，最高法院並未有意地加以論駁，頗為遺憾。而這也導致了以下的一般問題：對於有瑕疵的勞動關係，主張其無效或撤銷，是否原則上僅限於對將來產生影響、並無溯及效力？答案仍不明確。惟參酌我國學說與德國法上的探討，應採肯定見解。而這也意味著在本案情形，雇主若有應給付而未給付之工資等，仍應照常給付。

（三）應予澄清的是：最高法院雖於判決要旨中雖禁止雇主主張該勞動契約無效（「故如雇主違反該條規定僱用未滿十五歲之人，於事故發生後，**得依該條主張勞動契約無效**，受僱人不得請求職業災害補償，**自有違該條立法意旨**」），但參酌前述「有瑕疵勞動關係」相關理論的分係，應解為僅僅是禁止雇主勞動契約**溯及無效**的主張，並不妨礙雇主—無須具備終止事由—主張該勞動契約是向將來無效，否則將演變成法律迫使雇主維繫一與禁止童工規定相牴觸的勞動契約，這既非保護勞工之目的所必要，在結果上也甚為不妥。

（四）又應予補充的是：前述「有瑕疵勞動關係」相關理論認為當事人原則上可主張隨時結束有瑕疵的勞動關係，然而因為勞基法第59條第1、2款關於醫療費用及原領工的補償都與**醫療期間**的長短有關，為避免減損勞工所可獲得補償額，應認為雇主之結束「有瑕疵勞動關係」的主張，原則上仍不妨礙勞工前述的職災補償數額。換言之，從結果言，為貫徹保護勞工、使其獲得足額之職災補償，這意味著雇主原則上僅於醫療期間過後，方能結束「有瑕疵勞動關係」。

6 評最高法院近年來關於勞基法上工資的認定

壹、序　論

　　勞基法上的工資應如何界定，乃理論及實務上重要的問題。對此，勞基法雖於第2條第3款為立法定義，勞基法施行細則第10條並且詳列非經常性給付的名義，惟相關爭論仍未解決。向來有關工資定義的爭論，特別是涉及到「經常性」（給與）在工資的界定上扮演什麼角色？其具體標準為何？對此，民國85年前後，最高法院的見解有明顯的轉向。歸納民國85年迄今（近年來），最高法院關於工資的判決，有二項重要的見解上變化：（一）民國85年1月31日，最高法院在85年度臺上字第246號判決，以及之後的判決，多透過從寬認定系爭給付的「經常性」，將原先判決中已經被認定、或其他可能被認定為為非工資者，認定為工資。至於「經常性」的意涵，則援用學說見解，明確地以所謂的次數／制度上經常性為準，此為民國85年之前（早期）判決當中所未見的現象。（二）特別是在數則關於士林紙業公司的案例上，最高法院剛開始雖承認系爭給付為工資，隨後即以系爭給付是恩惠性給與而加以否定，其中更承認工作規則得規（約）定某項給付不是工資，此一見解似未出現在先前討論中，誠屬創新。以上見解的改變，不論是在實務或理論上都十分重要。本文首先描述學說與早期的實務概況，並提出作者見解，藉以作為對照參考，並在此基礎下，分析以及評述民國85年迄今最高法院的相關見解及其演變，希望能對本議題的釐清有所助益。

貳、學說與早期實務概況

　　學說[1]中(1)有認為依勞基法第2條第3款對工資所為之立法定義，特別是根據該規定之文義，認為工資應具備「勞務對價性」以及「經常性給與」之特性。至於何謂經常性給與，下列二個見解尤其值得注意(a)吳啟賓[2]認為：「所謂「經常性給與[3]」，意義非常籠統。當然經常與時間有關係，要判斷一種給付是否屬於經常的，須以單位時間作為標準，此時間究要多長，關係甚為重要……。理論上「在一相當時間內，於一般情況，所可得到之給與」，即所謂經常性之給與。(b)劉志鵬[3]則認為「判斷給與是否具有經常性時，宜從「制度上」（例如勞動契約、工作規則、企業內勞動習慣、團體協約）是否已規定雇主有給與勞工之義務？再加上給與之「時間上」、「次數上」是否經常性而為綜合判斷」。(2)學說上另有主張應以雇主之給付是否構成勞工勞務之對價為主要判斷標準，「經常性」只是當「對價性」不明時作為一種輔助的標準而已。(3)本文認為應以第二種見解較為可採，茲簡述其理由如下：(a)文義的觀點。文義為法律解釋之起點與終點。由勞基法第2條第3款之文義觀之，立法者並非企圖以給付之經常性，作為承認工資之必備要件。因為該規定之內容為：「工資：謂勞工因工作而獲得之報酬，包括工資、薪金及按計時、計日、計月、計件以現金或實物等方式給付之獎金、津貼及其他任何名義經常性給與均屬之。」立法者首先乃是以「謂勞工因工作而獲得之報酬」一語，肯定

[1] 詳見林更盛，勞基法對工資的定義；工資的迷思：「恩惠性給與」，分別收錄於林更盛，勞動法案例研究（一），2002，翰蘆圖書出版有限公司，第33頁以下、第53頁以下。

[2] 勞動基準法上有關工資問題之研究，民事法律專題研究〈六〉，第39頁以下，第43頁。

[3] 談勞基法上的「經常性給與」，月旦法學雜誌，第8期，第79頁。

工資之性質乃作為勞務的對價。至於法律接下來規定「**包括**工資、薪金……及其他任何名義**經常性給與**均用之」之部分，應只是對何謂「勞工因工作而獲得之報酬」以實際上常見事例加以進一步說明；亦即該部分僅具有例示規定的功能，此由該規定以「包括」一語起首可知。故立法者並非企圖以所列給付型態窮盡地涵蓋所有可能的工資型態。因此判斷某種給付是否為勞基法第2條第3款之工資，最終、最主要仍應回到其是否為「勞工因工作而獲得之報酬」為斷。(b)立法目的的觀點。法律係立法機關　實現特定目的所為之規定，因此在法律的適用上，自應儘可能地實現立法目的。立法目的多呈現於立法過程的相關討論。在立法過程中，對勞基法第2條第3款規定中的「經常性給與」應否刪除或保留，一直有爭議。認為應予刪除者，其理由無非是以其概念不明、易滋疑義或是以工資應包含所有雇主之給付、不以有經常性者為限。持保留意見者，無非是基於：內政部於當時已以「經常性給與」，**擴張**原先狹義工資的概念；惟若擴張工資到包含所有雇主之給付、又恐雇主反不願為某些給付、反而不利勞工，故將僅具有臨時性、鼓勵性者，排除於工資概念之外；至於何種給付欠缺經常性，依代表內政部的湯蘭瑞司長之解釋，**僅年終獎金、特別性給與者無經常性**；依於一讀通過前最後發言贊成的謝深山立委之發言，則**除年終獎金、不休假獎金外，雇主之給與皆為工資**。因此吾人可認為：不論贊成或反對在勞基法第2條第3款中加入「經常性給與」的意見，皆以保護勞工、**擴張原先狹義工資的範圍**為其出發點，只是對於擴張狹義工資的程度有不同的看法。因此顯然地立法機關並不是要藉「經常性給與」之規定，將一些向來已被認為與勞工所提供勞務構成對價的給付，僅以其欠缺「經常性」而排除於工資的範圍之外。(c)內在體系的觀點：勞動契約作為雙務契約的特性。關於勞動契約的本質，我國法上似多承認其性質為一屬人法上的共同體關係。對於德國法上原先盛行的人格法上共同關係理論，德國學說多認為該理論並不能證明勞動關係和其他——法律上或社會現象上——公認之共同體關係（如

合夥、婚姻或親子關係）間有何相同之處、以致於吾人在法律上應對之和其他單純的雙務契約類型做不同處理。尤其是人格法上共同關係理論所導出勞資雙方之忠誠／照顧義務之具體內容，多已經制定法明文化，或是基於民法學上對誠信原則的研究的進步，已能適當地納入民法學體系之內予以正當化及說明；繼續採取該理論的理由即不復存在。因此現今德國通說所採之回歸債法給付交換關係理論。本文認為不論勞動關係是否為屬人法上的共同體關係，無可否認的是：一般的契約法上的原理／原則以及契約歸類的方式，對於勞動關係基本上仍有適用；勞動關係之進行（例如勞工得否因雇主未給付工資而主張同時履行抗辯），基本上仍應依契約的處理模式加以解決。準此，勞動契約因被認定為具有雙務契約的特性，因此是否為工資，原則上仍應以勞工提供勞務之對價作為主要判斷標準，只有當「對價性」不明時，才以「經常性」作為輔助的標準。

　　最高法院在早期的判決中，主要是以給付有無經常性為判斷標準，並依照勞動基準法施行細則第10條規定，認為凡依該規定不屬經常性給與者，即非工資。例如最高法院於78年度臺上字第682號判決中表示「所謂工資，乃指勞工因工作而獲得之報酬。勞動基準法第2條第3款定有明文。是工資係勞工之勞力所得，為其勞動之對價，**且工資須為經常性給與，始足當之。**倘雇主為改善勞工之生活所為之給與，或雇主為其個人之目的，**具有勉勵，恩惠性質之給與，即非經常性給與**，此與工資為契約上經常性之給與，自不相同，應不得列入工資範圍之內」[4]。從而推論到：勞動基準法第2條第3款所稱之其他名義之經常性給與，並不包括**年終獎金、春節給與之獎金、以及夜點費**，該法

---

[4]　最高法院於78年度臺上字第682號判決，最高法院民刑事裁判選輯，第十卷第二期，第260頁以下；最高法院79年度臺上字第242號判決，最高法院民刑事裁判選輯，第十一卷第一期，第193頁以下；同意旨，最高法院75年度臺上字第469號判決，最高法院民刑事裁判選輯，第七卷第一期，第357頁以下。

施行細則第10條第2款、第3款、第9款分別定有明文[5]。績效獎金、勤務加給、全勤獎金、伙食津貼，縱然雇主列有支給準則，按月給付，亦不應納入計算退休金工資之範圍[6]。就全勤獎金、伙食津貼、績效獎金，最高法院並進一步解釋，認為：全勤獎金既為員工每天按規定上班所發給之獎金；伙食津貼為對於上班者所發給之福利，相當於誤餐費；載客（績效）獎金又為激勵員工士氣，加強乘客服務，依競賽方法而發給，參諸勞動基準法施行細則第10條第2款、第9款之規定，即非因工作而獲得之經常性給與[7]。又對於經常性給與，除參照勞基法施行細則第10條規定外，最高法院並具體地認為：報社駐地記者，其報酬須經採用刊登始論件計字給酬，似難認為具有固定性質之經常性給與[8]。又「……按工資為勞工因工作而獲得之報酬，勞動基準法第2條第3款定有明文。「子女教育補助費」並非該款所謂之工資，亦為勞動基準法施行細則第10條第4款所明定」[9]。至於加班費，因依勞基法施行細則第10條規定，並未被排除於工資之外，故應屬工資[10]。惟亦有僅以對價性作為肯定工資者，例如最高法院曾援引勞委會的見解，例外地認為：勞工因工作而獲得之報酬，不論是否屬於經常性，均屬工資之範圍，從而肯認雇主所發之不休假工資，亦應列入作為退休金計算基礎

---

[5] 最高法院75年度臺上字第469號判決，最高法院民刑事裁判選輯，第七卷第一期，第357（360）頁。

[6] 最高法院78年度臺上字第682號判決，最高法院民刑事裁判選輯，第十卷第二期，第260頁以下；就全勤獎金、伙食津貼，並參照最高法院於79年度臺上字第242號判決，最高法院民刑事裁判選輯，第十一卷第一期，第193頁以下。

[7] 最高法院79年度臺上字第242號判決，最高法院民刑事裁判選輯，第十一卷第一期，第193（198）頁。

[8] 78年度臺上字第898號判決，最高法院民刑事裁判選輯，第十卷第二期，第266頁以下。

[9] 最高法院87年臺上字第968號判決。

[10] 75年臺上字第934號判決，引自吳啟賓（註1），第53頁。

之平均工作之內[11]。

參、最高法院近來見解分析

　　從民國85年迄今，最高法院關於工資的判決，有二項重要的見解上的轉變出現：（一）民國85年1月31日，最高法院在85年度臺上字第246號判決，以及之後的判決，多[12]透過從寬認定系爭給付的「經

---

[11] 81年度臺上字第1987號判決，民事裁判發回更審要旨選輯（七），第825頁以下。

[12] 當然其中也不乏採取不同的立場，透過從寬認定為「恩惠性」給與而否定系爭給付為工資的判決。(1)最高法院85年度臺上字第600號判決（交通部郵政總局案）中認為「查依交通事業人員考成規則規定，交通事業人員考成係就交通事業人員個人之工作技能、辦事勤惰及品行學識等項之考核，以做為昇級或免職之參考標準。如年終考核分數達七十分以上而無級可昇時，給與考成獎金，超過七十分之分數則予存記而於退休、離職、死亡或昇級時給予存分獎金。是勞工雖已無級可昇，惟其年終考核分數未達七十分以上，其雖提供勞務，除原有薪資外，並無考成獎金可資領取，亦無存分可資累存。可見考成獎金、存分獎金並非對於勞工提供勞務所應給付之報酬，而係對於勞工所為勉勵性之給與，不得計入平均工資。又交通部所屬實施用人費率事業經營績效獎金實施要點規定，交通部原訂發給所屬事業單位員工考核獎金、績效獎金之目的在促進所屬實施用人費率事業機構企業化經營及激勵事業人員工作潛能，提高工作效率，提升服務品質，發揮整體經營績效，並非對於員工提供勞務而給與之報酬。參酌勞基法施行細則第10條第1項第2款將年終獎金排除於平均工資之外，及行政院勞工委員會77年10月15日臺（77）勞動三字23415號函釋：「事業單位每年年終考核發給勞工之考績獎金，依勞基法第2條及同法施行細則第10條規定，可不併入計算平均工資」，益見考核獎金、績效獎金不具工資性質。又依上開實施要點三、四及交通部所屬郵政事業核發經營績效獎金應行注意事項規定，考核獎金係事業機構由上級機構考核，依成績優劣評定，經評定為甲等者，該機構全體員工得於會計年度結束後之次月領得不超過該機構二個月俸額之考核獎金；乙等以下者，則領得不超過該機構一至一‧八個月俸額之考核獎金。足見考核獎金係以受考核事業機構全體員工之整體表現而核發，屬勉勵性之給與，非給與員工個人之工作對價。且依同上實施要點及注意事項規定，績效獎金係由各事業年度決算盈餘，經考量政策因素所影響之收支後，達成之總盈餘，依員工貢獻程度提撥計給。即事業機構達成年度預算總盈餘後，依員

常性」、進而從寬認定系爭給付為工資。至於「經常性」的意涵，則
與前述吳啟賓、劉志鵬的見解相同，主要是以所謂的次數／制度上經
常性為準。對於先前中作為否定工資時所提到的勞基法施行細則第10
條、恩惠性給與等理由，在此類判決內，則多未加提及、更行遑論據
以審查。（二）特別是在數則關於士林紙業公司的相關案例上，最高
法院開始雖承認系爭給付為工資（87年度臺簡抗字第42號裁定），隨

工貢獻程度提撥獎金，於農曆春節前約十天發給最高二・六個月薪資總額。事業機構
之盈虧不定，非必有一定之盈餘可供提撥作為員工之績效獎金。可見績效獎金亦為
勉勵性之給與，非對員工提供勞務之報酬，自非勞基法所謂之工資。內政部64年7
月31日臺內勞字639993號、71年7月3日臺內勞字95873號函示，係在勞基法公布前所
為，且所謂「效率獎金」是否即為考核獎金等，未據上訴人舉證，不足為勞基法所謂
工資範圍認定之依據。末查內政部74年12月4日（74）內勞字357972號函釋：「所稱
值日（夜），係指勞工應事業單位要求，於工作時間以外，從事非勞動契約約定之工
作，……勞工值日（夜）工作，本部認定非正常工作之延伸。」值日（夜）既非勞動
契約約定之工作，其所獲得值日（夜）之給付，即非事業單位對勞工提供勞務所給與
之報酬，不具工資之性質。被上訴人所為「核計平均工資之工資項目範圍明細表」第
7項所定之「值班費」與本件「值夜費」不同，難認「值夜費」應計入平均工資。從
而上訴人主張考成獎金等及值夜費均係工作報酬，依勞動契約關係，請求被上訴人給
付系爭退休金額及其利息，於法無據」。(2)最高法院86年度臺上字第255號判決（行
政院退輔會榮工處案）中認為「兩造爭執之海外津貼，顧名思義，係派駐國外工作之
額外津貼，就當時派駐海外之員工而言，固屬勞工願赴海外地區服務之對價，然就
企業主與勞工互動之整體而言，勞工派駐海外未必為經常性，極有可能依工作目標、
性質而選派或輪調，而各國之勞動條件，幣值、生活水準大多不同，且薪資係折成
當地幣值在國外工區發放，有匯率變動問題，極難有統一之標準，是以加計之海外
津貼，性質上與差旅津貼相似，並非經常性給與。即就本案海外津貼之細目而論，
地域加給為海外津貼之基本，屬獎勵性給與；施工津貼、領班加給與「工作績效獎
金」類似，屬為激勵員工士氣，加強施工、督導績效而發給，有如「競賽獎金、特殊
功績獎金」，亦非經常性給與。至於年資加給與「久任獎金」無異，亦係同條第2款
明定之獎勵性給與，為施行細則所明文排除於工資外之給與。從而兩造間之規則，
未將上述四項海外津貼列入「平均工資」之計算，並未違反勞基法之強制或禁止規
定。」此二案例與以下案例皆引自法源法律網，網址www.lawbank.com.tw，查詢時間
2007.02.28。

後即以系爭給付是恩惠性給與而加以否定，在91年度臺上字第897號判決，最高法院更認為：工作規則得規（約）定某項給付不是工資，此一見解誠屬創新，不論在理論上或實務上都甚為重要。茲對上述二項見解上的轉變加以分析。

一、次數／制度上給付「經常性」的強調

（一）最高法院於85年度臺上字第246號判決（大同公司案）

關於從寬認定給付「經常性」，並以次數作為標準者，似乎首先出現在最高法院85年度臺上字第246號判決（大同公司案）。在該判決中，最高法院明白表示：勞基法第2條第3款「*所謂經常性，與固定性給與不同，僅須在一般情況下經常可領取，即屬經常性給付。*」系爭津貼、獎金「*既係在一個相當時間內，一般情況下經常可得領取，即屬於工資之一部分。*」；「*加班費係計時按月給付，核其性質，屬被上訴人（作者：即勞工）在一相當期間內，於一般勞動情況，所可得之給與，其性質與勞動基準法第2條第3款所規定之「經常性給與」意義相當……*」。「*被上訴人既係以調整電視採色畫面為其工作項目，該項按調整臺數計付之L9獎金自屬被上訴人為上訴人（作者：即雇主）提供勞務所獲致之對價，應屬勞工因工作獲得之報酬。*」上述強調經常性並不須達到固定性的程度，並根據次數而對給付「經常性」所為之說明，與前述吳啟賓見解相同，也大致上為後來的判決所依循。

（二）最高法院86年度臺上字第1681號判決（錦成公司案）

至於制度上經常性的說法，似乎首先出現在最高法院86年度臺上字第1681號判決。最高法院於該判決中表示「所謂經常性之給與，

係指非勞動基準法施行細則第10條所列各款之情形，縱在時間上、金額上非固定，只要在一般情形下經常可以領得之給付即屬之。亦即只要某種給與係屬工作上之報酬，**在制度上有經常性者**，即得列入平均工資以之計算退休金。被上訴人自82年9月起至84年1月31日止，**每月皆領取生產獎金**，顯然此屬經常性之給與。又上訴人之**員工（外籍勞工除外）皆發給全勤獎金**，此在制度上已形成經常性，屬經常性之給與。再上訴人之員工皆須為上訴人保養機器，故機器保養費乃保養**機器之工作上之報酬，在制度上有其經常性**，亦屬經常性之給與。以上生產獎金、全勤獎金、機器保養費三種均得列入平均工資計算之範疇。」此一「制度上經常性」說法，應當是受到劉志鵬見解的影響。藉此，經常性的認定標準已非僅僅是根據其文義、以次數為準，更可加入勞動法上的法源（例如團體協約、契約／工作規則、習慣）的因素，更可能擴大工資的範圍。這種傾向，在後述最高法院90年度臺上字第217號判決中（案例4）更為明顯。

（三）最高法院87年度臺上字第2754號判決（中華航空股份有限公司案）

「所謂經常性之給付，祇要在一般情形下經常可以領得之給付即屬之。舉凡某種給與係屬工作上之報酬，**在制度上有經常性者**，均得列入平均工資以之計算退休金。查上訴人係67年8月1日受僱於被上訴人公司，同年10月21日任職被上訴人公司香港分公司副經理，85年3月12日被調回臺北總公司，並自同年月21日退休，此為原審認定之事實。而上訴人駐香港期間，**每月除基本薪資外，尚領得駐港津貼**，上訴人任職香港期間共有十七年四個多月，此部分如為經常性之給付，能否謂僅屬恩惠性給與，而不得將之併入上訴人退休當日前六個月內平均工資計算，尚有斟酌之餘地。」

（四）最高法院93年度臺上字第2637號（碧悠電子工業公司案）

「惟按工資，謂勞工因工作而獲得之報酬，包括工資、薪金及按計時、計日、計月、計件以現金或實物等方式給付之獎金、津貼及其他任何名義之經常性給與均屬之，為勞基法第2條第3款所明定。另勞基法實施前之工廠法施行細則第4條規定：『本法所稱工資係指工人因工作而獲得之報酬。不論以工資、薪金、津貼、獎金、或其他任何名義按時、按日、計月、計件給與者均屬之。』既係工資，仍應以該項給與屬經常性給與，因工作而獲得之報酬為範圍。本件駐外津貼，係碧悠公司對於派駐大陸地區工作之員工，**按月所發給之給付，而派駐期間是以年為單位，非短期、偶然之性質，可認為係酬傭員工遠赴大陸地區工作之特殊辛勞及生活上不便，故該駐外津貼與勞務之提供具有對價性，且屬於經常性之給與**，應為工資之一部分，於計算平均工資時，自應將之計入。」

按雇主所發給的駐外津貼，除作為勞務對價的特性外，理論上尚可能包含補貼其額外增加之居住、生活費、貨幣兌換、往返探親等等支出，此類補貼若能與前述對價的部分明確地切割、且給付額度在合理比例範圍內，當不會被認定為工資。惟工資結構的決定既然實際上操之於雇主，因而所生之不明確的不利益，自亦應歸諸雇主承擔，因此本件結果應當是正確的。

（五）最高法院90年度臺上字第217號判決（昶揚公司案）

末查勞基法第2條第3款規定：「工資：謂勞工因工作而獲得之報酬；包括工資、薪金及按計時、計日、計月、計件以現金或實物等方式給付之獎金、津貼及其他任何名義之經常性給與均屬之」，故凡某種給與係屬工作上之報酬，在**制度上有經常性**者，即為勞基法所規定

之工資。查上訴人自84年4月起至同年11月止，每月除領取按日計算之薪金外，亦**不時領取工作津貼、伙食費、全勤津貼及工作獎金**，此有其薪資單在卷可稽（見一審卷100頁至107頁）。原審未查明上開工作津貼等是否屬經常性之給付，遽認其非屬勞基法所規定之工資，進而為上訴人不利之判決，並有疏略。」本件所涉給付係勞工「**不時**」領取，因此若僅以「次數」為標準，或許未必能認定為工資，惟勞工對系爭給付若已有請求權之依據，自得認定為有「制度上」經常性，認定系爭給付為工資。

（六）最高法院91年度臺上字第882號判決（萬客隆公司案）

查上訴人自86年1月間暫代被上訴人高雄店店經理時起，即由被上訴人**補貼其交通費及住宿費**，迄其於同年4月10日正式接任該店經理後，被上訴人仍繼予補貼，為原審合法認定之事實，則此項費用補貼之性質為何？是否屬兩造間契約內容一部？果如原判決所謂該項補貼係因被上訴人調派人手不及，**臨時商請上訴人前往高雄店兼任店經理而以出差方式予以補貼之暫時性措施，尚非經常性給與**，核諸上訴人兼任期間僅三個多月，何以被上訴人於上訴人正式接任後，**仍繼續補貼該費用？其期間長達一年六、七個月**，至被上訴人所稱於87年10月間要求上訴人搬遷至高雄為止（見一審卷30頁），能否謂與常情相符？上訴人主張該費用補貼已屬兩造勞動條件之內容一節，是否全無可採？原審未詳為研求審認，遽為不利於上訴人之判決，已屬難昭折服。縱兩造間之工作契約書明定上訴人願意接受任何職務上之調動，包括工作地點之調動云云，然該契約書之條款似屬被上訴人單方面所擬定，則被上訴人先以「補貼」費用之條件使上訴人接受工作地點之調動，俟上訴人「正式」接任後，再以契約書所定之條款取消該項「補貼」，並於上訴人爭執應給付該「補貼」中藉詞其「曠職」予以終止勞動契約，是否未違誠實信用方法，而非顯失公平？亦待澄清。

又被上訴人發放年終獎金、業績獎金之規定，是否為兩造勞動契約之一部分？該規定之具體內容如何？上訴人主張：依勞動契約第4條約定，年終獎金為兩個月薪資，業績獎金依公司制度計算，迄本年（87年）前三季為止，依比例約為23萬5833元及26萬4133元（見一審卷7頁、原審卷52、53頁），是否為不足取？原審胥未調查審認，徒以該年終獎金、業績獎金係以在職者為發放對象，即駁回上訴人該部分之請求，自嫌率斷。」本判決係以經常性作為工資的補充的認定標準，認為系爭給付縱然（原先）具有臨時性（交通費及住宿費之補貼）或可能具有所謂的恩惠性給與（年終／業績獎金）的性質，惟若具有次數上（交通費及住宿費之補貼期間達一年六、七個月）或制度上（勞動契約第4條或依公司既有制度計算）經常性，仍應認定為工資，此一結論，實與前述學說2相同。

（七）最高法院92年度臺上字第2108號判決（中鋼公司案）

本件「原審斟酌全辯論意旨及調查證據結果，以：被上訴人主張伊為上訴人公司員工，上訴人屬一貫作業煉鋼廠，現場操作人員採三班制，常態輪流早、中、晚三班。上訴人自66年間起對於輪值中、晚班之現場操作人員，每次發給輪班津貼20元、60元，77年12月間上訴人將之更名為「夜點費」，內容與性質均無變更。82年8月起調整為中班140元、晚班280元，86年10月再調整各為155元、310元。84年4月11日上訴人改制為民營，伊繼續留用，上訴人於辦理結算金時，未將系爭夜點費列入，其差額如附表二所示等情，為上訴人所不爭，堪信為真實。按工資係勞工因工作而獲得之報酬，包括工資、薪金及按計時、計日、計月、計件以現金或實物等方式給付之獎金、津貼及其他任何名義經常性給與均屬之，勞基法第2條第3款定有明文。故所謂工資，應屬「勞務之對價」及「經常性之給與」，至於其給付名稱為何，則非所問。查上訴人就系爭夜點費係發給於操作現場輪值

中、晚班之員工，其金額每次固定，不因職階或工作內容而有差別。操作現場作業方式係採早、中、晚三班二十四小時輪班制，員工工作六天休息二天後換班，依序輪班，此工作型態，在被上訴人等受僱時即知悉，並為勞動契約之內容等情，亦為兩造所不爭。依該夜點費發放之情形觀之，凡輪值中、晚班之操作人員均得領取，輪值並為固定之制度，此種因環境、時間等特殊工作條件而對勞工增加給與之現金給付，其本質應係勞務對價，且屬經常性之給與。況於夜間工作，不利於勞工之生活及健康，故就工作內容相同之日、夜間勞工，給予不同工資，應屬合理，亦不違反勞基法關於薪資平等原則之規定。」對此，最高法院「認系爭夜點費為被上訴人工作之報酬，並屬經常性之給與，應屬工資，而將之列入平均工資計算，於法自無不合」。此一見解，變更了先前最高法院75年度臺上字第469號判決、79年度臺上字第242號判決所採的結果。按本件所涉及的夜點費，實源自先前的輪班津貼，雖然變更名義，惟實質上其給付要件並無更動，且中、夜班的「夜」點費數額不僅有別（最後分別為155元、310元）、且與一般勞工通常的點心／宵夜之實際支出欠缺合理的關聯（民國86年310元的夜點費或已逼近副總統的便當費），因此認為系爭給付是對中、夜班工作附加的報酬、具有對價性，應當是合理的[13]。又從結果而言，本件系爭給付在名義上雖然符合原勞基法施行細則第10條第9款之規定，卻被認定為是工資，正凸顯了勞基法施行細則第10條之以給付名義作為標準、在立法技術上的不適當。

---

[13]　另請參照林更盛，勞基法對工資的定義：收錄於林更盛，勞動法案例研究（一），2002，翰蘆圖書出版有限公司，第33頁以下、第49頁。

（八）最高法院92年度臺上字第2361號判決（中華電視公司案）

「查兩造訂定系爭合約書，上訴人自73年6月1日起，擔任被上訴人基隆地區特約記者，製作基隆地區具新聞價值事物採訪之錄影帶及稿件，被上訴人則按月支付上訴人工作補助費20,340元；上訴人每月完成之新聞稿件（包括文字之記述、圖卡及錄影帶）經採用者前三則不計酬，以後則按件支付酬金每則500元；上訴人因私人因素必須離開採訪地區，必須事先向被上訴人提出口頭報告。被上訴人為上訴人加入勞工保險。上訴人於82年6月30日經被上訴人資遣，並領取資遣費22萬7,800元，為原審確定之事實。若此，上訴人**每月既固定自被上訴人領取一定金額，此一定之金額雖名之為工作補助費，實係因工作所獲之經常性給與**。」對照最高法院於78年度臺上字第898號判決中、對於相似案例所採否定的見解，最高法院於本件判決以「經常性」作為輔助判斷標準、排除給付名義所可能產生的認定上疑慮，值得贊同。

（九）最高法院93年度臺上字第913號判決（中華彩色印刷公司案）

「惟按**加班費乃雇主延長工作時而給付勞工之對價，屬勞工因工作獲得之報酬，並具經常性給與**，性質為勞基法第2條第3款所稱工資，法律既未明訂不得計入退休時計算之平均工資，原審徒以雇主已於加班時給付加倍之工資獲有對價等詞，遽將上訴人此部分之請求，為其不利之判斷，已屬可議。又查林輝雄所主張之**特別獎金**，原審既認係以達一定產值而發給，**似有績效獎金之性質，如以勞工工資達成預定目標而發給，亦屬其因工作而獲得之報酬**，依勞基法第2條第3款，暨施行細則第10條規定屬工資範圍，於計算退休金時應列入平均工資計算，此有行政院勞工委員會臺勞動二字第035198號可按，林輝雄對此亦有爭執，原審未予深究，遽認其係雇主恩惠性給與，不將列

入平均工資計算退休金，亦欠允洽。再查上訴人所主張之**交通津貼，其性質如何？是否經雇主勞工協商併入為勞工之工資**，兩造既有爭執，亦待原審詳為調查澄清，以為判斷之基礎。」按加班費是否為工資，原先雖有爭議，惟最高法院早於75年臺上字第934號判決採肯定見解，最高法院於本件再次採取肯定見解，從給付之對價性的觀點，值得贊同。同理，最高法院對於可能具有績效獎金之特別獎金，不同於先前78年度臺上字第682號判決，基本上也傾向於肯定其工資之性質，亦值得贊同。

二、工作規則對工資界定的影響

（一）士林紙業公司相關判決

就士林紙業公司按月發給之年節獎金等給付，最高法院原先於87年度臺簡抗字第42號裁定[14]認定為工資。其後則改採相反的結論，於

---

[14] 「原審法院認為：上開原判決以本件年節獎金，上訴人係不論盈虧，按月給付，其金額固定為本薪與職務加給總和四分之一。且抗告人自認每年農曆春節仍依盈虧狀況發給年終獎金。本件年節獎金無論自發放方式、數額與目的觀之，均屬勞工因工作而獲得之經常性給與，自應列入平均工資計算。抗告人公司採三班制輪班，中、夜班點心費在77年5月前稱「中、夜班津貼」，係輪值中、夜班者定期、定額領取之給付，性質上乃勞工因工作而經常受領之報酬，為工資之一部分，不得僅因抗告人將其名稱改為中、夜班點心費，即將之排除於平均工資之外。抗告人自認工作競賽獎金係各廠區按月發給，數額相同，性質上為勞工因工作而獲得之經常性報酬，非偶然性之競賽獎金，自應列入平均工資計算。加班費乃雇主延長工時而給付勞工之對價，屬勞工因工作而應得之報酬。又雇主延長勞工工作時間，其延長工作時間之工資，應依勞動基準法第24條規定之標準加給之。行政院勞工委員會77年1月7日臺（77）勞動（三）字第8320號函亦謂：加班費及夜班費加給因係提供勞務而獲得之報酬，自為勞動基準法第2條第3款所稱之工資，於計算平均工資應列入一併計算云云為由，實質上認定上開項目之給付為勞工工資之一部，應列入平均工資計算，據為抗告人敗訴之判決，適用法規並無錯誤，因而認抗告人之上訴不應准許，裁定予以駁回，經核於法並無不合。」

88年臺上字第1638號判決[15]中認為從公司盈餘收取發給之者即為恩惠性給與、非屬工資。至於在判決理由最重要的轉變則是91年度臺上字第897號判決。在該判決中，最高法院創新地以工作規則之規定、作為否定工資的理由，茲摘錄其要旨如下：「惟按工資，依勞基法第2條第3款規定，雖包括工資、薪金、及按計時、計日、計月、計件以現金或實物等方式給付之獎金、津貼及其他任何名義之經常性給與，但勞基法施行細則第10條則將所列十一款給與，無論是否為經常性給與，均排除係在工資之列。該施行細則係經立法授權而訂定，對勞雇雙方應有拘束力。又雇主依勞基法第70條訂立之工作規則，倘已依規定報請主管機關核備並公開揭示，不僅雇主應受其拘束，勞工亦有遵守之義務。關於雇主與勞工所訂勞動條件，不得低於勞基法所定之最低標準，固為該法第1條第2項所明定。惟同法第21條，僅就勞雇雙方所議定之工資，不得低於基本工資予以明文禁止。依原判決附表所示被上訴人本薪數額觀之，所獲得之工資均不低於行政院所核定之基本工資數額。前揭工作規則，倘若經上訴人依規定報請主管機關核備並已公開揭示對兩造即有拘束力。該工作規則關於年節獎金、中夜班點心費及績效獎金，非屬經常性給與之約定，究有何違反勞基法第1條第2項之規定，自應予澄清。原審未遑詳查，並敘明前揭工作規則之約定；違反勞基法第1條第2項規定之理由，即以依同法第71條規定，無論該工作規則是否經核備公告，前揭工作規則之約定均屬無效等語，遽為上訴人不利之判斷，已有未合。次查雇主若為改善勞工生活而給付非經常性給與或為單方之目的，給付具有勉勵恩惠性質之給與，即非勞

---

[15] 「系爭獎金既屬於公司盈餘而抽取部分分配予員工，自與經常性給與有殊，故不論其名稱為效率獎金或年節獎金，亦不論其發放方式為按節或按月先行借支，均不影響其屬於恩惠性、獎勵性之給與，與勞工之工作無對價關係，尚不得計入工資之範圍。又工廠法施行細則第4條規定之工資固包括各種獎金津貼在內，但既係工資仍應以該項給與屬經常性給與，因工作而獲得之報酬為範圍。」

工之工作給付之對價，無論其係固定發放與否，倘未變更其獎勵恩惠給與性質，亦不得列入工資範圍之內。原審以年節獎金係每個月發放四分之一之三節獎金，勞工縱於年節屆至前離職仍得領取，由其發放方式金額與目的觀之，均屬勞工因工作而獲得之經常性給與；又競賽獎金，並非依工作量之多寡核發，僅須員工依規定前來工作即可領取固定金額，均非勞基法施行細則第10條第3款第2款所規定之給與等詞，進而為上訴人敗訴之判決，亦有可議。上訴論旨，執以指摘原判決不當，求予廢棄，非無理由。」上述見解，基本上也為後來最高法院93年度臺上字第44號判決[16]所維持。

分析最高法院91年度臺上字第897號判決之主要論點有三：(1)依據勞基法施行細則第10條，其所列十一款之給與，無論是否具有經常性，均排除係在工資之列。(2)雇主之恩惠性給與，無論其係固定發放與否，並未變更其獎勵恩惠給與性質，亦不得列入工資範圍之內。(3)本件勞工所獲工資既未低於基本工資（勞基法21條），因此雇主得於工作規則將系爭給付「約定」為非經常性給與、非工資。

（二）評析[17]

對此，本文分析如下：

---

[16] 按勞基法第2條第3款末句所指「及其他任何名義之經常性給與」，乃係就其他可能之工資給與為概括性之規定，為前段所例示工資型態以外之獨立工資給付型態，該經常性之工資給與，自須具經常性給與者為限，並排除勞基法施行細則第10條所列之給與，原審經審酌系爭預支年節獎金、工作競賽獎金、中夜班點心費、消防津貼、邱榮華所提第一審起訴狀附表三其他項目及合理性獎金之起源、性質，分屬恩惠之盈餘分配性質或為勞基法施行細則第10條第2、9款所排除，非屬經常性給與，認上開給與均非勞基法第2條第3款之工資，未列入同條第4款核計退休金之平均工資，難謂有何違背法令或理由矛盾之情形。上訴論旨，復就原審取捨證據及認定事實之職權行使，指摘原判決不當，聲明廢棄，不能認為有理由。

[17] 另參本書第七篇論文「勞基法施行細則、工作規則與工資的界定」。

1. 吾人若細讀該施行細則第10條，即見最高法院第一點理由之錯謬。蓋施行細則第10條係規定：「本法第2條第3款所稱之其他任何名義之經常性給與**係指**左列各款以外之給與。……」，因此本規定僅具某程度上「確認」的性質，嚴格言之，似乎不可能發生最高法院所稱、縱然依據（其他）經常性給與之標準被認定為是經常性給與者，依該規定仍應一概否定其「經常性」、否定其為工資的情形。又吾人在解釋施行細則時，應參酌授權之母法規定的精神與目的，否則在方法論上即有不妥，實際上也就可能導致和母法相牴觸的解釋結果。這特別是像在此所涉及的施行細則第10條、其規定內容與立法過程中明顯可見之立法機關的意思差距頗大[18]的情形時，更值得注意。

2. 對於所謂「恩惠性給與」的問題，作者先前已經指出[19]：此概念似乎是出於將勞動關係之本質、誤認為所謂的屬人法上的共同體關係所產生的。何況此一概念在文義上模糊不清，又可能兼指法外空間與其他非法外空間之雇主所為之給與，顯示該概念的使用，在法律

---

[18] 立法院，勞動基準法案（上冊），第330頁。於一讀通過前對「經常性給與」的實質範圍、最後發言贊成的謝深山立委之相關發言記錄如下：「謝委員深山：蘇委員的考慮很周到（作者按：係針對蘇秋鎮立委之發言，其主張應參酌工廠法之規定，將「經常性」改為「平均」的字樣）到底那些是經常性給與，一定要弄清楚，所以今天早上勞工司長已作了詳盡的說明，除了年終獎金、不休假獎金，其於都屬於經常性給與，即：本俸、主管加給、資位加給、技術津貼、交通津貼、房屋津貼、伙食津貼、夜點津貼、食物代金、有眷津貼、加班費、全勤獎金、考績獎金、效率獎金、生產獎金、工作補助費，已經將經常性列舉出來，我們在施行細則中加以訂定，則各位的顧慮均無，本款即可通過。主席：請劉委員贊周發言。劉委員贊周：只要將經常性的項目在施行細則中列舉，將來即有依據，可以杜絕糾紛，則本款即可通過。主席：第3款文字中漏掉了「計月」二字，應加在「計日」之下、「計件」之上，本款即修正通過，各位有無異議？（無）修正通過。進行第4款。……」該見解顯然與施行細則第10條之規定有頗多差異。

[19] 作者，工資的迷思：「恩惠性給與」；收錄於作者，勞動法案例研究（一），2002，翰蘆，第53頁以下。

適用的明確性、安定性的要求上，確有不足。又根據一個法律根本未規定、如此不當的概念，對於法已明定的判斷標準：「經常性」（「**無論其係固定發放與否，倘未變更其獎勵恩惠給與性質，亦不得列入工資範圍之內**」）棄置不論，顯然不當。

3. 本件最高法院根據勞基法第21條規定，推論出：只要勞工所得工資不低於基本工資，雇主得將系爭給付「約定」為非經常性給與、非工資。在此，最高法院顯然混淆了「工資的額度」（勞基法第21條）與「工資的定義」（勞基法第2條第3款）二個概念。（3a）因為「工資的額度」在不低於基本工資時、得由當事人自由約定，並無任何疑義。反之，「工資的定義」若也同樣地任由當事人自由約定，則立法者原先按勞基法第2條第3款關於工資的立法定義（Legaldefinition），藉以維持概念的明確與一致性，將被破壞無遺。又依最高法院之見解推論，設若某工作規則規定勞工所領A項給付（額度相當於原先基本工資的每月15,840元）為工資，B、C、D項給付（合計為每月30,000元）則否。依最高法院之見解推論，雇主似得預扣B、C、D項給付作為賠償費用（勞基法第26條），或是在遲不發給B、C、D項給付時，主管機關似不得限期令其給付（勞基法第27條），或是勞工就該部分似無優先受償之權（勞基法第28條）。又設若嗣後基本工資調整為每月17,280元，則雇主勢必將面臨勞基法第79條第1項第1款所規定的罰鍰的責任；其結果顯然不當，並與系爭規定目的不符。（3b）勞基法第2條第3款既然是屬於所謂的立法定義，由於該規定並未直接針對特定的構成要件賦予一定的法律效果，是為非完全性規定（unvollständiger Rechtssatz）中的說明性規定（erläuternder Rechtssatz）[20]，因此至少當其他涉及工資概念的規定是強行規定時（例如本件所涉的退休金及其額度的問

---

[20] Vgl. Larenz, Methodenlehre der Rechtswissenschaft, 6. Aufl, 1991, S. 258 f; 羅傳賢，立法程序與技術，2001年2版1刷，五南，頁192。

題），當然不許當事人，包括透過工作規則就作為退休金計算基礎的平均工資的範圍另為約定。（3c）承上論述，本件工作規則規定某項給付不屬工資，就作為退休金額度計算的問題，應認牴觸勞基法第55條以及第2條第3款、第4款之規定，而非牴觸第1條第2項的規定，為無效（勞基法第71條）。

7

勞基法施行細則、工作規則與工資的界定

——評最高法院91年臺上字第897號判決——

壹、案　例

一、案例事實

　　本件被上訴人（勞工）主張上訴人（雇主）因未將年節獎金（原稱效率獎金）、中、夜班點心費（原稱中、夜班津貼）、績效獎金（即工作競賽獎金）、加班費等列入平均工資計算，致短少退休金若干元，請求命雇主補為給付。雇主則主張：係爭年節獎金從其沿革而言，係公司將盈餘分配給員工之恩惠轉變而來，並非勞工因工作所得之報酬。另中、夜班點心費係因工廠須二十四小時不停運轉，故對值大小夜班之勞工，特別基於恩惠而加發，亦與工資有別。又加班費並非經常性給付，工作競賽獎金屬恩給性之獎勵措施，皆非工資。何況依公司之工作規則，以上各項給付均非工資，自不得據此計算退休金。第一、二審皆判決雇主敗訴。雇主不服，上訴最高法院。

二、最高法院判決

　　最高法院於91年度臺上字第897號判決廢棄原審判決，其理由為：「按工資，依勞基法第2條第3款規定，雖包括工資、薪金、及按計時、計日、計月、計件以現金或實物等方式給付之獎金、津貼及其他任何名義之經常性給與，**但勞基法施行細則第10條則將所列十一款給與，無論是否為經常性給與，均排除係在工資之列。該施行細則係經立法授權而訂定，對勞雇雙方應有拘束力。又雇主依勞基法第70條訂立之工作規則，倘已依規定報請主管機關核備並公開揭示，不僅雇主應受其拘束，勞工亦有遵守之義務。關於雇主與勞工所訂勞動條件，不得低於勞基法所定之最低標準，固為該法第1條第2項所明定。惟同**

法第21條，僅就勞雇雙方所議定之工資，不得低於基本工資予以明文禁止。依原判決附表所示被上訴人本薪數額觀之，所獲得之工資均不低於行政院所核定之基本工資數額。前揭工作規則，倘若經上訴人依規定報請主管機關核備並已公開揭示對兩造即有拘束力。該工作規則關於年節獎金、中夜班點心費及績效獎金，**非屬經常性給與之約定，究有何違反勞基法第1條第2項之規定，自應予澄清。原審未遑詳查，並敘明前揭工作規則之約定；違反勞基法第1條第2項規定之理由，即以依同法第71條規定，無論該工作規則是否經核備公告，前揭工作規則之約定均屬無效等語，遽為上訴人不利之判斷，已有未合。**次查雇主若為改善勞工生活而給付非經常性給與或為單方之目的，給付具有勉勵恩惠性質之給與，即非勞工之工作給付之對價，**無論其係固定發放與否，倘未變更其獎勵恩惠給與性質，亦不得列入工資範圍之內。**原審以年節獎金係每個月發放四分之一之三節獎金，勞工縱於年節屆至前離職仍得領取，由其發放方式金額與目的觀之，均屬勞工因工作而獲得之經常性給與；又競賽獎金，並非依工作量之多寡核發，僅須員工依規定前來工作即可領取固定金額，均非勞基法施行細則第10條第3款第2款所規定之給與等詞，進而為上訴人敗訴之判決，亦有可議。上訴論旨，執以指摘原判決不當，求予廢棄，非無理由。」（標楷粗體字部分，係作者為強調之用而調整）

貳、評　析

一、最高法院的三項論點

　　本件最高法院傾向於否定系爭給付為工資，其主要論點有三：(1)依據勞基法施行細則（以下簡稱施行細則）第10條，其所列十一款之

給與，無論是否具有經常性，均排除於工資之外；該規定有拘束勞資雙方之效力；(2)本件勞工所獲工資只要不低於基本工資（勞基法第21條），則雇主得以工作規則將系爭給付「約定」為非經常性給與，排除於退休金計算基礎的平均工資的範圍之外；(3)雇主之恩惠性給與，無論其係固定發放與否，倘未變更其獎勵恩惠給與性質，亦不得列入工資範圍之內。

二、本文的基本觀點：工資的界定、恩惠性給與

　　勞基法上的工資應如何界定？對此，同法第2條第3款雖然作了立法定義：「工資：謂勞工因工作而獲得之報酬，包括工資、薪金及按計時、計日、計月、計件以現金或實物等方式給付之獎金、津貼及其他任何名義之經常性給與均屬之」，惟工資之界定，究竟應以「勞工因工作而獲得之報酬」（對價性），抑或（兼）以給付之「經常性」為準？又所謂的「經常性」的標準何在？仍有疑義。依正確的見解，從勞基法第2條第3款之文義（經常性只是法律例示的一種工資型態）、其立法目的（其立法目的係藉此擴大當時狹隘工資概念）、以及（內在）體系（勞動契約是雙務契約、工資係勞務之對價）的觀點，認為應以對價性作為主要的標準，僅於對價性不明顯時，方以經常性作為輔助的判斷標準[1]，在此不另贅述。又對於最高法院判決所持第三點、關於所謂的「恩惠性給與」的問題，依正確的見解[2]，「恩惠性給與」概念的運用，現行法上並無依據，頂多在指涉某給付屬於

---

[1] 對此問題的詳細分析，參閱林更盛，「論勞基法上之工資」，政大法學評論第58期，第325頁以下；林更盛，勞基法對工資的定義，收錄於氏著，勞動法案例研究（一），2002，第33頁以下。

[2] 林更盛，工資的迷思：「恩惠性給與」；收錄於氏著，勞動法案例研究（一），2002，第53頁以下。

法外空間時、其結論可能是正確的。惟此一概念似乎是基於將勞動關係之本質、誤認為是所謂的屬人法上的共同體關係，忽略其作為雙務契約的特性。而且不僅其涵意不明——或許應當說是怪異吧！有哪一種雇主的給付，其目的是為了讓勞工生活惡化（改善勞工生活的反面）、感到頹喪、顯示其「苛酷」（勉勵、恩惠性質之反面）呢？，另一方面其範圍亦過於模糊，就法律適用的安定性而言，甚為不當。何況依據本件最高法院見解，甚至**固定**發給的「恩惠性給與」，仍然可以不是「經常性給與」，無視於立法者以「經常性給與」作為判斷工資（的輔助）標準的用意，實難苟同。從結果而言，「恩惠性給與」一詞，容易淪為掩飾法官恣意判斷的工具，應予放棄。對此，在此不再詳論。至於最高法院所持的第一、二點理由，似乎未見於先前判決中，值得重視，僅評析如下。

三、施行細則第10條與工資的界定

施行細則第10條原規定：「本法第2條第3款所稱之其他任何名義之經常性給與係指左列各款以外之給與。一、紅利。二、獎金：指年終獎金、競賽獎金、研究發明獎金、特殊功績獎金、久任獎金、節約燃料物料獎金及其他非經常性獎金。三、春節、端午節、中秋節給與之節金。四、醫療補助費、勞工及其子女教育補助費。五、勞工直接受自顧客之服務費。六、婚喪喜慶由雇主致送之賀禮、慰問金或奠儀等。七、職業災害補償費。八、勞工保險及雇主以勞工為被保險人加入商業保險支付之保險費。九、差旅費、差旅津貼、交際費、夜點費及誤餐費。十、工作服、作業用品及其代金。十一、其他經中央主管機關會同中央目的事業主管機關指定者」。而其中第9款關於夜點費及誤餐費的部分，於民國94年6月14日修正時被刪除。姑不論此一規定——尤其是第1、2、3、9、10款——，和勞基法第2條第3款相似地、

主要是以給付之名義作為界定的標準，一方面徒然開啟雇主藉由變更給付名義以規避工資界定的後門，另一方面亦無法使吾人從所列各項名義中、窺見其企圖界定「經常性」所遵循的一般標準為何，在立法技術上顯有瑕疵[3]。尤其是就本件所涉及的第2、3、9款規定，在最高法院的理解方式下，可能牴觸勞基法第2條第3款的基本立法目的，尤其是將立法前已被認定是工資者、排除於工資之外，實有不當。吾人對於施行細則第10條，應當參酌作為其上位階規定的勞基法第2條第3款，限縮地理解。茲分析說明如下。

（一）對最高法院見解的批評：誤解施行細則第10條

法律的理解應從文義開始。施行細則第10條規定：「本法第2條第3款所稱之其他任何名義之經常性給與**係指**左列各款以外之給與。一、紅利。二、獎金：指年終獎金、競賽獎金、研究發明獎金、特殊功績獎金、久任獎金、節約燃料物料獎金**及其他非經常性獎金**。三、……」，從文義觀之，與其說施行細則的制定者，有意**擬制／創設**其該各項給付必定為非經常性給與，毋寧說該規定僅具有**確認**的性質而已。何況，吾人若採取類似於最高法院對於勞基法第2項第3款的解釋方式[4]，則施行細則第2款最後加上「及其他非經常性獎金」，在文義上也可能解釋為：其例示的各項獎金（含年終獎金），也須以非經

---

[3] 另參林更盛，勞基法對工資的定義（同註1），第50頁以下

[4] 最高法院最近的判決，例如93年度臺上字第2637號民事判決：「按工資，謂勞工因工作而獲得之報酬，包括工資、薪金及按計時、計日、計月、計件以現金或實物等方式給付之獎金、津貼及其他任何名義之經常性給與均屬之，為勞基法第2條第3款所明定。另勞基法實施前之工廠法施行細則第4條規定：「本法所稱工資係指工人因工作而獲得之報酬。不論以工資、薪金、津貼、獎金、或其他任何名義按時、按日、計月、計件給與者均屬之。」既係工資，仍應以該項給與屬經常性給與，因工作而獲得之報酬為範圍。」其餘另參註17所引的判決。本文所引判決，出自法源法律網www.lawbank.com.tw，最後確認時間2007.12.03，故以下不另附註出處。

常性者為限，方為該款所定之非經常性給與。因此依據施行細則第10條的規定，正確言之，似乎不可能發生其所列各款、尚有屬於經常性給與的情形，自然亦不會產生所謂「**無論是否為經常性給與，均排除係在工資之列**」的問題。最高法院上述見解，顯然是對施行細則第10條的規定有所誤解。

（二）對最高法院見解的批評：牴觸勞基法第2條第3款之虞

又最高法院上述見解，亦有牴觸勞基法第2條第3款之虞。

1. 勞基法立法前的法律狀態

從勞基法立法前的法律狀態觀之，先前實務上為保護勞工，已經以「經常性給與」從寬認定工資的範圍。就本件所涉及的給付，(1)針對「年終獎金」，最高法院於72年度臺上字第3793號判決中曾認為：**每半年（每年7月15日、翌年1月15日）均發給一次之年終獎金為經常性給與**[5]，於計算退休金時，應併入計算。而內政部也表示類似見解；(2)針對「點心費」，內政部66年6月23日臺內勞字第740717號函認為：工廠按日發給工人之交通、伙食補助費均屬工廠法所稱之工資。內政部71.7.3臺內勞字第97517號函認為：**因員工出勤、到工而給與之點心費**，為經常性給與；(3)就可能涉及「績效獎金」者，內政部64.7.31臺內勞字第639993號函認為：工人工資應包括各種經常性給與，**生產獎金應屬經常性給與，仍應併入計算**。內政部70.8.20臺內勞字第739061號函認為：**工作獎金、獎工獎金（績效獎金）、工地勤務費如係按月、按日經常性給與**，自屬「廠礦工人受僱解僱辦法」第4條第2項規定之工資範圍。內政部64.7.31臺內勞字第740717號函認為：工資應包括各種經常性給與，**效率獎金亦為勞工因工作而獲之報酬，雖非固定**

---

[5] 最高法院72年度臺上字第3793號判決。

性但屬經常性給與，故應併入工資計算。

2. 勞基法第2條第3款的基本目的

　　勞基法第2條第3款的基本目的，特別是反映在該款規定中「經常性給與」應否刪除的討論上。在立法過程中，有主張應予刪除者，認為此一概念不明、易滋疑義[6]或是以工資應包含所有雇主之給付、不以有經常性者為限[7]。反之認為應予保留者，無非是基於：內政部已於當時以「經常性給與」作為認定工資的標準；惟若擴張工資範圍到所有的雇主給付，恐雇主反不願為某些給付、反而不利勞工，故將僅具有臨時性、鼓勵性者，排除於工資概念之外[8]。至於何種給付欠缺經常性，依代表內政部的湯蘭瑞司長之解釋，內政部當時的函釋認為年終獎金、特別性給與者無經常性[9]；依於一讀通過前對「經常性給與」的

---

[6] 參見立法院，勞動基準法案（上冊）（無出版相關資料），第99頁、255頁、261頁、324頁以下、329頁之相關發言記錄。

[7] 同前註，（下冊），第879頁之發言記錄。

[8] 同前註，（上冊），第260頁以下；第330頁；（下冊），第880頁。

[9] 同前註，（上冊），第260頁。其發言記錄如下：「湯司長蘭瑞：1. 楊委員提及工資中所謂經常性給與究竟作何解釋，並建議刪除。關於工資，因是關係勞工生活的必要部分，故一般國家關於工資的定義很寬，原則上所有的收入都包括在內，我國目前公營事業工資制度較有合理的規定，民營事業則各不一致，沒有統一規定，有的雇主儘量把工資的範圍訂的很少，而另以各種津貼給付，倘津貼不算工資，則勞工之資遣費、退休費等權利發生時，這些錢都不算，對於勞工屬不利，因此現行的勞工法令如工廠法施行細則、勞工安全衛生法等均將工資包含各種給付，但某些特別情況如年終獎金或者某種臨時性鼓勵性的錢，則不算經常性的津貼，免列工資的範圍，如這些錢都算，可能會使雇主干脆取消這些錢，故內政部近幾年來解釋經常性之給與，是將伙食費、交通費均算在內，但是年終獎金或因特別性而給與的則不算，所以在法令上言並無不適。……」

同前註，（上冊），第330頁。茲節錄相關發言記錄如下：「謝委員深山：蘇委員的考慮很周到（作者按：係針對蘇秋鎮立委之發言，其主張應參酌工廠法之規定，將「經常性」改為「平均」的字樣）到底那些是經常性給與，一定要弄清楚，所以今天早上勞工司長已作了詳盡的說明，除了年終獎金、不休假獎金，其於都屬經常性給

實質範圍、最後發言贊成的謝深山立委[10]之發言，則除年終獎金、不休假獎金外，雇主之給與皆為工資；惟其具體內容，則委由行政機關於施行細則中詳加規定。至於在二讀時，相同的問題再度被提出來，首先是被暫行保留，後來因相關修正提案皆未通過，最後仍是以原條文無異議通過[11]。在三讀時，對該條文則不再有任何討論[12]。

　　從以上相關的立法過程中，吾人可認為：**不論贊成或反對在勞基法第2條第3款中保留「經常性給與」的見解，基本上只是對於擴張工資的程度有所不同而已。以上這種立法機關所賦與某一特定規定的基本目的、方向，對司法者應有拘束力**[13]。尤其是當相關經社環境或價值判斷、並未有明確地改變的前提下，司法者在適用法律時自不應對於前述基本目的棄之不顧，否則將與法官應依法審判的要求（憲法第80條）有所違背，流於恣意判斷[14]。

與，即：本俸、主管加給、資位加給、技術津貼、交通津貼、房屋津貼、伙食津貼、夜點津貼、食物代金、有眷津貼、加班費、全勤獎金、考績獎金、效率獎金、生產獎金、工作補助費，已經將經常性列舉出來，我們在施行細則中加以訂定，則各位的顧慮均無，本款即可通過。主席：請劉委員贊周發言。劉委員贊周：只要將經常性的項目在施行細則中列舉，將來即有依具據，可以杜絕糾紛，則本款即可通過。主席：第3款文字中漏掉了「計月」二字，應加在「計日」之下、「計件」之上，本款即修正通過，各位有無異議？（無）修正通過。進行第四款。……」

[10] 同前註、（下冊），第884（888）頁；第1132（1133）頁。
[11] 同前註、（下冊），第884（888）頁；第1132（1133）頁。
[12] 同前註、（下冊），第1228頁。
[13] 至於立法機關或參與立法的其他機關對某特定規定的更具體、詳細的可能適用情形、或對現行法律以及事實狀態的判斷，在法律的適用上，固然有其參考價值，惟並無拘束力：參照Larenz, Methodenlehre der Rechtswissenschaft, 6. Aufl, 1991, S. 329; Bydlinski, Juristische Methodenlehre und Rechtsbegriff, 2. Aufl, 1991, S. 433.
[14] 參閱Wank，Die Auslegung von Gesetzen, 2. Aufl, 2001, S. 41，對於相對較新的立法，主張應採主觀說的見解，並對客觀說作如下的批評：客觀說意味著任何解釋者得自行決定法規內涵為何。因為客觀說並無法告訴吾人，假設在此無須受到立法者意志的拘束，則吾人究竟又應受何拘束？這顯與法治國原則相牴觸。此外，這實際上也並非對法律所為客觀的、而是一種高度主觀、完全依照司法者想像的一種解釋的結果。類

（三）本文：應從勞基法第2條第3款的觀點，限縮地理解施行細則第10條

　　承上論述，相較於勞基法立法前的法律狀態，立法機關針對勞基法第2條第3款的「經常性給與」所呈現的基本目的，施行細則第10條，對於非經常性——以至於被排除於工資之外——的範圍認定過廣，實有不當。負責訂定施行細則的內政部，一方面不僅與其先前的見解自相矛盾，另一方面更（有意地？）偏離作為其授權依據的相關法規目的。因此施行細則第10條，特別是依照本件最高法院的觀點加以理解時，是否因為逾越母法的授權範圍而無效，已非無疑[15]。不過基於體系的觀點，在解釋下位階法源的施行細則第10條時，應以其授權之母法、勞基法第2條第3款的基本目的，作為解釋的依歸。特別是當前者因為對於非經常性的範圍過廣、有可能和後者相牴觸時，至少在可能解釋為未逾越其母法的前提下、對前者限縮地加以理解，應當是正確的。這種理解方式，與所謂的合憲性解釋[16]，恰好類似。因此，本件最高法院將施行細則第10條切割出來、單獨地加以理解，對於其上位階法源的勞基法第2條第3款的立法目的，忽略不顧，不僅就保護勞工的結果而言，有所不足；在方法論上也是顯然不當的。

　　若本文以上見解可資贊同，吾人尤應參酌學說與實務上針對勞基法第2條第3款的經常性、既已發展出來更具體的標準，據以理解施行細則第10條的各項給付名義。特別是民國85年1月31日，最高法院在85

似地，Rüthers, Rechtstheorie, 1999, S. 449亦指出：對於立法者所宣示的立法目的不附理由地迴避或偏離者，乃是牴觸依法審判的要求。以上二位學者的見解，或許值得吾人深思。

[15] 王惠玲，工資的定義，收錄於臺灣勞動法學會編，勞動基準法釋義─施行二十年之回顧與展望，2005年5月，第294頁。

[16] 吳庚，憲法的解釋與適用，2003年9月版，第581頁以下；林更盛，法學方法在勞動法上的可能運用─一個初步的反思─，東海法學研究第23期，第1頁以下，第18頁以下。

年度臺上字第246號判決，以及之後的判決中，多次藉由「次數上經常性」或「制度上經常性」的觀點，從寬認定系爭給付的「經常性」、進而從寬認定其為工資[17]。此一發展趨勢，顯然是比較符合勞基法第2條第3款的立法目的。吾人若能據以理解施行細則第10條所規定的各項給付名義，不僅能對經常性的界定，提供較明確的標準，並且更能有

---

[17] 至於最高法院依據「次數上經常性」從寬認定工資者，最早應當是出現在1.最高法院85年度臺上字第246號判決。在該判決中，最高法院明白表示：勞基法第2條第3款「所謂經常性，與固定性給與不同，僅須在一般情況下經常可領取，即屬經常性給付。」系爭津貼、獎金「既係在一個相當時間內，一般情況下經常可得領取，即屬於工資之一部分。」；「加班費係計時按月給付，核其性質，屬被上訴人（作者：即勞工）在一相當期間內，於一般勞動情況，所可得之給與，其性質與勞動基準法第2條第3款所規定之「經常性給與」意義相當……」。2.關於以「制度上經常性」，似乎首先出現在最高法院86年度臺上字第1681號判決。最高法院於該判決中表示「所謂經常性之給與，係指非勞動基準法施行細則第10條所列各款之情形，縱在時間上、金額上非固定，只要在一般情形下經常可以領得之給付即之。亦即只要某種給與係屬工作上之報酬，在制度上有經常性者，即列入平均工資以之計算退休金。被上訴人自82年9月起至84年1月31日止，每月皆領取生產獎金，顯然此屬經常性之給與。又上訴人之員工（外籍勞工除外）皆發給全勤獎金，此在制度上已形成經常性，屬經常性之給與。再上訴人之員工皆須為上訴人保養機器，故機器保養費乃保養機器之工作上之報酬，在制度上有其經常性，亦屬經常性之給與。以上生產獎金、全勤獎金、機器保養費三種均得列入平均工資計算之範疇。」之後最高法院以相同或類似的理由，（傾向於）承認下列給付為工資：3a.華航公司所每月發給之「駐港津貼」非恩惠性給與（87年度臺上字第2754號判決）。3b.碧悠公司按月所發給派駐大陸地區工作之員工之「駐外津貼」（93年度臺上字第2637號判決）。4.昶揚公司的勞工不時領取工作津貼、伙食費、全勤津貼及工作獎金（90年度臺上字第217號判決）。5.萬客隆公司對於正式接任高雄店店經理職務後、繼續發給之交通費及住宿費之補貼、已成為勞動契約內容的年終獎金、業績獎金（91年度臺上字第882號判決）。6.中鋼公司對於中/夜班人員所給付，數額分別為155元、310元的「夜點費」（原名為「輪班津貼」）（92年度臺上字第2108號判決）。7.中華電視公司每月固定發給駐地記者之「工作補助費」（92年度臺上字第2361號判決）。8.中華彩色印刷公司所發給之加班費、具有績效獎金之性質的特別獎金、經協商併入為工資的交通津貼（93年度臺上字第913號判決）。對於以上判決的簡單評論，另參林更盛，最高法院近年來關於勞基法上工資的認定（本書第六篇論文）。

效地防止雇主更改給付之名稱的脫法行為，因此導入以上「次數上經常性」或「制度上經常性」的一般標準，亦有其必要。否則，最高法院僅限於在本件案型，對於其所發展出來的「次數上經常性」或「制度上經常性」標準，未附任何理由，逕自棄置不顧，將有牴觸平等原則之虞。

　　綜上論述，施行細則第10條既然僅僅是在確認可能的非經常性給與為何，為避免因該規定導致到不當地限縮工資的範圍，以及貫徹勞基法第2條第3款的立法目的，吾人應依據勞基法第2條第3款所既已發展出來的經常性標準，理解施行細則第10條的規定。對於本件而言，這意味著：本件系爭「年節獎金」係每個月發放，與立法當初社會上典型的一年發放一次的年終獎金有所不同；而且勞工縱於年節屆至前離職仍得領取，不必返還，亦無預先借支的性質，因此至少應認為有次數上的經常性。所謂的「競賽獎金」，既然並非依工作量之多寡核發，僅須員工依規定前來工作即可領取固定金額，已經和所謂的競賽並無關聯，不論就其次數或數額而言，皆應認為經常性給與。加班費作為延長工時工作附加的對價，其對價性亦甚為明顯，亦應認定為工資。

四、工作規則之「約定」與工資的界定

　　本件最高法院所持第二點理由，認為：勞工所獲工資既未低於勞基法第21條所規定的基本工資，雇主自得將系爭給付，透過工作規則，「約定」為非經常性給與、非工資。最高法院於本件雖然只是說到「雇主依勞基法第70條訂立之工作規則，倘已依規定報請主管機關核備並公開揭示，不僅雇主應受其拘束，勞工亦有遵守之義務。」惟本件涉及實質的勞動條件，應認系爭工作規則具有定型化約款的性質，仍需得勞工同意，才對勞工具有拘束力；於不利益變更時，原則

上亦同。特別是當涉及既得權的喪失，應得勞工個別的同意[18]。最高法院上述見解，應予補充。以下僅就工作規則得「約定」系爭給付為非經常性給與、非工資的幾點疑義，加以評析。

（一）對最高法院見解的批評：自相矛盾的疑慮

首先，此一見解，和最高法院在本判決所持的前一理由似乎有所矛盾。蓋勞基法施行細則第10條，若是果真對於**勞雇雙方**應有拘束力（「該施行細則係經立法授權而訂定，對勞雇雙方應有拘束力」），則合理地推論是：勞基法第2條第3款關於工資、以及連帶地第4款關於平均工資的定義，也同樣地對於勞資雙方有拘束力。果真如此，則為何雇主又得透過工作規則，另為不同的約定？若勞雇雙方果真得為不同的約定，則承認施行細則第10條有「拘束力」，又有何意義？

或有認為：最高法院的「真意」其實是：施行細則第10條的規定是有效的；至於工作規則得為不同的約定，原因在於相關的規定是任意規定，並以勞基法第21條作為依據。除了施行細則第10條應如何理解的問題，已如前述外，以下僅針對勞基法第21條、以及其所反映的契約自由原則的想法，分別論述之。

（二）對最高法院見解的批評：勞基法第21條不足以作為依據

勞基法第21條係以**工資的額度**作為規範的對象，其基本考量不外乎：在勞工基本工資獲得保障的前提下，關於最適當、公正的工資額度究應如何，第三人難以客觀得知，且其所提出的標準亦未必使當事人滿意，不如由當事人自行決定。勞基法第21條既然是以**工資的額度**作為規範對象，因此並未直接涉及**工資的定義**——以及攸關本件之退

休金額度——的問題。直接針對工資之界定者，乃是勞基法第2條第3款；直接涉及退休金額度者，乃是第55條第1、2項的規定。因此勞基法第21條並不當然能夠支持最高法院的見解。最高法院的見解，顯然是混淆了「工資的**額度**」（勞基法第21條）與「工資的**定義**」（勞基法第2條第3款）二個概念。而此一概念上的混淆，縱然是就勞基法第21條直接涉及的基本工資的認定，也是不妥的。例如某工作規則約定：勞工所領A項給付（每月15840元）為工資；B.C.D三項給付（分別為30000元；B於每季第一個月、C於每季第二個月、D於每季第三個月發給）則非經常性給與、非工資。嗣後基本工資調整為每月17280元，依最高法院之見解推論，吾人勢必依勞基法第79條第1項第1款規定、處罰雇主。以上結果，顯然不當。因此最高法院的見解，縱然只是針對勞基法第21條規定的適用，也是令人懷疑的。

（三）對最高法院見解的批評：契約自由原則不足以作為依據

或有認為：勞基法第21條已經反映出立法者對於工資的額度，採取契約自由原則，因此工作規則當然得就工資，以及作為退休金計算基礎的平均工資的範圍，另為約定。此一推論，實在過於匆促。因為類似地，當事人基於契約自由原則，基本上固然得自由約定其契約內容；惟該契約最終應歸類到哪個有名契約，仍應取決於所涉及的主給付義務[19]加以決之。藉此，吾人得以決定依據何種任意規定補充當事人約定之不備，以及依何種強行規定保護當事人一方之利益[20]。特別是在涉及強行規定的適用時，當事人並不能在所約定內容、客觀上符合特定契約類型時，約定其契約不適用該法律關係原應適用的規定。此一

---

[19]　王澤鑑，債法原理（一），基本理論 債之發生，2003年10月版，第39頁；Larenz, Schuldrecht, Band I , 14. Aufl, 1987, S. 8.

[20]　王澤鑑，前揭書，第119頁以下；Larenz, Schuldrecht, Band II 1, 13. Aufl, 1986, S. 4.

情形，於勞動契約的情形，尤為明顯。亦即：若提供勞務者是在從屬
關係底下服勞務，該法律關係即應歸類為勞動契約；勞雇雙方縱然約
定其法律關係無勞動法規之適用，該約定基本上不生效力[21]。在此意義
下，是否歸類到勞動契約，應客觀地以有無從屬關係決之，並非當事
人僅憑契約約定能加以改變的。據此推論，對於作為勞動契約最重要
內容之一──雇方主給付義務的工資，雇方得否透工作規則，另和勞
基法第2條第3款作不同的規定，也不能僅以契約自由原則一語、概括
地予以正當化，而是應當檢驗直接和工資定義有關的勞基法第2條第3
款、以及和本件事實密切相關的勞基法第55條第1、2項關於退休金額
度計算的規定。

1. 契約自由原則與勞基法第2條第3款

　　勞基法第2條第3款關於工資的定義，性質上是所謂的立法定義
（Legaldefinition），本規定並未直接針對特定的構成要件、賦予一
定的法律效果，屬非完全性規定（unvollständiger Rechtssatz）中的說
明性規定（erläuternder Rechtssatz）[22]，因此與向來所稱的強行規定的
特徵，或許不盡相同。惟立法者既然企圖於勞基法所規定的工資的概
念，更明確地加以規範，以維持其一致性。因此若得任由當事人作不
同的約定，將導致相關概念的意義，混亂而不一致，顯然與上述規定
的立法目的有所牴觸，顯不足採。在此意義下，應認為雇主並不得藉
工作規則、和勞基法第2條第3款規定作不同的約定，方為正解。

　　退一步言，吾人縱然不贊成上述見解，然而勞基法第2條第3款只
是說明性規定，為了更清楚地回答系爭問題──工作規則得否約定系
爭給付是非經常性、不列入退休金的平均工資的計算範圍，更容易的

---

[21] Staudinger/*Richardi*, 2005, Vor § 611 BGB Rn 179; Erman/*Hanau*, 11. Aufl, 2004, § 611 BGB Rn9 ; ErfK/*Preis*, 4. Aufl, 2004, § 611 BGB Rn 48 f.

[22] Vgl. Larenz, Methodenlehre der Rechtswissenschaft, 6. Aufl, 1991, S. 258 f; 羅傳賢，立法程序與技術，2001年2版1刷，第192頁。

方法，乃是回歸到使用到工資概念的規定——本件所涉及的勞基法第55條第1、2項，究竟是任意或強行規定，加以決定。

2. 契約自由原則與勞基法第55條第1、2項

關於勞基法上退休金的法律性質，雖有恩惠性給與[23]、贈與[24]、工資後付[25]等不同見解。惟退休金之給付係雇主之法定義務，制度的目的在於照顧勞工老年生活，提供勞工一定額度的金額，保障其某一程度的經濟生活；對此當無爭論。為了貫徹此一目的，原則上應認退休金相關規定是強制規定[26]。最高法院有採取相同結論，認為：對於已經符合強制退休要件者，雇主僅得依第54條，強制勞工退休，不得以勞基法第11條加以資遣、企圖迴避退休金給付之義務[27]；對於已符合自請退

---

[23] 邱俊彥，退休金等法制之檢討—以日本制度為例，臺灣勞動法學會學報，第二期，頁1以下，頁33。

[24] 郭玲惠，我國勞工企業退休金實務爭議問題之研究—兼論勞工退休金條例草案，臺灣勞動法學會學報，第二期，頁87以下，頁107。

[25] 最高法院92年度臺上字第2152號判決：「又依退休金之經濟性格觀之，工資本質上係勞工提供勞動力之價值，退休金之性質為「延期後付」之工資，為勞工當然享有之既得權利，於勞工退休時支付，且不因勞工事後離職而消滅。退休金本質上係以勞工全部服務期間為計算標準所發給之後付工資，雇主自不得以懲戒解僱為由，剝奪勞工請求退休金之權利」。

[26] 邱俊彥，前揭文（註23），第34頁；郭玲惠，前揭文（註24），第111頁。

[27] 參閱最高法院民事86年度臺上字第1528號判決。又例如最高法院於86年度臺上字第2388號判決即表示：「查被上訴人係9年9月12日出生，有戶籍謄本在卷可稽，其於73年8月1日勞基法生效前早已年滿六十歲，上訴人如欲終止兩造間之僱傭關係，原應令其退休，乃上訴人以資遣方式，令被上訴人去職，自非適法」。又同院86年度臺上字第1256號判決亦認為：「再查事業單位依勞基法第11條規定終止勞動契約，對合於同法第54條強制退休要件之勞工，雇主應依法予以強制退休，不得以資遣方式辦理，亦經內政部74年5月28日（74）臺內勞字第298989號函釋甚明。是上訴人抗辯：陳○○不合勞基法第53條之自請退休要件，不得請求給付其退休金云云，亦不足取。查陳○○於上訴人歇業關廠，終止其勞動契約時，已年滿六十三歲（陳○○為20年1月7日生，有戶口名簿影本在卷可憑），符合勞基法第54條第1項第1款規定強制退休年齡，則被

休要件者，雇主亦不得以懲戒解僱，剝奪勞工請求退休金之權利[28]。

　　退休金制度的目的，既然在於提供勞工退休後一定程度的經濟生活的保障，而其保障程度——亦即退休金的額度——應當如何，亦已由立法者透過年資、基數、以及平均工資的計算等，明確地加以決定（勞基法55、57條、第2條第3、4款），則合理的推論是：至少當其作為退休金計算基礎時，關於工資、平均工資的規定，也同樣地具有強行規定的性質，不得任由當事人約定。否則，若依本件最高法院見解，立法者所對退休金額度的決定、甚至關於整個退休制度是強行制度的立法目的，都將廣泛地被架空、被規避，喪失其保護勞工的功能。

3. 蝴蝶效應：只要不牴觸基本工資的規定，所有其他工資相關規定，都是任意規定？

　　最後，延伸本件最高法院的觀點加以推論，也可以明顯地看出其論點的不當。根據本件最高法院的觀點，吾人首先可以推論到：在不牴觸勞基法第21條的前提下，所有其他涉及工資的規定，也都任由雇主透過工作規則加以約定。例如：勞基法第25條規定雇主同工同酬的義務、第26條預扣工資之禁止、第27條限期給付的工資、第28條優先受償之工資的範圍，雇主大可以在不低於基本工資的前提下，透過工作規則另為約定，以減低同工同酬的義務、預扣一部分的「非工資」的給付、減輕限期給付的義務範圍、減少勞工優先受償的保障。何以勞基法第21條有如此神秘的效力，使得法院在解釋其他有關工資的規定時，不必考慮其立法目的，只需一概援引勞基法第21條即可予以正當化？實在令人費解。其次，若將本件最高法院見解，擴大到其他以

上訴人陳○○請求上訴人給付退休金，即屬有據」。同意旨，例如最高法院85年度臺聲字第412號裁定；最高法院86年度臺再字第109號判決。
[28] 最高法院民事判決92年度臺上字第2152號判決。

工資作為計算基礎的規定，則不僅關於退休金額度的決定，甚至關於資遣費之額度（勞基法第第17條）、職業災害補償的數額（勞基法第59條）之計算等等規定，只要在不牴觸基本工資規定的前提下，一概任由雇主透過工作規則予以約定，此一結果顯然背離了上述相關規定保護勞工的目的。以上結果，在在顯示勞基法第21條的規定、根本不足以支持本件最高法院所採取的結論。

綜上論述，本文認為：為貫徹工資概念的明確與一致性，雇主並不得藉工作規則、和勞基法第2條第3款規定作不同的約定。又作為退休金計算基準之平均工資，與其他為退休金的相關規定一樣，應當解釋為是強行規定，方足以貫徹立法目的，在特定程度上保障勞工退休後的經濟生活。因此契約自由原則並不足以支持最高法院的見解。又勞基法第21條僅僅是針對工資的額度加以規定，亦無法作為反駁的理由。準此，本件工作規則的相關約定，應認為牴觸勞基法第2條第3款、第55條第1、2項的規定，而非牴觸第1條第2項的規定，依同法第71條之規定為無效。

五、結論

關於勞基法上的工資的界定，最高法院於91年臺上字第897號判決中，明確地提出二個重要的創新論點：（一）勞基法施行細則第10條所列十一款給與，無論是否為經常性給與，均排除於工資之外，（二）勞基法第21條既許勞資雙方約定工資之額度，是以雇主亦得透過工作規則、約定何謂非經常性給與。最高法院並據以認定勞工所爭執年節獎金、中夜班點心費、績效獎金等不是工資，不列入退休金計算之基礎。對此，本文認為（一）施行細則第10條，一方面從文義而言，並不發生最高法院所說的其「所列十一款給與，無論是否為經常性給與，均排除係在工資之列」。另一方面，若嚴格地依最高法院的

見解適用該規定，相較於勞基法立法前的法律狀態，將造成對於工資範圍過度地壓縮，並且背離勞基法第2條第3款的立法目的。因此，基於體系的觀點，吾人應參酌勞基法第2條第3款的基本目的，以及針對經常性給與既已發展出來的「次數上經常性」、「制度上經常性」標準，限縮地理解施行細則第10條。這意味著：本件系爭「年節獎金」係每個月發放，而且勞工縱於年節屆至前離職仍得領取，不必返還，實已具備經常性。所謂的「競賽獎金」，既然並非依工作量之多寡核發，僅須員工依規定前來工作即可領取固定金額，與競賽實無關聯，應認為經常性給與。加班費作為延長工時工作附加的對價，其對價性亦甚為明顯，亦應認定為工資。（二）至於最高法院依據勞基法第21條，認為工作規則得約定系爭給付無經常性、不屬工資的範圍，並不正確。首先，此一見解，和最高法院在本判決所持的前一理由（施行細則第10條對於勞雇雙方應有拘束力），已有自相矛盾的疑慮。蓋若施行細則第10條對勞雇雙方有拘束力，則勞基法第2條第3款關於工資、第55條第1、2項關於退休金額度計算的規定，豈非更對勞資雙方有拘束力。其次，為貫徹工資概念的明確與一致性，應認為雇主並不得藉工作規則、和勞基法第2條第3款規定作不同的約定。何況，由於本件所涉及的是作為退休金計算基礎的平均工資的問題，應認為勞基法第55條第1、2項，與其他退休金相關規定，同樣是強行規定，不得任由工作規則另為約定，以保障勞工退休後一定程度的經濟生活。否則，若延伸推論最高法院的見解，其他所有有關工資的規定、甚至是關於資遣費、職業災害補償之計算，只要在不牴觸基本工資的前提下，將可一概任由工作規則另加約定，此一結果，顯然不當。不論是針對工資額度規定的勞基法第21條，亦或是契約自由原則，皆不足以支持最高法院的見解。綜上，本件工作規則的相關約定，應認為牴觸勞基法第2條第3款、第55條第1、2項的規定，而非牴觸第1條第2項的規定，依同法第71條之規定為無效。

8

離職後競業禁止約款的審查：雇方值得保護的正當利益

——評臺灣高等法院臺中分院91年度上字第367號判決——

壹、本件案例與判決

一、案例

　　本案勞工王○○（以下簡稱甲）自1992年6月1日起，任職三晃公司（以下簡稱A公司），主要工作為擔任抗氧化劑（即E.168）製程技術管理及操作改善工作；於升副理後，主要工作為擔任特用化學品、抗氧化劑、PU硬化劑（MOCA）製程技術管理及操作改善工作，迄2000年3月5日離職。勞工蔣○○（以下簡稱乙）自1993年7月1日起受僱於興晃公司，主要工作為PU硬化劑（MOCA）之改善及新產品之開發；嗣後（1994年間）興晃公司為三晃公司所購併，乙被留任，擔任三晃公司專案室之高級專員，其主要工作為特用化學品產品研發及既有產品改善工作，迄2000年7月25日離職。勞工甲於1994年6月30日、乙於1995年5月1日，分別與三晃公司簽署保密同意書，切結於離職之日起二年內，絕不經營與三晃公司開發之產品性質相同或類似之行業，或受僱於此種行業，如有違反並願賠償三晃公司懲罰性違約金200萬元。惟勞工甲、乙於離職後，先後受僱於有郁公司（以下簡稱B公司），甲任廠長，乙任經理職務。A公司遂起訴主張甲、乙係利用在A公司習得之相關特殊知識及技能為競業行為，違背先前之保密同意約定，應賠償懲罰性違約金200萬元。其主要理由為A公司與B公司，均係PU硬化劑、塑膠用抗氧化劑、光安定劑之專業生產廠商，二者所營事業範圍及營業項目性質相同，且B公司生產之RICHCURE(MOCA)及RICHFOS168核與A生產之SUNCURE-M及SUNLIZER EP-168之成分與性質均相同。

　　勞工甲除抗辯其並未在B公司任職外，另以A公司所主張之SUNLIZER EP-168為國外專利已過期之產品，國內外多家廠商均有生產銷售，國內外文獻上早已刊載其化學構造，已非營業祕密，更非

A公司之營業祕密，A公司無受保護之合法利益存在，縱認為伊在B公司任職，然B公司之營業項目不止RICHFOS 168一項，其並未從事RICHFOS 168之工作，自無違反切結書之內容。勞工乙則主張其依保密同意書所負義務之範圍，僅以研究開發部之專案室產品（亦即「三唑專案」之產品BTA及TTA）為限。至於其參與之其他產品，則不在上開保密同意書所載範圍內。因A公司所指之HER, 770, UV1及UV2均非「三唑專案」之產品，其自不負保密義務。何況該等產品均屬專利過期之產品，自無營業秘密可言，A公司並無受法律保護之合法利益。何況B公司雖曾廣告、但實際上並未生產及銷售UV-1, UV-2及HER等產品，且該等產品亦與A公司之產品不同。因此，A公司就上開產品縱有營業秘密，勞工乙未違反保密同意書之內容。又B公司所營事業甚多，其在B公司所從事者並無與HER, RICHVIN UV1及UV2產品相同之工作，自未違反保密同意書之內容。

　　臺灣臺中地方法院判認勞工甲、乙皆違反保密同意書，惟酌減甲應給付違約金120萬元、乙應給付違約金80萬元。甲、乙不服提起上訴。

二、判決

　　臺灣高等法院臺中分院於判決理由五中，首先援引最高法院81臺上字1899號、86年臺上字第48號判決，肯定系爭約款之合理性、為有效。其次審理法院對照A公司之經濟部公司執照、經濟部工廠登記證，以及B公司之公司基本資料查詢表、產品化學式、生產品資料等，認為二公司既均係PU硬化劑、塑膠用抗氧化劑、光安定劑之專業生產廠商，A公司之營業項目與B公司所營事業範圍性質相同，且A公司之SUNCURE-M及SUNLIZER EP-168與B公司之RICHCURE(MOCA)及RICH FOS168之成分與性質均相同，因此認為此二公司為相同或類似

之行業。

　　就勞工甲的部分，審理法院根據其名片、行動電話號碼以及相關照片，認定甲於離開A公司後受雇於B公司工作。又勞工甲在所簽署之切結書中，既明示「立切結書人（作者按：即勞工甲）於……擔任生產部製三課副課長期間，接觸公司開發之新產品磷系安定劑EVERROS-168之專門技術（KNOW-HOW）等營業秘密」，而EVERROS-168之化學式與B公司生產之RICHFOS168完全相同，審理法院因此認定甲有違反上述切結書之事實。至於甲另外抗辯：SUNLIZER EP-168為國外專利已過期之產品，國內外多家廠商均有生產銷售，國內外文獻上早已刊載其化學構造，已非營業祕密，更非A公司之之營業祕密，A公司並無受保護之合法利益存在。對此，審理法院認為：依上開切結書之規定，只要勞工甲離職後二年內，受僱於經營與上述產品（依切結書之記載為接觸公司開發之新產品磷系安定劑EVERROS—168之專門技術（know how）等營業祕密）性質相同或類似之行業即已成立，並不以上開專門技術有專利權為要件，亦不以受僱後經證明有從事該產品之工作為要件，此觀之於切結書甚明。蓋關於化學產品，縱然無專利，可於文獻上找到其化學式，如不知設備如何裝置，製作過程應注意何事項，發生障礙時如何排除等know how，未曾從事專業之他廠仍難以順利生產相關產品，而擁有專業知識之人只需提出其專業所知，即對競爭同業B公司產生莫大助益，並有害於A公司，要提出確實之證明不易，始為該項約定，是勞工甲受僱於B公司已違反上開切結書規定義務已然明確。其上開抗辯，核不足採。

　　就勞工乙是否違反上開切結書的部分，審理法院認為：切結書既載明「任職於三晃……公司（作者按：即B公司）研究開發部擔任專案室專員等研究工作」，故應予保密之對象，自以乙因擔任專案室專員「等研究工作」，所接觸參與之各項研究內容均有適用。而依據工作月報表、專案技術交接單等，足認乙曾參與HBA、HER〔間一苯羥乙基醚〕、LS-770、HBAE、LS-770、LS-770、UV-1、UV-2、UV-4（皆

為紫外線吸收劑）等研究工作。而從B公司之網站資料，亦足認B公司亦有HER、770、UV-1、UV-2、UV-4之相同產品。又乙雖抗辯HER, 770, UVA UVB等產品均屬專利過期之產品，無營業祕密可言，但審理法院基於和前述相同的理由，認定乙違反上開切結書規定之義務。基於上述理由，臺灣高等法院臺中分院維持原判，駁回勞方之上訴。

貳、評　釋

　　本案對於系爭切結書雖然直接援引最高法院的相關判決作為依據，但其實際上是依據先前下級審所發展出來對於離職後競業禁止約款的審查標準加以檢驗，其中尤其以涉及雇方究竟有無值得保護之利益，涉及離職後競業禁止約款審查標準的具體化的問題，在司法實務上實屬重要。本文以下即以此為中心，首先略述司法實務及相關學說的見解，並在法益權衡的觀點下，檢討相關見解，並據以評釋本案判決。

一、相關實務

　　最高法院對於離職後競業禁止之約定，基本上傾向於肯定其效力，認為：「按憲法第15條規定，人民之生存權、工作權及財產權應予保障，主要乃宣示國家對於人民之保障。且人民之工作權亦非不得限制之絕對權利。此觀憲法第23條之規定自明。被上訴人為防止其離職員工洩露其智慧財產權、營業秘密等，並防止惡性之同業競爭，乃於其員工進入公司任職之初，約定於離職後二年內不得從事與被上訴人營業項目相同或類似之行業，否則須負給付一定之違約金。該項就業禁止之約定，僅有二年之適用期限，且出於任職員工之同意而簽

訂，即與憲法保障人民工作權之精神不相違背，亦不違反其他強制規定，且與公共秩序、善良風俗無關，原審認核約定並非無效，核無不當」[1]。

相反地，其他下級審法院之見解則基本上傾向於採取較嚴格的審查態度[2]。其中提出具體的審查標準，首推臺北地方法院85年勞訴字第78號判決[3]。該法院於判決中表示：「競業限制約定，其限制之時間、地區、範圍及方式，在社會一般觀念及商業習慣上，可認為合理適當且不危及受限制當事人之經濟生存能力，其約定並非無效，惟轉業之自由，牽涉憲法所保障人民工作權、生存權之基本人權，為合理限制競業禁止契約，綜合外國法立及學說，認為競業禁止之契約或特約之有效要件，至少應包括下列所述各點，換言之，競業禁止特約之合理性，應就當事人間之利害關係及社會的利害關係作總合的利益衡量而為判斷，其重要標準計有：（一）企業或雇主須有依競業禁止特約保護之利益存在，亦即雇主的固有知識和營業秘密有保護之必要；（二）勞工或員工在原雇主或公司之職務及地位。關於沒有特別技能、技術且職位較低，並非公司之主要營業幹部，處於弱勢之勞工，縱使離職後再至相同或類似業務之公司任職，亦無妨害原雇主營業之可能，此時之競業禁止約定應任拘束勞工轉業自由，乃違反公序良俗而無效；（三）限制勞工就業之對象、期間、區域、職業活動之範圍，須不超逾合理之範疇；（四）須有填補勞工因競業禁止之損害之代償措施，代償措施之有無，有時亦為重要之判斷標準，於勞工競業禁止是有代價或津貼之情形，如無特別之情事，此種禁止特約很難認

---

[1]　81年臺上字第989號判決，引自黃茂榮主編，民法裁判百選，第33（35）頁以下；同意旨，75年臺上字第2446號判決，最高法院民刑事裁判選輯，第7卷第2期，第273（276、277）頁以下。

[2]　對此，可參閱陳金權，於網站：www.ckchen.com.tw所蒐集之相關資料及評論。

[3]　引自司法院網站，網址：www.judicial.gov.tw。以下實務見解若未另行引註，則出處相同。

為係違反公序良俗；（五）離職後員工之行為是否具有顯著背信性或顯著的違反誠信原則，亦即當離職之員工對雇主之客戶、情報大量篡奪等情事或競業之內容及態樣較具惡質性或競業行為出現有顯著之背信性或顯著的違反誠信原則時，此時該離職違反競業禁止之員工自屬不值得保護」。至於同法院於89年勞訴字第76號判決理由三中，除了不採前述第5項標準（「然衡諸「顯著背信性」之標準，應係在個案中先行肯認競業禁止之約定為有效後，根據個案勞工之競業行為是否具有顯著背信行為而為斟酌，並非審認競業禁止約定是否無效之前提」）外，則完全贊同前四項標準。

二、學說

與最高法院不同、而接近於下級審法院的看法，學說上對於競業禁止約款多傾向於採取較嚴格的審查態度。（一）有[4]從憲法上之觀點出發，認為：上述條款亦係私法自治的一種表現，惟私法自治係植基於「自我決定」（Selbstbestimmung）的原則，亦即其前提在於，當事人作成自由決定的條件必須事實上存在。換言之，在簽訂契約時，如果缺乏「相近等量勢力」（annährender Kräftegleichgewicht）的契約當事人時，單憑契約自由的規範法則時，將不足以確保合乎事理的均等狀態，並保障弱勢一方的權利。因此，當基本權利所保障的法律地位遭他人支配時，國家必須採取必要的調整與規範，以確保基本權利的實質內涵（國家的保護義務）。準此，有關競業禁止條款的合憲性問題，基本上涉及「私法自治」與國家對職業自由所負保護義務之間的關係。在具體判斷標準上，主要可以「勞工或員工在原雇主或公司之

---

[4] 李建良，競業禁止與職業自由，臺灣本土法學雜誌，第十五期，第111（113、114、117）頁以下。

職務及地位」及「限制勞工就業之對象、期間、區域、職業活動之範圍，需不超逾合理之範疇」，作為判斷系爭競業禁止條款是否有效的基準；而「企業或雇主須有依競業禁止特約保護之利益存在」、「填補勞工因競業禁止之損害的代償措施」，則可供輔助判斷的參考。至於「離職後員工之競業行為是否有顯著背信性或違反誠信原則」僅是個案認定事實的準則，非屬判斷契約條款合憲性的基準。（二）有主要參考英美法之觀點，認為[5]：離職後競業禁止約款之目的，係強調利用當事人間之約定，使前雇主免於受僱人之競爭行為。其本質上係側重保障前雇主，因此應受規範，方不至於過當。至於在美國法，合理的競業禁止約款須考慮下列三個因素：不給與前雇主過度的保護、不加諸受僱人過度的困境、不損害公共。前雇主之利益包括免於被受僱人拉去客戶、營業秘密被揭露、以及其對受僱人施以訓練之投資。受僱人之利益包括其選擇工作之自由、維持其本身及家庭生活、利用其個人技術及智能、改善其社會地位，並應考慮其係處於締約弱勢之地位。公共利益主要指公眾選擇提供勞務之利益；蓋公眾對於獲得技術成熟之勞工——尤其是諸多具有競爭性之勞工提供勞務——具有一般利益，且該約款可能剝奪受僱人之謀生能力，使公眾必須供養該人，亦屬損失。至於德國、美國法上亦對遭受競業禁止之勞工為一定補償，因此自得作為法理加以援用。（三）有[6]援引日本法上相關見解，認為競業禁止約款之有無效力，應參酌下列標準，綜合判斷：(1)雇主須有一競業禁止特約保護之正當利益存在。其正當利益有三：a.營業

---

[5] 魏千峰，離職後競業禁止契約之研究，勞動法裁判選輯（一），第365頁以下。

[6] 蔡正廷，離職勞工競業禁止之案例類型，萬國法律，第107期，第43頁以下。又實際上採相同結論者，林發立，跳槽、競業禁止與保密條款，萬國法律，第100期，第31頁以下，第38、39頁。另外與此相類似、採取臺北地方法院85年勞訴字第78號判決所示五項標準作為審查者，劉志鵬，勞工離職後競業禁止法理之研究，書面資料第1頁以下，第12頁以下，發表於臺大法學院、行政院勞委會主辦，臺灣勞動法學會協辦，「二十一世紀勞動法的新發展」，第三場研討會。

秘密及其他秘密。b.防止員工被大量挖角。c.確保公司與客戶間的人際關係。(2)勞工之職務及地位知悉上開之正當利益。(3)限制之期間、區域及職業活動之範圍須不超過合理之範圍。而此並無一般標準，僅為以此三要素依一般社會觀念，判斷其限制是否在競業禁止之合理範圍內。(4)代償措施之有無。雖日本學者多認為代償措施為競業禁止條款有效要件之一。但日本實務上仍鮮有肯認代償措施為競業禁止條款有效要件之見解。惟因受學說影響，漸有重視代償措施有無之要件。

（四）有[7]從美國／德國／日本法出發，認為競業禁止條款之合理性，(1)企業主方面；應以有保護合法利益或營業秘密之必要，始可訂定此約。所謂合法利益，一般是指企業主有職得保障的權益存在而言，營業秘密固然也是其中之一，但不限於此。(2)受僱人方面；以其離職後之競業會造成企業合法利益受到損害者為範圍，而不能廣泛到所有員工。換言之，受競業禁止約款拘束的受僱人應該有一定的限制，或者是因接觸企業機密，或者是職位高參與企業決策，其競爭結果將使企業之營運受到重大的威脅，因此對於此類員工課以離職後不得競業的義務。(3)競業禁止的年限；競業禁止既是企業主為保護其營業秘密及合法利益，因此營業秘密及合法利益本身在是競爭市場上之時效性，於決定競業禁止年限之合理限度上有重要的意義。各國承認以競業禁止方式來維持其營業秘密並利用優勢而確保其利益的年限，顯與科技進步，營業秘密能保有市場之優勢競爭力之年限息息相關，惟各行各業情形不一，競業禁止的年限也難有絕對標準。惟完全無年限限制，或年限顯然過長，應屬違反公序良俗而無效。(4)競業禁止的地域與範圍；就企業主保護其合法利益一點來看，以競爭利益是否受到影響來具體的競業禁止的地域，較具說服力。（五）最近有[8]認為前述臺北地

---

[7] 張凱娜，競業禁止與營業秘密之保護，月旦法學，第20期，第71頁以下，第80頁。

[8] 李惠宗，禁止跳槽的程式設計師，臺灣本土法學，第33期，第123頁以下，第131-132頁。

方法院85年勞訴字第78號判決所提五項標準，見解頗為縝密，惟缺乏明確性，並以此作為基礎，認為競業禁止條款須具備如下之要件，始發生效力：(1)雇主須有特別保護之利益；單純競爭上的優勢尚不足當之。(2)該競業禁止須係限制勞工之特別技能、技術或因雇主之特別栽培而習得之技術。故具有通常可替代性之技能，僅因員工有較高的技能，尚不足以限制員工轉業。(3)限制勞工就業之對象、期間、區域、職業活動之範圍，需不超逾合理之範疇。亦即競業禁止需有期限及區域範圍的限制，就此德國商法第90a條所規定之「二年」應屬適當之最高期限。地域應以形成與雇主之惡性競爭為地域之要件，若在地域上不致發生排擠效應者，應不得加以限制。(4)需有填補勞工因競業禁止之損害之代償措施。否則勞工之生存權將無以為繼。代償之成數究竟多少始為適當，在原勞工薪資之五至七成應屬適當，低於半數則屬過度之限制。(5)離職後員工之競業行為是否有顯著背信性或顯著的違反誠信原則：蓋競業之禁止實為誠信原則之具體化，故如在經濟市場上未使用不公平競爭之手段，雖有競業之事實，乃屬職業自由所保障。(6)需勞雇雙方另以書面經個別商議而特別約定：若成立僱傭契約當時即以定型化契約約定競業禁止，應認為其屬雇主之權利濫用（過早防禦），應不發生效力。

三、本文見解

（一）契約自由原則的正當性及其在勞動契約法上的界限[9]

　　契約自由原則與過失責任原則、所有權絕對原則共同構成近代民法的三大基本原則。契約自由原則使市民社會的成員，可以自主地規

---

[9] 關於本問題的詳細說明及相關文獻，另參作者，離職後競業禁止約款，收錄於勞動法案例研究（一），臺北，2002，第135頁以下，第141頁以下。

範其法律關係；其基本理念，乃在於自我決定（Selbstbestimmung）與自我負責（Selbstverantwortung）的思想；亦即在法律上允許當事人得任意、自主地創造、形成其法律關係（willkürliche Selbstgestaltung），而免於國家干涉。一個契約約款之所以對於當事人具有拘束力，乃因其係基於雙方當事人之自我決定、對其內容所為之合意而成立。除有違背公序良俗、強制規定、權利濫用等例外情形外，對於一個縱然在客觀上不盡明智或正確的契約約款，法律上仍應承認其效力。而此結果也與「信守承諾」的道德要求相符合。又在當事人締約實力對等的情形下（這也是傳統民法的基本出發點），契約自由原則通常也可以保障契約內容同時具有的實質正當性（materielle Richtigkeitsgewähr），蓋若其約定內容欠缺妥當性，當事人儘可利用其他締約機會，作對其最有利之選擇。

　　但上述的契約自由原則，對於勞動契約，是否仍如在民法上一般的情形予以適用，則自始受到挑戰。蓋自勞資雙方締約的實際情形而言，勞方多處於劣勢狀態，加以勞動條件實際上多由雇方預先擬定，勞方多欠缺個別商議勞動條件之可能，因此對於勞動契約上之約款，多主張法院有較一般民法上其他契約約定，更廣泛地加以審查、控制之必要。關於其依據，依近來德國學說之發展，多傾向認為對勞動契約內容之控制，原則上應侷限於適法性控制（Rechtskontrolle）的情形；惟其控制之依據／標準各有不同，應求諸於現行法內的法律原理、原則。至於對勞動契約內容控制的實質理由，通說認為：基於勞工之從屬性（Abhängigkeit）、勞資雙方締約實力之不平等（Disparität），契約自由原則在此並無法達到其保障契約內容的實質正當性之功能，因而對於勞動契約之內容有加以控制之必要。申言之：契約自由原則既然在於使當事人自主地決定其法律關係，則相對地其界限即在於：避免具有優勢締約實力之契約一方，藉此以達其單方決定，使他方因而由「自主」淪為「他主」之地位。

（二）以法益權衡作為審查的方法

　　承上論述，離職後競業禁止約款係處於締約實力不對等的勞雇之間簽定的，該約款又嚴重影響勞工選擇職業之自由，是以吾人對於該約款即不能任由當事人「約定」，而是應予以審查、控制。惟現行法並未提供一明文的標準，因此司法者即應自居於立法者之地位，透過法益權衡（Güterabwägung）的方法，依個案具體情形決定該約款之效力。蓋私法之規範無非在於解決私人之間利益衝突，立法者於立法之時、即係透過法益權衡之方法，合理地界定當事人間之權利義務。因此於欠缺法律明文規定的情形，作為備位立法者的司法機關，於透過法官造法、尋求解決個案紛爭的判斷依據時，亦應作相同的考量。若然，則吾人首先即應確定於該個案所涉之當事人之法益，若所涉法益之間有一定的上下位階關係，自應優先保護上位階的法益；不然，則應更進一步探究所涉法益之範圍與程度，於對立的法益之間保持一定的合理關係[10]。

　　既然在審查離職後競業禁止約款時，吾人應以法益權衡之方法為之，因此基本上並無法一概地承認或否認該約款之效力。同理，若承認該約款生效時，亦應注意該約款是在哪一範圍內生效。又在個案為法益權衡時，究應保護何者之利益，常有不明的情況出現，而且離職後競業禁止約款又嚴重限制勞工轉業自由，因此除非能明確地認為雇方有值得保護的正當利益，否則基本上應認該類約款無效。而與之相對應的是：勞工之行為若被認定為是在市場自由競爭的合理範圍內，則原則上應認定其行為是合法的。在此觀點下，前述實務與相關學說有採取「顯著背信性」之標準者，或可贊同。

---

[10]　Larenz, Methodenlehre der Rechtswissenschaft, 6. Aufl, 1991, S. 404 ff, S. 412, 413.

(三) 幾個可能考慮的觀點

1. 較嚴格亦或較寬鬆的審查標準

對於離職後競業禁止約款之審查[11],從該約款訂定過程而言,吾人尤其應考慮到:此約款究竟係由雇主單方透過工作規則、或是以其他定型化約款的方式、抑或是勞資雙方個別磋商之結果?在前二者情形[12],吾人可認為:雇主擁有與一般定型化約款時、提出該約款者之相同的締約上優勢,尤其是勞工若事實上面臨僅有同意該約款、或是喪失締約機會的選擇,則對於該約款的審查,應更加謹慎。民法新增第247條之1的規定,在此即有適用之餘地。換言之,若離職後競業禁止約款可認定為「加重他方當事人之責任」、或「於他方當事人有重大不利益者」,按其情形顯失公平者,縱未達到違反公序良俗的程度,依民法第247條之1的規定仍為無效。蓋在此既然涉及勞工之轉業自由及其向來經濟生活之維持,法律上所提供之保護,自不應劣於其他定型化約款的相對人。反之,若該約款係經雙方磋商,基本上與民法上對契約約款之成立過程的基本假設無異,原則上可從寬承認此類約款之合法性。

---

[11] 至於德國法上對離職後競業禁止約定的問題,主要是參照其商法典第74條以下的規定而發展出來法官造法,原則上要求此類約定 (一) 形式上應以書面為之,雇主並應交付該書面文件給勞工;且該約定 (二) 實質上必需為保障雇主的正當利益;且其競業禁止約定之期間、地點、禁止營業之事項,亦不致於造成對勞工未來重大不利之影響;又禁止競業期間最長為2年,並應給予勞工其最後所領工資1/2以上之補償;僅於上述的前提下,則該約定方為有效;s. nur MünchArbR/Wank, 1993, § 126; Schaub, Artbeitsrechtshandbuch, 7. Aufl, 1992, § 58.

[12] 關於工作規則涉及離職後競業禁止約款者,原則上可認定為定型化約款的一種,而對勞方有拘束力。對此,另請參照,作者,對工作規則法律性質的幾點初步想法 (本書第四篇論文)。

2. 應斟酌的利益狀態

對於離職後競業禁止約款的審查，應以其所涉及的法益狀態加以衡量。在此，應以所涉及之勞雇雙方的利益狀態為主。至於雖有主張所謂的公共利益，惟因在此乃是涉及私法關係，且所謂的公共利益甚不明確，因此除非是在例外的情況（如另牴觸公序良俗），否則基本上並無理由以之作為由肯／否定離職後競業禁止約款之效力。至於在確定所涉利益狀態時，一般地宜顧及：(1)在勞工方面，此類條款首先將影響離職員工工作選擇之自由。而特別是對於擁有一定程度的專業技術人員，面對日新月益專業技術之進步，不能繼續從事相同或類似行業，其專業技能將可能因無法繼續透過工作之遂行而獲得更新與發展（人格法益）。又從經濟層面言，無法繼續從事與原工作相同或類似行業，將使勞工只能提供非專業的勞務，而這多意味著其向來經濟生活水準之減低。(2)從雇方言，該約款多為防止員工於離職後洩露其營業秘密、以及惡性之營業競爭。惟應注意的是：不得洩露雇主營業秘密、本為員工之附隨義務，不待約定、亦應遵守；此於員工離職後，基本上亦無不同。且為防止員工洩露營業秘密，雇主並不必要對員工於離職後之就業情況加以限制；蓋員工縱不從事相同或類似行業，仍有洩露營業秘密之可能，反之，員工於離職後從事相同或類似行業，並不表示必然會洩露營業秘密。因此，防止員工洩露營業秘密，雖可能是雇主藉由離職後競業禁止條款所企圖保護的利益之一，然而並非其重點。同理，就雇方所涉及的利益，自更不以營業秘密法所定義之營業秘密為限。因此前述學說中的第（三）、（四）見解、認為雇主值得保護之利益不以營業秘密為限，誠屬正確。至於防止惡性之營業競爭，應當才是重點。蓋員工於離職後，基本上並無義務不為競業行為[13]。因為勞工於原雇主任職時，既從雇主獲得其勞務之

---

[13]　Vgl. Hopt, HGB, 29. Aufl. 1994, § 74 Rn 2; BAG Urteil vom 15. 9. 1988 (LS), DB 1999, S. 289 f.

對價、以維持其生活；因此基本上得認為，亦可期待勞工有不競業之義務。然而在一承認自由競爭市場機制的法律體系下，勞動關係終結後，除非另有法律規定，勞工得採取與前雇主競業之行為，寧屬當然。但另一方面，員工離職後從事相同或類似行業，顯然將使原雇主面臨更多可能的營業競爭壓力、以及因而所帶來的損失，因此為了避免不正當的營業競爭，在合理的程度內，雇主在法律上亦有正當的利益，與員工約定，禁止其於離職後從事相同或類似行業。

準此，本案審理法院對於雙方之「保密切結書」，並非依照洩漏營業秘密，而是依照向來離職後競業禁止條款的審查標準加以審查，誠屬正確。

3. 雇方應具有值得保護的正當利益

由於離職後競業禁止約款嚴重限制勞工轉業自由，並且有影響市場自由競爭之虞，因此除非雇方有值得保護的正當利益，否則基本上應認該約款無效。至於在雇主有值得保護之正當利益的前提下，更應進一步要求所定競業禁止條款之期間、地域與範圍等，應與雇主前述正當利益保持一合理的關聯[14]，否則該約款不具拘束力。又在競業禁止條款有效之期間內，為兼雇勞工之利益，原則上應要求雇主為合理的補償；否則該約款僅僅片面地顧及雇方之利益、一概抹煞勞方的經濟上與人格上利益，應認為顯失公平。在此意義下，前述司法實務及學說見解所提出的審查標準，雖與本文略有不同，但基本上可以贊同。

4. 雇方值得保護的正當利益的認定

離職後競業禁止約款所應保障者，乃是為防免不正當的競業所導致之不利益，因此雇方值得保護的正當利益，自不以——包括營業秘密法所定義之——營業秘密為限。類似地，專利權之保障，亦非離職

---

[14] BAG Urteil vom 24. 6. 1966 (LS), AP Nr 2 zu § 74 a HGB.

後競業禁止約款所保障之重點。另一方面，在肯定市場自由競爭秩序的基本前提下，也並非任何雇主避免競業之利益皆值得保護，否則以「雇方應具有值得保護的正當利益」作為離職後競業禁止約款之限制，將形同虛設。德國聯邦勞動法院[15]認為：若雇主僅單純地為防止透過勞工工作轉換所可能衍生、對於競業上的任何型式的強化，卻無任何其餘洩漏其企業經營上機密或其搶奪其固定客源之虞者，該約款無效。其見解亦足為佐證。是以前述學說第（五）見解認為：雇方單純競爭上的優勢尚不足當之，誠然正確。

　　基於以上理由，本案勞方之抗辯：原先雇主部分產品為國外專利已過期者，為審理法院不予採取，**可能**是正確的。又產品生產製造之know how，**可能**作為認定雇方值得保護的正當利益，基本上亦無疑問。惟在此，問題的重點既然是法益權衡，因此本案所涉相關設備如何裝置、產品製作過程所涉之know how，(1)是否**足以**為認定雇方有值得保護之正當利益、並且(2)所致勞方轉業自由之限制是否過當，皆有待進一步地探究。設若相關的know how，雇主無須投資相當之成本即可得知，抑或在勞動市場上無須投注過高之成本（例如無須以過高薪水挖角）、即可獲得擁有該類know how的人力，則此類know how似乎只是涉及雇方單純競爭上的優勢而已，基本上應認為並不足以作為承認雇方有值得保護之正當利益的理由，更遑論該約款是否過度限制勞方轉業自由了。準此，本案審理法院對此，僅以下列數語帶過：欠缺該know how，未曾從事專業之他廠仍**難以順利生產**相關產品，而擁有專業知識之人只需提出其專業所知，即對競爭同業B公司產生**莫大助益**，並**有害於**A公司。以上寥寥數語，恐怕是單純的聲明、多過於事實的證明，不無缺憾。至於本案審理法院依據切結書之內容，肯定勞方違反離職後競業禁止之約定，亦不足以取代上述說理的缺漏。蓋切結

---

[15] BAG Urteil vom 24. 6. 1966 (LS), AP Nr 2 zu § 74 a HGB, zuletzt BAG Urteil vom 1. 8. 1995 (LS), BAGE 80, 303 ff.

書內容的認定，僅僅是關於禁止競業約定之範圍如何—該約款解釋的問題—而已，至於該約款本身是否有效則是另一個、也是其勞方有無違約的前提問題。

四、結論

　　本案審理法院對於系爭保密切結書，並非依照洩漏營業秘密的問題，而是依據先前實務所發展出來對於離職後競業禁止約款的審查標準加以檢驗，並據此以探究雇方有無值得保護之利益、勞方有無違反相關約定，值得肯定。又審理法院認為國外專利已過期者、或產品生產製造之know how，足以作為認定雇方值得保護的正當利益，基本上亦無疑問。美中不足者：對於上述雇方的可能利益，是否足以為認定雇方有值得保護之正當利益、並且所致勞方轉業自由之限制是否過當（法益權衡），審理法院僅以寥寥數語加以認定，未詳為探究，殊為可惜。

9

離職後競業禁止約款的審查：民法第247條之1
——評臺北地方法院91年勞訴字第129號判決——

壹、案例事實與判決

一、案例事實

　　本件被告a、b、c三人原任職於原告大〇電子公司，分別擔任經理、工程師職務，雙方並簽有聘僱契約及「智慧財產權歸屬保密合約書」。除在與被告b、c二人之聘僱合約第7條約定：乙方（指被告b、c）同意於本契約終止一年內，除非經甲方（指原告）書面同意，不得利用甲方之機密資訊為自己或他人從事或經營有損甲方權益之行為。又第9條約定：「乙方如有違反本約或管理規章規定之義務情事時，甲方得逕行終止聘僱契約，甲方終止權之行使，不妨礙其損害賠償請求權之行使」外，另依和被告a、b、c三人簽訂之保密合約書第4條約定：「甲方（指被告三人）保證於任職期間或離職均嚴守保密之義務，除任職期間職務之正常使用外，非經乙方（指原告）事前書面同意，絕不以任何方式使其他第三人知悉或持有乙方相關業務之任何機密營業秘密，更不得自行利用或以任何方式使第三人利用乙方相關業務之機密從事或投資與乙方相似之競爭行為或其他與乙方利益相衝突之行為」、第9條約定：「甲方違反本合約書之規定者，乙方除得據以終止雙方之聘僱合約外，甲方應賠償乙方所造成之損害及承擔一切法律責任」。至於補償金的問題，僅在原告與被告b一人所簽訂之合約書第9條第3款有約定：「如因本條之競業禁止限制，致影響甲方（即被告）之合理就業機會，甲方應通知乙方（即原告），由乙方斟酌甲方之情形認定是否同意解除此項限制，或提供甲適當之補償金」。又以上保密合約書之效力雖約定至「雙方僱傭關係終止日」為止（第13條），惟這並不影響離職後競業禁止之約定，蓋依該合約書第10條之約定：「本合約除5、6、8條之規定外，不因甲方與乙方之僱傭關係終止、撤銷、解除或無效而失其效力」。

　　本件原告主張：被告勞工a、b分別不假而別，c則以赴臺中擔任教職為由辭職；其後被告三人皆進入與原告公司處於競爭狀態之鴻○企業就職，被告三人之行為已違反上述合約書關於員工離職後競業禁止條款，爰依簽訂之合約書及民法第184條侵權行為規定，請求被告a、b各賠償500萬元、被告c賠償300萬元等。被告三人則以：被告a、b已經合法請辭手續、並辦理交接，此外原告未能證明被告三人有至鴻○企業上班及其有何權利被侵害，而被告c雖最後至鴻○集團就職，惟係於請辭後先至補習班擔任教職，復再至訴外人八○公司任職，最後始在鴻○集團企業服務，非如原告主張於離職後即至鴻○集團企業服務等語，資為抗辯。

　　就涉及離職後競業禁止約款效力的問題，被告爭執相關約定，並不符合法院實務向來所發展出來的五項審查準。原告則主張：在此涉及原告公司十多年來投入無線通訊手機研發及製造的智慧財產權及營業秘密資料；被告a、b為公司之研發工程處經理，被告c為原告公司研發工程處之高級工程師，負責無線通訊手機之研發、測試及營業機密，皆非低階勞工。又本件競業禁止之約定，其對象僅為有臺灣地區與原告公司具有競爭關係、利益衝突之產業，期間僅為離職後之一年期限，無逾越合理之範圍。鴻○企業原非無線通訊手機之業者，近期方投入手機研發製造，爭取手機大廠之訂單，致與原告公司在臺灣地區具有最直接競爭之關係，其為求速成，而對業界其他公司研發團隊進行挖角；被告明知簽有競業禁止之條款而仍為之，顯有背信及違反誠信原則之行為。

二、法院判決

臺北地方法院於91年勞訴字第129號判決[1]中，首先以離職後競業禁止約款「如未逾合理程度，且不違反公序良俗，應為法律所許」最為其出法點，認為是否逾越上述的合理程度，應以向來下級審法院所提出的五項標準加以審查[2]。其次審理法院除了以原告僅提出報紙剪報作為證明鴻○集團有意向原告之人員挖角，惟此尚不足以證明原告與之處於競爭關係（判決理由乙三）外，並認為：系爭約定具定型化契約約款的性質[3]，應接受民法第247條之1的審查。「前開保密合約書第13條約定契約之效力至「雙方僱傭關係終止日」為止，而兩造間僱傭關係已終止亦為原告所自承，因之，該僱傭關係之終止，合約書之效

---

[1] 引自司法院網站，網址：www.judicial.gov.tw。以下實務見解若未另行引註，其出處亦同。

[2] 「前述離職後競業禁止條款，係前雇主在勞動契約下與受僱人約定，勞工有不使用或揭露其在前勞動契約中獲得之營業秘密或隱密性資訊之附屬義務，其目的在使前雇主免於受僱人之競爭行為，此因雇主為維護其隱密資訊，防止員工於離職後，在一定期間內跳槽至競爭公司，並利用過去於原公司服務期間所知悉之技術或業務資訊為競爭之同業服務，或打擊原公司造成損害，或為防止同業惡性挖角，而與員工為離職禁止競爭約定，其本質側重保障前雇主，故此項約款如未逾合理程度，且不違反公序良俗，應為法律所許，而所謂合理程度，應考量以下各點：一、前雇主有依競業禁止特約保護之利益之存在。二、受僱人在前雇主之職務地位，係主要營業幹部，非處於較低職務技能。三、限制轉業之對象、期間、區域、職業活動等不致使受僱人處於過度困境中。四、需有填補勞工因競業禁止損害之代償措施存在。五、離職後受僱人之競業行為無顯著違反誠信原則，例如當離職員工對雇主之客戶、情報大量的收集或篡奪，或其他顯著的背信性，即不具有保護之必要。本件應審究兩造約定競業禁止條款，是否合於上開要件而具有合理之程度」（判決理由乙二）

[3] 「前開合約，雖稱為智慧財產權歸屬暨保密合約書、聘僱契約書，但僅有被告三人之單方簽名，並無原告之代表人在合約上簽署任何文字，而該合約書又是以相同文字預定用以類契約之定型化條款，依其內容，應為原告先行預定條款繕打後交被告簽署之，是為被告承諾於離職後如有至與原告相同之競爭廠商就職願負賠償責任之切結書」（判決理由乙二）

力亦應隨之消滅。惟該合約書第10條約定：「本合約除5、6、8條之規定外，不因甲方與乙方之僱傭關係終止，撤銷、解除或無效而失其效力」等情，然此項約定，使合約書因違反強制或禁止規定無效後，該條款亦仍然存在有效，而上述第5條、第6條、第8條以外之條款皆為課予勞工義務之條款，於僱傭關係效力不存在後，雇主已無給付薪資或其他報酬之義務，勞工若仍需片面受其拘束，實乃增加勞工額外的限制，損害法律保障勞工之權益之目的，且對於勞工實屬不公平，依民法第247條之1第2款、第3款、第4款規定「依照當事人一方預定用於同類契約之條款而訂定之契約，為左列各款之約定，按其情形顯失公平者，該部分之約定無效：二、加重他方當事人之責任者。三、使他方當事人拋棄權利或限制其行使權利者。四、其他於他方當事人有重大不利益。」，此合約書之約定有民法第247條之1第2款至第4款之情形，使勞工處於不利之地位，亦有違反公共秩序，依民法第72條規定應屬無效，該合約書之效力於僱傭關係終止後，即已消滅」（判決理由乙四）。同理，依原告另與被告b所簽訂之「同意書第9條第3款……約定觀之，……該條款載明若該競業禁止之限制，影響被告之合理就業機會，首先須由被告先通知原告，由原告斟酌是否同意解除限制，此時若原告衡酌後，認為不會有何影響被告之就業機會時，原告即不會解除此競業禁止限制，也不必予以任何補償，亦即被告是否能解除此限制，是由原告片面來決定，而原告之斟酌並無任何規範機制，屬於原告要履行補償條件與否流於一己之恣意，勞工之就業權利將因前雇主之恣意而被限制或剝奪，並片面加重勞工之責任，限制勞工行使權利，對勞工有重大之不利益，復將使勞工陷於更不利之地位，且不僅違反誠信及公平原則及依民法第247條之1第2款至第4款及第72條規定違反公共秩序，應屬無效之規定。該補償條款雖形式上存在，惟因實質上繫於雇主之恣意而無效，另在無其他補償條款之情況下，原告限制被告沈○○（作者按：即勞工b）競業禁止之約定，即屬難認為有理由。另於其他被告方面，因原告亦不能證明與其他被告間有補償

條款之存在，且縱亦存在且如與被告沈○○所約定之條件，亦如前所述，應認無效」（判決理由乙五）

貳、評　釋

本件審理法院對於離職後競業禁止約款，認為應以向來下級審法院所提出的五項標準，以審查該約款是否逾越上述的合理程度。但在此出發點下，實際上並非逐點討論系爭約款是否符合該五項標準的要求，而是認定其具備定型化約款的性質，依民法第247條之1所定的事由加以審查。因此就向來下級審法院所提出的五項標準，與民法第247條之1的關係，如何釐清，值得探究。以下即以此為中心，評釋幾個相關問題。

一、本案離職後競業禁止約款是定型化約款

民法第247條之1規範的對象是：「依照當事人一方預定用於同種類契約之條款而訂定之契約……」；因此在考慮對於本案離職後競業禁止約款依照該規定之標準加以審查時，首先應確認系爭約款是否為該規定的規範對象（定型化約款，附合契約）。本案審理法院以：僅有勞方一方簽名，並無雇方之代表人簽署任何文字，認定此係契約之定型化條款，依其內容，應為原告先行預定條款繕打後交被告簽署之（參見前述判決理由乙二），在說理上或許過於簡略，惟從結論而言，應與多數的勞動條件訂定的實況相符合。因為勞方於經濟上與資訊上多處於弱勢，勞動條件的相關約款實際上經過雙方個別磋商而訂定者，毋寧屬於例外；因此除非確能證明系爭約款經過勞雇雙方個別磋商而訂定，否則基本上應認為是依照雇主單方預定用於同種類契約

之條款而訂定之契約，而有民法第247條之1規定的適用。特別是在系爭約定是透過工作規則加以訂定者，尤應為如此之認定。至於非事先印就、但亦非個別商定的約款，如該企業經營者在客觀上均使用此相同契約條款，其約款縱非事先印就而係每次印出（打字或以電腦輸出）甚或抄寫時，此種條款仍為一般契約條款，蓋其判別標準在於其條款是否逐條商定[4]。

又縱然吾人依據近來實務見解，認為民法第247條之1規定的適用，「應以契約當事人之一方於訂約當時，處於無從選擇締約對象或無拒絕締約餘地之情況，而簽訂顯然不利於己之約定者，始足當之」[5]，由於勞方多依賴其勞務所得以獲取或維持經濟生活水準，因此不論該類約款係於勞動契約締結時同時或嗣後另行訂定，原則上應可認定為勞方係處於「無從選擇締約對象或無拒締約餘地之情況」，因此系爭條款仍有民法第247條之1規定的適用。

二、民法第247條之1

民法第247條之1之所以對定型化約款、相較於個別磋商約款，採取嚴格的控制，其理由不外乎「此類契約他方每無磋商變更之餘地。**為防止此類契約自由之濫用及維護交易之公平**，列舉四款有關他方當事人利害之約定，如按其情形顯失公平者，明定該部分之約定為無效」（增訂理由二）。至於該規定所謂「按其情形顯失公平者」，係指依契約本質所生之主要權利義務，或按法律規定加以綜合判斷而有顯失公平之情形而言……」[6]。而這基本上是一個法益權衡的問題，因

---

[4] 黃立，民法債編總論，2000年9月2版2刷，第93-94頁。

[5] 參見最高法院92年臺上字第39號判決；91年臺上字第220號判決。

[6] 民法第247條之1的增訂理由二。另參閱孫森焱 民法債編總論下冊，2001年10月修定版，第707頁；最高法院92年臺上字第1395號判決；最高法院91年臺上字第2336號判決。

為「契約當事人間所訂定之契約，是否顯失公平而為無效，除應視契約之內容外，並應參酌雙方之訂約能力、雙方前後交易之經過及獲益之情形等其他因素，全盤考慮，資為判斷之依據」[7]。

　　以上規定與德國相關法制頗為類同。德國一般交易條款規制條例（Gesetz zur Regelung des Rechts der Allgemeinen Geschäftsbedingungen, AGB-Gesetz）第9條規定：「一般交易條款之約定，於違反誠實信用原則而對他方當事人有重大不利益者，無效」（第1項）。「於下列情形，推定該約定構成不當之不利益：*1.*與其所偏離之法律規定之重要的基本思想不符，*2.*限制依契約本質所生之重要的權利義務，以致於危及契約目的之實現者」（第2項）。在判斷是否符合該規定第1項所稱之「不當之不利益」（unangemessene Benachteiligung）時，德國法上係採取法益權衡的方法，認為：對於相對人在法律上被承認的利益所為之限制，於法益權衡時，若無法透過提出一般較易條款之一方所擁有之正當利益加以正當化，或未給予等價的利益予以補償時，該約款構成「不當之不利益」。換言之，使用一般交易條款者濫用其地位，企圖犧牲他方當事人之利益以貫徹一己之利益，而未適當地兼顧對方當事人之利益、或是未給予適當地補償[8]，該約款構成「不當之不利益」。又使用一般交易條款者雖有正當利益，而這又不足以全然排除他方當事人的正當利益時，吾人應兼顧他方當事人的正當利益。在此情形，應當遵守必要性原則及比例原則，而欠缺期待可

---

[7]　最高法院92年臺上字第963號判決。而就與此相類似的民法第359條的問題，最高法院於91年臺上字第2451號判決也是依照權衡所涉雙方利害關係為斷：「按民法第359條固規定，買賣物有瑕疵，出賣人應負擔保之責，如依其情形，解除契約顯失公平者，買受人僅得請求減少價金。惟該條所謂顯失公平，係指瑕疵對於買受人所生之損害與解除對於出賣人所生之損害，有失平衡而言」；另91年臺上字第1211號判決；90年臺上字第564號判決；88年臺上字第1438號判決；88年臺上字第711號判決易採相同見解。

[8]　Manfred Wolf in Wolf/Horn/Lindacher, AGB—Gesetz, 4. Aufl, 1999, § 9 RdNr 100.

能性將和「不當之不利益」等同視之（Wo berechtigte Interessen des Verwenders vorliegen, müssen dennoch die Interessen des Vertragspartners insofern berücksichtigt werden, als ihre Verdrängung durch das berechtigte Interesse des Verwenders nicht gerechtfertigt ist. Es ist der Grundsatz der Erfordlichkeit und Verhältnismäßigkeit zu beachten. Die Unzumutbarkeit steht der Unangemessenheit gleich.）[9]。又其所謂補償的問題，僅當此利益與不利益之間有客觀上的關聯、彼此之間有交互影響之關係（Wechselverhältnis）者為限[10]。以上德國法的探討，對於我國民法第247條之1的適用，足為參考。

　　至於民法第247條之1在適用上的可能案例，學說上有認為[11]：該規定第3款之使他方當事人拋棄權利或限制其權利之行使者，例如以定型化契約約定保證人拋棄民法債編第二十四節所定關於保證人所得主張之一切抗辯。第4款之其他於他方當事人有重大不利益者，例如以定型化契約條款排除他方當事人得行使之同時履行抗辯權、抵銷之主張、解除權之行使、縮短法定瑕疵擔保期間、倒置舉證責任等規定亦屬之。最高法院89年臺上字第1402號判決中表示：「查系爭工程之契約條款係被上訴人為與不特定多數廠商訂立而單方面預先擬定，屬定型化契約，依兩造於81年6月30日訂立之工程契約書第5條第3項約定，系爭工程進行中，倘因可歸責於被上訴人之事由，或因不可抗力，導致系爭工程無法施工，被上訴人可無視實際無法施工之日數，單方面擅自決定可展延工期之日數，上訴人全無置喙餘地，有違誠信原則，對上訴人顯失公平」。又建設公司於自身有債務不履行的情形，卻以定型化約款排除相對人同時履行抗辯權，亦同。「富○公司此項引人錯誤之銷售廣告，及其故意違反設計圖與相關法令規定，增設停車位，

---

[9]　Manfred Wolf in Wolf/Horn/Lindacher, AGB-Gesetz, 4. Aufl, 1999, § 9 RdNr 100.
[10]　Heinrichs in Palandt, 59. Aufl, 2000, § 9 AGBG RdNr 10.
[11]　孫森焱，民法債編總論下冊，2001年10月修定版，第708、710頁。

在在影響上訴人之權益，於此情形，倘上訴人不得行使同時履行抗辯權，而仍須先行給付全部價金，對在定型化契約下的弱勢消費者顯失公平」（最高法院91年臺上字第1103號判決）。又於類似案例，建設公司「顯係故意違反設計圖及相關規定施工，有自始即不欲依債務本旨履行之嫌，為憑空賺取暴利，不惜犧牲承購戶之權利及生活品質，亦有違誠信原則。富○公司前開引人錯誤之銷售廣告，及其故意違反設計圖與相關規定增設停車位，所為之不完全給付，倘上訴人不得行使同時履行抗辯權，而仍須先行給付全部價金，對在定型化契約下的弱勢消費者顯失公平」（最高法院92年臺上字第560號判決）。

三、民法第247條之1的適用與向來離職後競業禁止約款的審查標準

民法第247條之1對於本件系爭約款既然有其適用，則有待解決的問題是：這和向來離職後競業禁止約款的（五項）審查標準之間的關係如何？

對於離職後競業禁止約款採取五項審查標準者，首推臺北地方法院85年勞訴字第78號判決。至於同法院於89年勞訴字第76號判決理由三中，除了不採前述的第5項標準（「然衡諸「顯著背信性」之標準，應係在個案中先行肯認競業禁止之約定為有效後，根據個案勞工之競業行為是否具有顯著背信行為而為斟酌，並非審認競業禁止約定是否無效之前提」）外，則完全贊同前四項標準。對於上述離職後競業禁止約款的審查標準，學說上大多採取肯定的態度，惟在不同程度上予以修正。

（一）有實際上僅僅提到前屬五項審查標準中的前三項者

　　此說[12]認為競業禁止條款之合理性，(1)企業主方面：應以有保護合法利益或營業秘密之必要，始可訂定此約。(2)受僱人方面：以其離職後之競業會造成企業合法利益受到損害者為範圍。換言之，受競業禁止約款拘束的受僱人應該有一定的限制，或者是因接觸企業機密，或者是職位高參與企業決策，其競爭結果將使企業之營運受到重大的威脅，因此對於此類員工課以離職後不得競業的義務。(3)競業禁止的年限：競業禁止既是企業主為保護其營業秘密及合法利益，因此營業秘密及合法利益本身在競爭市場上之時效性，於決定競業禁止年限之合理限度上有重要的意義。(4)競業禁止的地域與範圍：就企業主保護其合法利益一點來看，以競爭利益是否受到影響來具體判斷競業禁止地域，較具說服力。

（二）有以前述五項標準中之前四項為準者

　　（二1）其中有[13]從憲法上之觀點出發，認為有關競業禁止條款的合憲性問題，基本上涉及「私法自治」與國家對職業自由所負保護義務之間的關係。在具體判斷標準上，主要可以「勞工或員工在原雇主或公司之職務及地位」及「限制勞工就業之對象、期間、區域、職業活動之範圍，需不超逾合理之範疇」，作為判斷系爭競業禁止條款是否有效的基準；而「企業或雇主須有依競業禁止特約保護之利益存在」、「填補勞工因競業禁止之損害的代償措施」，則可供輔助判斷的參考。至於「離職後員工之競業行為是否有顯著背信性或違反誠信原則」僅是個案認定事實的準則，非屬判斷契約條款合憲性的基準。

---

[12] 張凱娜，競業禁止與營業秘密之保護，月旦法學，第20期，第71頁以下，第80頁。
[13] 李建良，競業禁止與職業自由，臺灣本土法學雜誌，第十五期，第111（113、114，117）頁以下。

（二2）有[14]認為競業禁止約款之有無效力，應參酌下列標準，綜合判斷：(1)雇主須有一競業禁止特約保護之正當利益存在。其正當利益有三：a.營業秘密及其他秘密。b.防止員工被大量挖角。c.確保公司與客戶間的人際關係。(2)勞工之職務及地位知悉上開之正當利益。(3)限制之期間、區域及職業活動之範圍須不超過合理之範圍。而此並無一般標準，僅為以此三要素依一般社會觀念，判斷其限制是否在競業禁止之合理範圍內。(4)代償措施之有無。雖日本學者多認為代償措施為競業禁止條款有效要件之一。但日本實務上仍鮮有肯認代償措施為競業禁止條款有效要件之見解。惟因受學說影響，漸有重視代償措施有無之要件。

（三）有參考英美法之觀點，強調公共利益的考量

此說認為[15]：離職後競業禁止約款之目的，係強調利用當事人間之約定，使前雇主免於受僱人之競爭行為。其本質上係側重保障前雇主，因此應受規範，方不至於過當。至於在美國法，合理的競業禁止約款須考慮下列三個因素：不給與前雇主過度的保護、不加諸受僱人過度的困境、不損害公共。前雇主之利益包括免於被受僱人拉去客戶、營業秘密被揭露及其對受僱人施以訓練之投資。受僱人之利益包括其選擇工作之自由、維持其本身及家庭生活、利用其個人技術及智能、改善其社會地位，並應考慮其係處於締約弱勢之地位。公共利益

---

[14] 蔡正廷，離職勞工競業禁止之案例類型，萬國法律，第107期，第43頁以下。又實際上採相同結論者，林發立，跳槽、競業禁止與保密條款，萬國法律，第100期，第31頁以下，第38、39頁。另外與此相類似、採取臺北地方法院85年勞訴字第78號判決所示五項標準作為審查者，劉志鵬，勞工離職後競業禁止法理之研究，書面資料第1頁以下，第12頁以下，發表於臺大法學院、行政院勞委會主辦，臺灣勞動法學會協辦，「二十一世紀勞動法的新發展」，第三場研討會。

[15] 魏千峰，離職後競業禁止契約之研究，勞動法裁判選輯（一），第365頁以下。

主要指公眾選擇提供勞務之利益；蓋公眾對於獲得技術成熟之勞工
——尤其是諸多具有競爭性之勞工提供勞務——具有一般利益，且該
約款可能剝奪受僱人之謀生能力，使公眾必須供養該人，亦屬損失。
至於德國、美國法上亦對遭受競業禁止之勞工為一定補償，因此自得
作為法理加以援用。

（四）最近有外加定型化約款之控制而成為六項審查標準者

此說認為[16]：認為競業禁止條款須具備如下之要件，始發生效力：
(1)雇主須有特別保護之利益；單純競爭上的優勢尚不足當之。(2)該競
業禁止須係限制勞工之特別技能、技術或因雇主之特別栽培而習得之
技術。(3)限制勞工就業之對象、期間、區域、職業活動之範圍，需不
超逾合理之範疇。就此德國商法第90a條所規定之「二年」應屬適當
之最高期限。地域應以形成與雇主之惡性競爭為地域之要件，若在地
域上不致發生排擠效應者，應不得加以限制。(4)需有填補勞工因競業
禁止之損害之代償措施。否則勞工之生存權將無以為繼。代償之成數
究竟多少始為適當，在原勞工薪資之五至七成應屬適當，低於半數則
屬過度之限制。(5)離職後員工之競業行為是否有顯著背信性或顯著的
違反誠信原則：蓋競業之禁止實為誠信原則之具體化，故如在經濟市
場上未使用不公平競爭之手段，雖有競業之事實，乃屬職業自由所保
障。(6)需勞僱雙方另以書面經個別商議而特別約定：若成立僱傭契約
當時即以定型化契約約定競業禁止，應認為其屬雇主之權利濫用（過
早防禦），應不發生效力。

以上對於離職後競業禁止約款所採取的（五項）審查標準，乃是
實務與學說在欠缺法律明文時，嘗試對於契約自由原則在勞動契約法

---

[16] 李惠宗，禁止跳槽的程式設計師，臺灣本土法學，第33期，第123頁以下，第131-132頁。

上之適用範圍加以合理的界定，使得典型地處於締約弱勢之勞工，獲得一定的保障，免於雇主單方恣意的決定，是一進步的法官造法，姑不論其具體標準應當如何，原則上值得肯定。而在方法上，這基本上──與民法第247條之1相同──也是藉助法益權衡原則[17]。就其與民法第247條之1的關係而言，首先，從形式上言，系爭約款若非定型化約款，即無民法第247條之1規定的適用，而僅能藉助向來對於離職後競業禁止約款所採取的（五項）審查標準。反之，若系爭約款為定型化約款，即有民法第247條之1規定的適用。於後者情形，既然已有法律根據，即無造法之必要，而且就審查方向（對**他方當事人利益**的影響）、類型之分類（第1至4款）與審查程度（**顯失公平**）皆有明文規定，因此於此程度內，自應適用民法第247條之1的規定，亦無輾轉訴諸法官造法所提出之（五項）審查標準的正當性。惟民法第247條之1的規定既然包含了不確定法律概念、對法益權衡時所應考慮的觀點亦未完全提及，因此向來對於離職後競業禁止約款所採取的（五項）審查標準，仍具有補充之功能，仍可作為審酌的參考。準此，高雄地方法院於89年訴字第233號判決中，對於原告（即原雇主）之主張一被告似有提出類似之抗辯，惟於判決中並未明示：其競業禁止約款雖限制當事人之一方行使權利或有其他重大不利益，惟非顯失公平，並非無效（事實部分之甲二（五））；對此，審理法院並未另加論斷，而主要仍然是以向來的五項標準加以審查（參見特別是判決理由八）；如此忽略民法第247條之1的明文規定，說理上容有不備。相反地，經當事人主張、法院明確地依據民法第247條之1審查勞動條件者，如新竹地方法院於90年勞簡上字第2號對嘉○科技公司與其網路工程師之間、期限達二年半之服務年限約款的審查；就此而言，該判決誠屬正確。本案判決似乎對此問題雖未明白論及，惟在肯定系爭約款為定型化約

---

[17] 對此，參閱作者，離職後競業禁止約款，收錄於勞動法案例研究（一），2002，翰蘆，第135頁以下。

款後，直接依據民法第247條之1加以審查，值得贊同。

四、依民法第247條之1對本案的審查

　　參酌我國法上民法第247條之1的說明，以及向來對於離職後競業禁止約款所採取的審查標準，本件系爭離職後競業業禁止約款，應認為符合民法第247條之1的第3款「限制他方當事人行使權利」、第4款之「其他於他方當事人有重大不利益者」，顯失公平而無效。至於本案審理法院認為系爭約款同時違反該規定第2款之「加重他方當事人之責任者」，此或許不無道理，惟勞工於離職後本**無**競業禁止之義務，而離職後競業禁止約款係課予勞工另一**新**的義務，而非於**既有**義務之上**擴大**、**增加**其範圍／程度，因此認為並不構成該條第2款事由，或許更為恰當；否則於構成第3款事由時，勢必同時認定符合第2款之規定，將使第2、3款規定事由之區分，更趨模糊，未盡妥當。

　　至於在審查離職後競業禁止約款時，參酌前述德國法上對於一般交易條款規制條例第9條規定的說明，在思考上宜採取以下三步驟：（一）雇方有無值得保護的正當利益？若無，應認為該約定無效[18]。若有，（二）該約款所限制之勞工、範圍（限制競業之種類、地區、期間等），與雇方所企圖保護之正當利益是否保持著合理的關聯？若答案是否定的，該約定無效。若有，（三）該約款是否給予勞方合理的補償？若答案是否定的，該約定原則上無效；蓋法律不能強人所難。處於締約強勢之雇方，為貫徹其利益，單單要求處於締約弱勢之勞方為其「犧牲奉獻」，卻未提出任何補償，原則上應認為對於勞工並無期待可能性（Zumutbarkeit）而無效。

---

[18] 另參作者，離職後競業禁止約款的審查─僱方值得保護的正當利益（本書第八篇論文）。

（一）「限制他方當事人行使權利」而顯失公平

離職後競業業禁止約款一般係藉由限制勞方——他方當事人——轉業之自由，以保障雇方——提出定型化約款的一方——之利益，因此原則上應認為符合民法第247條之1第3款「限制他方當事人行使權利」的情形。問題是如此之限制是否「按其情形顯失公平」？設若本件雇方有值得保護的正當利益，且據以限定之勞工及限定的程度／範圍亦有其必要性，系爭約款亦將因對勞工a及c未為任何補償、欠缺期待可能性而無效。蓋限制勞工選擇職業之自由，不僅影響其向來經濟生活的維持（經濟上利益），尚且使勞工無法藉由其向來熟知之工作發展其人格，甚且在勞務市場競爭激烈時，有令勞工長期地被排除於該類勞務市場外之虞（人格利益）。此類約款既然僅僅片面地考慮定型化約款提出之一方（雇方）的利益，完全忽略他方當事人（勞方）之人格上與經濟上之利益，又未對他方當事人為任何補償，自應認為顯失公平。以上見解，可參照前述所引、民法第247條之1在適用上的可能案例，獲得印證。蓋依前述學說與實務之見解，例如定型化契約條款排除他方當事人之同時履行抗辯權被認定為顯失公平，而與同時履行抗辯權相比，離職後競業禁止約款既涉及勞工之人格／經濟利益，並涉及憲法所保障之工作權，在價值判斷上顯然更為重要、更應受保護；雇方未為任何補償的離職後競業禁止約款，更應認為顯失公平。準此，本案審理法院對此所為之判斷，值得贊同。

（二）「其他於他方當事人有重大不利益者」：牴觸「透明化要求」而顯失公平

又本件雇主與勞工b之間雖有關於解除競業禁止及補償之約定，惟雇方是否解除此限制、或給予（如何之）補償，完全任由雇方決定，因此本案審理法院認定該約款亦屬無效，此項結果，誠屬正確。蓋參

照德國實務及部分學說之見解[19]，不明確的定型化約款若牴觸「透明化要求」（Transparenzgebot）時，基本上構成對他方當事人之重大的不利益，無效。又附條件的離職後競業禁止約款，德國聯邦勞動法院[20]一向認為不具拘束力。例如使雇主保有權利，得於勞動契約終結後禁止勞工為競業行為[21]，或是就競業禁止所涵蓋之範圍、時間嗣後加以限縮、甚或免除其限制[22]，該類約款皆不具拘束力。此項見解，亦足茲佐證。因為雇主將此法律狀態不明的不利益，一概轉嫁勞工承擔，將嚴重地影響勞工工作選擇之自由。甚或勞工就其辛苦謀得的新職，將因雇主嗣後不同意其「競業」而使其陷於債務不履行之窘境，應認顯失公平，故該約款不生效力。

五、民法第247條之1與民法第72條的公共秩序

定型化約款依民法第247條之1而無效時，依其情形，固然可能同時因為牴觸公共秩序、依民法第72條而無效。準此，本件審理法院認為：系爭約款不僅有民法第247條之1規定之情形，另亦違反公共秩序，依民法第72條規定應屬無效，其見解可能成立。惟應注意者，在法律適用上，關於定型化約款之效力問題，原則上優先依據民法第247條之1的規定加以審查[23]；若可據以認定該約款無效，原則上即無需再依民法第72條的規定加以審查。又民法第247條之1所謂的顯失公平，係著眼於當事人—即提出定型化約款之一方與他方當事人—間之利益

---

[19]　Manfred Wolf in Wolf/Horn/Lindacher, AGB-Gesetz, 4. Aufl, 1999, § 9 RdNr 100, 143 ff; Heinrichs in Palandt, 59. Aufl, 2000, § 9 AGBG RdNr 15; a.A. MünchKomm/Kötz, 3. Aufl, 1993, § 9 AGBG RdNr 11a f (j.m.w.H.)

[20]　BAG Urteil vom 19. 1. 1978 (LS); Urteil vom 4. 6. 1985 (LS); AP Nr 36, 50 zu § 74 HGB.

[21]　BAG Urteil vom 13. 5. 1986 (1. LS), AP Nr 51 zu § 74 HGB.

[22]　BAG Urteil vom 5. 9. 1995, BAGE 80, S. 380 ff.

[23]　孫森焱，民法債編總論下冊，2001年10月修定版，第700頁。

均衡的問題，此由該規定之第1至4款的文義已可得知。因此，公共利益的考量，當非重點。除非吾人認為契約當事人間利益顯失公平的情形，當然構成公共利益的違反，否則在審酌是否構成民法第247條之1的情形，與是否因為牴觸公共秩序、依民法第72條而無效時，其說理應當——至少一部分——有所不同。換言之，當定型化約款於符合民法第247條之1規定而無效時，即未必同時構成民法第72條而無效；後者尚需藉由其他理由予以說明。是以本案審理法院於判斷該約款依民法第247條之1的規定而無效後，另依民法第72條規定判認該約款無效，此或為強化其結論，惟在說理上尚待補充。

六、結論

　　本件審理法院對於系爭離職後競業禁止約款，以其「如未逾合理程度，且不違反公序良俗，應為法律所許」為出發點，並提及應以向來下級審法院所發展出來的五項標準作為審查。惟於肯定系爭約款為定型化約款後，審理法院即逕依民法第247條之1，而非向來實務所持之五項標準為審查，這使得對於系爭約款的控制及其標準，都獲得法律明文之依據；甚且吾人更能藉助民法第247條之1的研究成果，在法益權衡上獲得更多的值得參考的依據，因此本件判決不僅在理論上甚具重要性，其結論亦值得贊同。至於向來實務所發展出來的（五項）審查標準，因為民法第247條之1不僅使用不確定法律概念，並且對於所需之法益權衡的觀點，亦未為足夠的規定，因此在法益權衡上仍具有補充、參考的功用。最後值得一提的是：本件審理法院認定系爭約款未對勞工為任何補償，或是是否（如何）補償，完全任由雇方決定，為顯失公平而無效；此結論與多數法院向來所持之結論不同，甚值得重視。

10 定型化離職後競業禁止約款的審查
——評最高法院94年臺上字第1688號判決——

壹、事實摘要與原審判決

本件勞工自1996年7月1日起受雇於原雇主之航電處任職，曾與原雇主簽署保密切結書，承諾於離職日起算一年內，不得從事未獲原雇主同意授權之娛樂視訊系統等相關工作或使用上述相關資訊，如有違約，應給付懲罰性違約金新臺幣若干元。嗣勞工於2000年10月1日離職後，即至殷○公司任職，原雇主主張勞工之行為已違反競業禁止及保密切結書之約定。原審臺灣高等法院除以「勞工於原雇主擔任之職務、地位，並非營業主管」；「原雇主就此並未給予勞工任何代償措施」；「勞工並無顯著背信性或違反誠信原則之情事」、「系爭切結書既未明定競業禁止之地域、禁業之種類顯然過廣，已超逾合理之範圍」等為理由外，並認為「按新修正民法第247條之1之規定，於民法債編修正施行前訂定之契約，亦適用之，為民法債編施行法第17條所明文。而新修正民法第247條之1第2款、第3款、第4款規定，依照當事人一方預定用於同類契約之條款而訂定之契約，為加重他方當事人之責任者、或使他方當事人拋棄權利或限制其行使權利者、或其他於他方當事人有重大不利益者之約定，按其情形顯失公平者，該部分約定無效。查系爭保密切結書有關競業禁止約定，乃事先打字規範之附合契約，被上訴人無法自由選擇，且有違上述之原則，加重其責任，並限制其離職後之發展，造成被上訴人重大不利，顯失公平，為防止此類契約自由原則之濫用及維護交易之公平，自應無效」。

貳、最高法院判決要旨

最高法院則廢棄原判決，認為「按受僱人有忠於其職責之義務，於僱用期間非得僱用人之允許，固不得為自己或第三人辦理同類之

營業事務，惟為免受僱人因知悉前僱用人之營業資料而作不公平之競爭，雙方得事先約定於受僱人離職後，在特定期間內不得從事與僱用人相同或類似之行業，以免有不公平之競爭，**若此競業禁止之約定期間、內容為合理時，與憲法工作權之保障無違**。查本件……競業禁止之約定，附有一年期間不得從事特定工作上之限制，雖未明定限制之地域，但既出於被上訴人之同意，於合理限度內，即在相當期間或地域內限制其競業，與憲法保障人民工作權之精神並不違背，亦未違反其他強制規定，且與公共秩序無關，其約定應屬有效。原審謂系爭保密切結書既未明定競業禁止之地域，其範圍顯然過大，種類之限制亦顯然過廣；競業禁止約定之時期、地域及種類三者一併加以限制，且限制之條件顯然過廣，已超逾合理之範圍，該約定為無效云云，即有可議」。

參、簡　評

一、見解分析

　　本件最高法院與原審臺灣高等法院的共同出發點是：離職後競業禁止約款雖出於勞資雙方合意，並非當然有效，而是法院仍應加以控制。至於其間差異，在於：（一）形式上，臺灣高等法院在是引用民法第247條之1作為審查之依據；最高法院似乎是以憲法保障工作權之精神（憲法第15條）作為根據。（二）在審查的實質標準上，臺灣高等法院是延續了多數下級審法院從臺北地方法院85年勞訴字第78號判決以來所持的見解，對離職後競業禁止約款是從較嚴格的五項審查標準（即：一、前僱主有依競業禁止特約保護之利益。二、受僱人在前僱主之職務地位。三、限制轉業之對象、期間、區域、職業活動。

四、填補勞工因競業禁止損害之代償措施。五、受僱人有無顯著違反誠信原則）。相對地，最高法院對於離職後競業禁止之約定，開始時傾向於原則上肯定其效力（參閱75年臺上字第2446號判例），惟於83年臺上字第1865號判決中，最高法院則是明確地加上合理性的要求。於本件判決中，最高法院延續其以「合理性」作為審查標準。

二、契約自由原則及其界限[1]

　　（一）關於個別勞工與雇主間關於勞動契約的約定，不得一概僅以契約自由原則加以承認，而應由法院作某程度上的審查，實為個別勞動法上重要的課題。蓋契約自由原則雖是現行法所承認的基本原則，且在法制史上甚至可溯及到成文羅馬法——十二銅表法，並且近代立法（如1804年的法國民法（第1108、1133條）、1811年奧地利一般民法典（第878條第2句）也都以契約自由原則為其基調。德國民法基本上是受到當初盛行的自由主義的思想的影響，以能自我負責、自我決定的市民為其出發點，在契約法上賦予個人廣泛的行動自由以及經濟上的決定自由。（二）至於德國民法立法過程中，批判契約自由原則的見解主要是從勞動法的領域而來。二戰之後，德國法上對於傳統契約自由原則的批判，最主要是受到以下二個觀點的影響：(a)Flume的自我決定理論。氏認為在承認個人人格自由發展的法秩序底下，私法自治／契約自由乃是基於自我決定的一種手段。惟僅在當事人實際上亦擁有自我決定之實力的前提下，契約自由原則的理念才能獲得實現。否則契約將從雙方自主轉變成為單方主宰，對締約弱勢之一方即意味著他主（他方主宰Fremdbestimmung）的結果；在此情形，契約自

---

[1]　Heinrich, Formale Freiheit und materiale Gerechtigkeit, Tübingen, 2000. 中文詳閱，林更盛，契約自由原則與契約內容之控制—以離職後競業禁止約款為例—，發表於2005年10月26日，東海大學主辦之新世紀臺灣民商法法學學術研討會，第2場次。

由原則即應加以限制。(b)Schmidt—Rimpler的契約的正當性擔保理論。氏認為：契約成立的前提是當事人雙方的同意，此一機制將使得當事人原先所企圖追求的各自利益的結果相互牽制；蓋當事人各得自行審酌相關約款是否合理、是否願意接受，從而當事人最終合意的內容，原則上即具有主觀上的正當性（契約正義）。惟此一功能僅在當事人間締約實力對等的前提下，方能實現。反之，在欠缺磋商實力對等的情形，契約機制既無法妥當地擔保其內容的正當性，法院即應加以審查。以上對於契約自由原則及其界限的理解，學說上有稱為從形式的契約自由原則到實質的契約自由原則、或是從契約自由原則到契約正義，是一種典範的轉移（Paradigmenwechsel）。

三、離職後競業禁止約款的審查標準[2]

（一）以憲法保障工作權／之精神（憲法第15條）？

憲法為最高位階的法源，其所定之基本權利在私法上具有間接第三人效力，其所蘊含之價值判斷及秩序得作為私法上價值判斷之參考，故無疑問。但作為私法紛爭解決的標準，若主要或是僅僅以之為準，將導致諸多疑慮。蓋若是如此，立法者所定諸多的民事法規，豈非多餘？立法者擁有優先實現憲法上價值判斷／秩序的權力，豈不是被架空？憲法上權力分立原則、法官應依法審判的要求，豈非虛設？準此，本件最高法院主要以憲法保障工作權／之精神作為判斷依據，在說理上顯有不足。

---

[2] 另參林更盛，離職後競業禁止約款，收錄於作者，勞動法案例研究（一），2002，臺北，翰蘆，第135頁以下，第142頁以下；林更盛，離職後競業禁止約款的審查：雇方值得保護的正當利益（本書第八篇論文）；林更盛，離職後競業禁止約款的審查：民法第247條之1（本書第九篇論文）；林更盛，離職後競業禁止約款的審查：三步驟（本書第十一篇論文）。

（二）合理性、五項審查「標準」、民法第247條之1？

　　系爭離職後競業禁止之約定，依臺灣高等法院之認定，具定型化約款之性質。若然，對於本件系爭約款的之審查，即應援引民法第247條之1。蓋吾人並無理由因為系爭法律關屬於勞動契約、而排除民法第247條之1之適用。從比較法的觀點而言，德國原先一般交易條款法（AGBG）第23條雖然規定關於勞動契約之審查，並無該法之適用；但2001年德國民法債編修訂，新增之民法第310第4項第2句規定：「本節（作者：即關於定型化約款之審查的）規定適用到勞動契約時，應適當地顧及勞動法的特殊性」，即明確地將勞動契約納入適用範圍內。蓋認為對於勞動契約的保護，在程度上不應低於一般的民事契約[3]。反觀本件最高法院，延續其先前於83年臺上字第1865號判決所持見解，繼續以「合理性」作為判斷依據，**顯然忽略了從該判決公布後，法律狀態已有所改變**：民法債編於1999年，增訂了與本件案例事實直接相關的民法第247條之1的規定，而且民法債編施行法第17條並規定「修正之民法第247條之1之規定，於民法債編修正施行前訂定之契約，亦適用之。」準此，最高法院於判決中，對於系爭約款是否有民法第247條之1規定的適用，隻字不提，逕自以所謂的「合理性標準」、否定／取代原審法院對此所採的肯定見解，顯有不當。(3)本件原審法院對於離職後競業禁止約款所採取的（五項）審查標準，在方法上實與民法第247條之1相同，亦即都是藉助法益權衡的方法。對此，本文認為系爭約款既然是定型化約款，即有民法第247條之1規定的適用。特別是當民法第247條之1已經規定更具體的審查標準時（例如就審查的方向：**對他方當事人利益的影響**、類型之分類：第1至4款、審查程度：**顯失公平**）法院自應受其拘束，並無藉助前述（五項）審查標準、改

---

[3]　BT-Drucks. 14/6857, S. 53 ff; BT-Drucks. 14/7052, S. 189, zit. nach Preis, Der Arbeitsvertrag, I C Rz 46.

變或規避立法者所定立的價值判斷的理由。惟民法第247條之1的規定既然包含了不確定法律概念、對法益權衡時所應考慮的觀點亦未完全提及，因此對於離職後競業禁止約款所採取的（五項）審查標準，仍具有補充之功能，仍可作為審酌的參考。

肆、結　論

　　本件最高法院與原審臺灣高等法院共同地認為：離職後競業禁止約款雖出於勞資雙方合意，惟並非當然有效，而是法院仍應加以控制，此一見解，值得贊同。若系爭條款為定型化約款，則原審法院引用民法第247條之1作為審查之依據；甚為正確。至於最高法院主要是以憲法保障工作權／之精神（憲法第15條）作為審查依據，並援用其在83年臺上字第1865號判決中所提之「合理性」的標準，不僅忽略了在後一判決公布之後、立法狀態的改變（即民法債編於1999年增訂了與本件案例事實直接相關的民法第247條之1的規定），而且僅僅訴諸憲法上基本權利規定的說理，將有架空與迴避立法者優先實現憲法上價值判斷／秩序的權力，與憲法上權力分立原則、法官應依法審判的要求，有所齟齬。

11

離職後競業禁止約款的審查：三步驟

——評臺南地方法院以88年度勞簡上字第6號判決——

壹、事實與判決

本案被上訴人勞工係海軍官校輪機科畢業，退伍後於85年7月22日任職於上訴人燦○公司上海廠，擔任TKS馬達事業部經理乙職。雙方除訂有保密約款外，並於任職同意書第5條約定：「從業人員不論何種原因離職時，自離職起二年內不得在國內或國外經營或任職與公司產品完全相同之公司。若有違反此項規定，需無條件退還最後在職三個月之全部薪資」。此外，勞方每月領有「合約津貼」2,000元。又勞工不論離職與否，只要就職滿一年即加發三分之一個月薪資；就職滿二年即加發三分之二個月薪資；就職滿三年即加發一個月薪資，以作為所謂的「離職金」。被上訴人於87年9月28日以其妻車禍手術無人照料為由，請求提前離職；經上訴人同意後，隨即轉往唐○公司深圳總廠任職總廠長。上訴人於知悉上開情事後，主張被上訴人違反原先任職同意書第5條關於離職後競業禁止之約定，洩漏其營業秘密、造成嚴重損失，訴請被上訴人返還最後三個月薪資若干元。被上訴人除以其新任職公司的生產產品與原雇主並不相同，其所從事之工作亦與原職毫不相干，並未洩漏其營業秘密、造成損失等情抗辯外，並主張系爭離職後競業禁止之約定因未給予補償而無效。蓋所謂的「離職金」實係合約獎勵金，員工縱未離職亦得領取；所謂的「合約津貼」範圍籠統，亦未指明係補償簽署競業禁止條款員工者，因此二者均非簽署競業禁止條款之對待給付。

本案經臺南地方法院簡易庭判決勞方勝訴，雇方不服提起上訴；經臺南地方法院以88年度勞簡上字第6號判決雇方敗訴確定。於該判決中，臺南地方法院首先認為「為兼顧保護雇主之營業秘密及受僱人之基本人權，必須衡量雙方之利益妥為處理。故競業禁止約定須在合理之時間、地域及營業種類限制內，始為有效。倘競業禁止之約定逾越公平合理之原則，造成受僱人基本人權之不合理限制結果，應認該

約定違背公序風俗，依民法第72條而屬無效」（判決理由四）[1]。隨即對於其審查標準與方式說明如下[2]「按競業禁止之約定是否合乎公平合理原則，應審酌：（一）僱用人有無可受保護之利益：競業禁止之對象，以受僱人在僱傭契約中曾參與或可能接觸過顧客、貨物來源、產品製造或銷售過程等秘密，而此類秘密之運用，對原雇主可能造成重大損害者為要件，倘不具備此一要件者，即不得課以競業禁止義務。通常在下列三種情形視為僱用人有受保護之利益：(1)受僱人曾接觸營業秘密或機密資訊。(2)受僱人曾接觸客戶或客戶資料。(3)受僱人曾接受僱用人施以特殊專業訓練或受僱人所提供之勞務係獨一無二。……（二）限制之合理性：(1)地域限制：倘雇主營業範圍遍及全世界，屬國際性之企業，競業禁止實已無地域之限制，此種無地域限制之競業禁止約款，仍應承認其效力。故判斷無地域限制之競業禁止約款效力，應視雇主營業範圍之大小來決定。(2)時間限制：競業禁止既

---

[1] 「按競業禁止義務原為經理人基於忠誠義務，在任職期間禁止為自己或第三人經營同類業務而損及公司利益，故民法第562條定有關於「經理人及代辦商之競業禁止」規定，公司法第32條定有「經理人之競業禁止」之規定。此種法定義務之產生係基於契約存續期間之誠信原則。至於離職後之競業禁止規定，首見於勞動契約法（25年公布，但尚未施行）第14條：「勞動契約得約定勞動者因勞動關係終止後不得與雇方競爭營業，但以勞動者因勞動關係得知雇方技術上秘密，而對於雇方有損害時為限。前項約定應以書面為之；對於營業之種類、地域及時期應加以限制。」蓋在現今競爭激烈之工商社會，舉凡方法、技術、製程、配方、程式、設計或其他可用於生產、銷售或經營之資訊，均為企業生存命脈，自應加強保護營業秘密，避免惡性同業競爭。故應承認此種限制離職後競業禁止約定之效力。但為免企業主挾其經濟優勢，以定型化條款強迫受僱人訂約，限制受僱人在離職後不得違反競業之義務，倘在營業種類、地域、時期等全無限制，實無異剝奪受僱人在憲法上之工作權、生存權。為兼顧保護雇主之營業秘密及受僱人之基本人權，必須衡量雙方之利益妥為處理。故競業禁止約定須在合理之時間、地域及營業種類限制內，始為有效。倘競業禁止之約定逾越公平合理之原則，造成受僱人基本人權之不合理限制結果，應認該約定違背公序良俗，依民法第72條而屬無效。」

[2] 在網路上所呈現的判決，對於其段落，並未標以數字；惟為論述清楚起見，由作者自行附加。

是雇主為保護其營業秘密，以便維持其優勢地位而確保其利益之方法之一，因此，營業秘密本身在競爭市場之時效性，於決定競業禁止年限之合理限度上亦有其重要意義。……競業禁止對受僱人之工作權、生存權有相當大之限制，如長期限制受僱人之工作權，不惟對受僱人之生計有重大影響，亦阻礙社會經濟之整體發展。故競業禁止約款倘無年限之限制，或限制之年限過長，應屬違反公序良俗而無效。(3)營業種類或工作事項之限制：競業禁止之目的在禁止離職員工從事或經營與原雇主直接競爭之業務，倘限制範圍過大，可能造成受僱人工作權之剝奪，故受僱人於離職後不得從事或經營之營業種類、工作事項，應於競業禁止約款中列舉，並說明受僱人任職該類似行業，可能造成原雇主之損害。為界定受僱人離職後所從事之營業種類或工作事項是否符合競業禁止約款限制之範圍，應區別受僱人之「一般知識」與「特殊知識」。所謂一般知識，是指受僱人自幼於家庭、學校，甚至往後在工作中均可獲得之知識或技能，或是再利用此等知識技能而發展出來的知識技巧，乃係受僱人運用自己之知識、經驗與技能之累積，故係受僱人主觀之財產，為其維持生計所必需，並非屬於雇主之營業秘密，可於離職後自由利用。至於「特殊知識」則係指受僱人於特殊的僱用人處始可學到之知識與技能，這種知識或技能既屬於僱用人之營業秘密，為僱用人之財產權之一，受僱人不但不得任意盜用或利用，且根據信賴義務，尚有保密之責，若有違反，應負違約之責。受僱人如利用其一般知識於離職後為競業行為，不應成為競業禁止之事項範圍，只有在受僱人利用到僱用人之特殊知識為競業行為時，才是僱用人禁止之範圍。因為受僱人如利用僱用人之特殊知識為競業行為，即可能侵害到僱用人之營業秘密，而損及僱用人之合法利益，僱用人即有禁止之必要。反之，如受僱人並非利用僱用人之特殊知識為競業行為，僱用人即欠缺保護之必要，僱用人不應限制受僱人之競業行為。一般知識與特殊知識之區別，如上所述固有其概括之原則，然實際上判斷時，仍有其困難。國外案例上乃以個案為原則，以決定所

爭執之機密是否屬於營業秘密。例如僱用人禁止離職之受僱人使用其於僱傭期間所接觸或取得之特殊性知識，則該特殊性知識即屬營業秘密；相對地，僱用人並未禁止受僱人使用之知識、經驗或技能，則屬一般性知識，而非營業秘密。也有國外案例，以受僱人之能力、知識或經驗，以作為判斷之標準。倘受僱人於受僱之前，並無任何與原雇主業務相關之知識或經驗，故法院認為被告不得於離職後主張於該公司所習得之知識或技能為一般性知識。（三）限制之相當性：競業禁止，既係以限制受僱人工作權之方式，以保護雇主之利益，此種限制在合理之範圍內，並應承認其效力，故對受僱人之犧牲，雇主應予相當之補償，始符公平之原則。故德國民法第74條規定僱用人對於競業禁止之受僱人有支付補償金之義務，倘每年補償之金額低於受僱人離職前一年年收入之二分之一者，受僱人不受競業禁止約款之限制。其立法目的在保護經濟上之弱者，衡平社會之利益衝突。惟補償金額之多寡，應斟酌一般社會共同生活之水準以決定之」（判決理由四）。依據上述標準，審理法院認定本案勞工基其職務知悉雇主非公開、具有經濟價值的資訊，且雙方亦有保密約定，故雇方就離職後競業禁止約款之簽訂，具有值得保護的利益（判決理由五）。又系爭離職後競業禁止約款在時間及地域上的限制，尚屬合理。惟對其約定不得至產品「完全相同」之公司任職，應嚴格加以認定；本案勞工新至唐○公司深圳總廠任職，其經營範圍與其原任職之燦○公司上海廠有別，自非產品完全相同之公司（判決理由六）。何況原雇主「顯係著眼於被上訴人本身之輪機專長及原來軍中之職階。被上訴人之馬達技術或管理專長，顯非自上訴人習得之特殊性知識，而係本身既已具備之一般性知識甚明。被上訴人以其本身之一般性知識，受僱於唐○公司，即無違競業禁止之義務」（判決理由六）。最後，原雇主所發給之「合約津貼」縱然可認為是對勞工於離職後競業期間之補償，惟對「以此一嚴格之限制，竟僅每月給與2,000元之補償，相較予被上訴人離職前薪資每月高達8萬餘元而言，顯不具有相當性。至離職金係任滿三年或三年

以上者，於離職時之補貼，用意在鼓勵員工在上訴人公司最少任滿三年，以免人事浮動，影響公司運作，故離職金並非競業禁止之補償金亦明。上訴人主張兩造所簽之競業禁止約款，不論就二年時間、工作場所之限制及補償金而言，均在合理範圍內云云，顯非可取」（判決理六）。綜上，本件勞方抗辯其不受兩造競業禁止約款之限制乙節，為可採信；上訴人原雇主本於任職同意書第5條之請求為無理由。

貳、評　釋

　　離職後競業禁止約款的簽定頗為普遍，所涉勞資雙方利益甚鉅，不論實務或學說上已累積相當的探討。惟所提出標準難免淪於個案說明；這雖然是無法避免，但能否歸納出相當程度的普遍原則，以作為一般的參考標準，提高判決說理的合理性、明確性以及可預見性，則為學說研究的任務。本案判決是目前為止在實務上少見提出審查步驟者，以下僅以此為中心，首先說明實務與學說概況，之後提出本文見解並配合案例加以說明。

一、實務概況

　　最高法院對於離職後競業禁止之約定，開始時傾向於肯定其效力。於75年臺上字第2446號判決，最高法院認為：「按憲法第15條規定，人民之生存權、工作權及財產權應予保障，乃國家對於人民而言，又人民之工作權並非一種絕對之權利，此觀憲法第23條之規定自明，上訴人惟恐其員工洩露其商業，製造技術上之秘密，乃於其員工進入公司任職之初，要求員工書立切結書，約定於離職日起二年間不得從事與公司同類之廠商工作或提供資料，如有違反應負損害賠償責

任。該項競業禁止之約定，附有二年間不得從事工作種類之限制，既出於被上訴人之同意，與憲法保障人民工作權之精神並不違背，亦未違反其他強制規定，且與公共秩序無關，其約定似非無效。原審認定該競業禁止之約定違反強制規定，與公共秩序有違，係屬無效因而判決上訴人敗訴，尚有未合」[3]。惟其後於83年臺上字第1865號判決中，最高法院對於離職後競業禁止約款的效力，則呈現出有所保留的跡象：「至切結書第3項係禁止上訴人將任職被上訴人公司習得之技能用於彈波之生產等，此非單純之營業秘密之禁止洩漏，亦含有競業之禁止。我國法律固未禁止為競業禁止之約定，惟須於合理限度內，亦即在相當期間及地域限制內，始認為有效。切結書第3項並無時間及地域限制，雖逾合理限度，惟被上訴人在第一審係請求禁止上訴人於81年5月11日以前為同業競業，亦即離職後二年內禁止競業，於原審改為請求自判決確定時起二年內禁止，限制期間仍為二年，應認為兩造間競業禁止之約定，為離職時起二年內，始為合理範圍，而為有效」。

　　相對地，下級審法院之見解則基本上傾向於採取較嚴格的審查態度。其中提出五項審查標準者，首推臺北地方法院85年勞訴字第78號判決[4]。該法院表示：「競業限制約定，其限制之時間、地區、範圍及方式，在社會一般觀念及商業習慣上，可認為合理適當且不危及受限制當事人之經濟生存能力，其約定並非無效，惟轉業之自由，牽涉憲法所保障人民工作權、生存權之基本人權，為合理限制競業禁止契約，綜合外國法立及學說，認為競業禁止之契約或特約之有效要件，至少應包括下列所述各點，換言之，競業禁止特約之合理性，應就當事人間之利害關係及社會的利害關係作總合的利益衡量而為判斷，其

---

[3] 最高法院75年臺上字第2446號判例：同意旨81年臺上字第989號判決，引自黃茂榮主編，民法裁判百選，第33(35)頁以下。

[4] 引自司法院網站，網址：www.judicial.gov.tw。以下實務見解若未另行引註，則出處相同。

重要標準計有：（一）企業或雇主須有依競業禁止特約保護之利益存在，亦即雇主的固有知識和營業秘密有保護之必要。（二）勞工或員工在原雇主或公司之職務及地位。關於沒有特別技能、技術且職位較低，並非公司之主要營業幹部，處於弱勢之勞工，縱使離職後再至相同或類似業務之公司任職，亦無妨害原雇主營業之可能，此時之競業禁止約定應認拘束勞工轉業自由，乃違反公序良俗而無效。（三）限制勞工就業之對象、期間、區域、職業活動之範圍，須不超逾合理之範疇。（四）須有填補勞工因競業禁止之損害之代償措施，代償措施之有無，有時亦為重要之判斷標準，於勞工競業禁止是有代償或津貼之情形，如無特別之情事，此種禁止特約很難認為係違反公序良俗。（五）離職後員工之行為是否具有顯著背信性或顯著的違反誠信原則，亦即當離職之員工對雇主之客戶、情報大量篡奪等情事或競業之內容及態樣較具惡質性或競業行為出現有顯著之背信性或顯著的違反誠信原則時，此時該離職違反競業禁止之員工自屬不值得保護」。至於同法院於89年勞訴字第76號判決理由三中，除了不採前述的第5項標準（「然衡諸「顯著背信性」之標準，應係在個案中先行肯認競業禁止之約定為有效後，根據個案勞工之競業行為是否具有顯著背信行為而為斟酌，並非審認競業禁止約定是否無效之前提」）外，則完全贊同前四項標準。以上不論是四／五項審查標準，大致上多為後來法院判決所遵循[5]。

二、學說概況

對於上述離職後競業禁止約款的審查標準，學說上大多採取肯定

---

[5] 參閱劉志鵬所為之分析，氏著，勞工離職後競業禁止法理之研究，發表於2002年9月14日，臺大法學院、行政院勞委會主辦，臺灣勞動法學會協辦，「二十一世紀勞動法的新發展」，第三場研討會，書面資料第1頁以下，第8頁以下。

的態度，惟在不同程度上予以修正。

（一）有實際上僅僅提到前屬五項審查標準中的前三項者。該說[6]認為競業禁止條款之合理性，(1)企業主方面：應以有保護合法利益或營業秘密之必要，始可訂定此約。(2)受僱人方面：以其離職後之競業會造成企業合法利益受到損害者為範圍。換言之，受競業禁止約款拘束的受僱人應該有一定的限制，或者是因接觸企業機密，或這是職位高參與企業決策，其競爭結果將使企業之營運受到重大的威脅，因此對於此類員工課以離職後不得競業的義務。(3)競業禁止的年限；競業禁止既是企業主為保護其營業秘密及合法利益，因此營業秘密及合法利益本身在是競爭場上之時效性，於決定競業禁止年限之合理限度上有重要的意義。(4)競業禁止的地域與範圍；就企業主保護其合法利益一點來看，已競爭利益是否受到影響來具體判斷具體的競業禁地域，較具說服力。

（二）有實際上以前述五項標準中之前四項為準者。（二—1）有[7]從憲法上之觀點出發，認為：上述條款亦係私法自治的一種表現，惟私法自治係植基於「自我決定」（Selbstbestimmung）的原則，亦即其前提在於，當事人作成自由決定的條件必須事實上存在。換言之，在簽訂契約時，如果缺乏「相近等量勢力」（annährender Kräftegleichgewicht）的契約當事人時，單憑契約自由的規範法則時，將不足以確保合乎事理的均等狀態，並保障弱勢一方的權利。因此，當基本權利所保障的法律地位遭他人支配時，國家必須採取必要的調整與規範，以確保基本權利的實質內涵（國家的保護義務）。準此，有關競業禁止條款的合憲性問題，基本上涉及「私法自治」與國家對職業自由所負保護義務之間的關係。在具體判斷標準上，主要可以

---

[6] 張凱娜，競業禁止與營業秘密之保護，月旦法學，第20期，第71頁以下，第80頁。

[7] 李建良，競業禁止與職業自由，臺灣本土法學雜誌，第十五期，第111（113、114、117）頁以下。

「勞工或員工在原雇主或公司之職務及地位」及「限制勞工就業之對象、期間、區域、職業活動之範圍，需不超逾合理之範疇」，作為判斷系爭競業禁止條款是否有效的基準；而「企業或雇主須有依競業禁止特約保護之利益存在」、「填補勞工因競業禁止之損害的代償措施」，則可供輔助判斷的參考。至於「離職後員工之競業行為是否有顯著背信性或違反誠信原則」僅是個案認定事實的準則，非屬判斷契約條款合憲性的基準。（二—2）有[8]援引日本法上相關見解，認為競業禁止約款之有無效力，應參酌下列標準，綜合判斷：(1)雇主須有一競業禁止特約保護之正當利益存在。其正當利益有三：a.營業秘密及其他秘密。b.防止員工被大量挖角。c.確保公司與客戶間的人際關係。(2)勞工之職務及地位知悉上開之正當利益。(3)限制之期間、區域及職業活動之範圍須不超過合理之範圍。而此並無一般標準，僅為以此三要素依一般社會觀念，判斷其限制是否在競業禁止之合理範圍內。(4)代償措施之有無。雖日本學者多認為代償措施為競業禁止條款有效要件之一。但日本實務上仍鮮有肯認代償措施為競業禁止條款有效要件之見解。惟因受學說影響，漸有重視代償措施有無之要件。

　　（三）有參考英美法之觀點，強調公共利益的考量，而從結果上與採取四標準者相類似，認為[9]：離職後競業禁止約款之目的，係強調利用當事人間之約定，使前雇主免於受僱人之競爭行為。其本質上係側重保障前雇主，因此應受規範，方不至於過當。至於在美國法，合理的競業禁止約款須考慮下列三個因素：不給與前雇主過度的保護、

---

[8] 蔡正廷，離職勞工競業禁止之案例類型，萬國法律，第107期，第43頁以下。又實際上採相同結論者，林發立，跳槽、競業禁止與保密條款，萬國法律，第100期，第31頁以下，第38、39頁。另外與此相類似、採取臺北地方法院85年勞訴字第78號判決所示五項標準作為審查者，劉志鵬，勞工離職後競業禁止法理之研究，書面資料第1頁以下，第12頁以下，發表於臺大法學院、行政院勞委會主辦，臺灣勞動法學會協辦，「二十一世紀勞動法的新發展」，第三場研討會。

[9] 魏千峰，離職後競業禁止契約之研究，勞動法裁判選輯（一），第365頁以下。

不加諸受僱人過度的困境、不損害公共。前雇主之利益包括免於被受僱人拉去客戶、營業秘密被揭露及其對受僱人施以訓練之投資。受僱人之利益包括其選擇工作之自由、維持其本身及家庭生活、利用其個人技術及智能、改善其社會地位，並應考慮其係處於締約弱勢之地位。公共利益主要指公眾選擇提供勞務之利益；蓋公眾對於獲得技術成熟之勞工——尤其是諸多具有競爭性之勞工提供勞務——具有一般利益，且該約款可能剝奪受僱人之謀生能力，使公眾必須供養該人，亦屬損失。至於德國、美國法上亦對遭受競業禁止之勞工為一定補償，因此自得作為法理加以援用。

（四）有外加定型化約款之控制而主張六項審查標準者，認為[10]：認為競業禁止條款須具備如下之要件，始發生效力：(1)：雇主須有特別保護之利益；單純競爭上的優勢尚不足當之。(2)該競業禁止須係限制勞工之特別技能、技術或因雇主之特別栽培而習得之技術。(3)限制勞工就業之對象、期間、區域、職業活動之範圍，需不超逾合理之範疇。就此德國商法第90a條所規定之「二年」應屬適當之最高期限。地域應以形成與雇主之惡性競爭為地域之要件，若在地域上不致發生排擠效應者，應不得加以限制。(4)需有填補勞工因競業禁止之損害之代償措施。否則勞工之生存權將無以為繼。代償之成數究竟多少始為適當，在原勞工薪資之五至七成應屬適當，低於半數則屬過度之限制。(5)離職後員工之競業行為是否有顯著背信性或顯著的違反誠信原則：蓋競業之禁止實為誠信原則之具體化，故如在經濟市場上未使用不公平競爭之手段，雖有競業之事實，乃屬職業自由所保障。(6)需勞雇雙方另以書面經個別商議而特別約定：若成立僱傭契約當時即以定型化契約約定競業禁止，應認為其屬雇主之權利濫用（過早防禦），應不發生效力。

---

[10] 李惠宗，禁止跳槽的程式設計師，臺灣本土法學，第33期，第123頁以下，第131-132頁。

　　（五）有從憲法上勞工職業自由的保障出發，參酌德國法並加入期待可能性、比例原則的考量，認為[11]：「在我國，競業禁止有效性的問題，應……在於司法機關能否體認我國憲法帶有相當程度的福利國、社會國的理想，而其中基本權利的規定，更蘊含著保障社會弱勢族群的社會正義的觀念，希望提供經濟上弱者抵抗經濟上強者過度的侵害。……基於此，在個案的情形，綜合考量所有的狀況，依據誠實信用原則如勞工具有期待可能性、而且從一個理性的旁觀者的角度，雇主亦具有一個充分的理由的、合理的利益時，勞雇雙方依己意所訂定之限制勞工選擇工作之自由之約款，並不牴觸憲法上的職業自由。在此，只有勞工的競業行為有可能危害雇主經營利益時，基於雇主優勢利益（überwiegendes Interesse des Arbeitgebers）保護的考量，競業禁止條款始具有正當性可言。」又由於在此「並非涉及個人的自由權與大眾福祉的利益平衡，而是涉及個別的勞工如何防禦具有社會優勢力量之雇主的侵害。在法制上因此有必要給予勞工適當的補償。而且雇主受益於競業禁止條款範圍的大小，應依勞工是否具有期待可能性而定。設如競業禁止條款不僅是保護雇主企業經營利益的適當手段，而且其方式與範圍係必要的、而且對於勞工職業行為的受限，雇主有給予適當的補償（代償給付）（Entschädigung），則其即與職業自由不相違背」。換言之「從憲法第23條之比例原則觀之，要求雇主必須有企業經營上的正當理由、且須給與勞工一定數額的補償費，……實具有相當的理論依據。蓋在限制勞工職業自由的作法上，其目的與手段必須合乎一定的比例。……換言之，依據比例原則的精神，如雇主以保密條款已足以確保其經濟上的利益（含營業秘密）時，當不得與勞工簽訂競業禁止條款，以免過度地侵害勞工的職業自由」。

---

[11] 楊通軒，競業禁止條款的基本理論，發表於91年10月28日至30日，行政院勞委會主辦，91年勞工法規研習會，一～1頁以下，一～8頁以下。

三、本文見解：三個審查步驟

　　勞動條件的形成，就勞資雙方締約的實情而言，因勞方多處於劣勢狀態，勞動條件實際上多由雇方預先擬定，勞方欠缺個別商議勞動條件之可能，因此對於勞動契約上之約款，通說認為：基於勞工之從屬性（Abhängigkeit）、勞資雙方締約實力之不平等（Disparität），契約自由原則在此並無法達到其保障契約內容的實質正當性之功能，因而對於勞動契約之內容有加以控制之必要。而我國多數說對於離職後競業禁止約款所採取的審查標準及其相關理論，乃是在欠缺法律明文規定的前提下，對於契約自由原則在勞動契約法上之適用範圍加以限定的一種努力，誠為進步的造法活動，值得肯定。而在方法上，正如私法的立法者在立法時，主要是在衡量折衝當事人對立的利害關係，因此吾人在此亦應藉由法益權衡（Güterabwägung）的方法[12]，依個案整體情形，決定離職後競業禁止約款的效力[13]。

　　至於在審查離職後競業禁止約款時，本文認為可採以下三步驟（一）雇方有無值得保護的正當利益？若無，應認為該約定無效。若有，（二）該約款所限制之競業者（勞工）、範圍（限制競業之種類、地區、期間等），與雇方所企圖保護之之正當利益是否保持合理的關聯？若答案是否定的，該約定無效。若有，（三）該約款是否給予勞方合理的補償，若答案是否定的，該約定原則上無效；反之，該約款方為有效[14]。茲分述如下：

---

[12] Larenz, Methodenlehre der Rechtswissenschaft, 6. Aufl, 1991, S. 404 ff, S. 412, 413.

[13] 對此，參閱作者，離職後競業禁止約款，收錄於勞動法案例研究（一），2002，翰蘆，第135頁以下。

[14] 另針對德國商法第74條下離職後競業禁止的規定，除要求此類約定形式上應以書面為之，雇主並應交付該書面文件給勞工；且該約定實質上必需為保障雇主的正當利益；且其競業禁止約定之期間、地點、禁止營業／工作之事項，亦未造成對勞工未來重大不利之影響；且禁止競業期間最長為二年，並應給予勞工其最後所領工資1/2以上之

（一）雇方有無值得保護的正當利益？

　　雇方就離職後競業禁止約款之訂定，有無值得保護的正當利益？若無，應認為該約定無效。蓋以離職後競業禁止約款限制勞工離職後職業選擇之自由，嚴重影響其人格與經濟利益，並且有影響市場自由競爭之虞，因此除非雇方有值得保護的正當利益，否則應認該約款無效。

　　至於如何判定雇方有無值得保護的正當利益？德國通說一致地以有無洩漏企業經營或生產技術上的秘密、或影響其固定客戶或供應商（Schutz von Geschäfts-und Bertriebsgeheimnissen und des Kunden-bzw. Leferantenstamms）之虞為斷；至於僅僅是單純地避免造成競爭、避免勞工搶走其未來的客戶，甚或僅僅為使勞工較不易離職，並不構成雇方有值得保護的正當利益[15]。又若該行業無所謂固定客戶可言（例如和汽車駕駛的教練約定競業禁止）[16]；抑或原雇主僅為確保其對勞工所投注的在職業訓練或教育訓練費用得以「回收」[17]，原則上皆非值得保護的正當利益。

　　以上見解，就企業經營或生產技術上秘密的部分言，因為雇主一般將投注相當成本才能獲得上述秘密，而這也構成雇主競爭上優勢，

補償。對於上述實質方面—特別是後二者—的要求，有以比例原則（Verhältnismäßigkeitsprinzip）（so z.B. Bauer/Diller, Wettbewerbsverbote, 1995, S. 81）或是過度禁止原則（Übermaßverbot）（so z.B. Gamillscheg, Arbeitsrecht I, 8. Aufl, 2000, S. 293）。

[15] Preis, Arbeitsrecht, 1999, S. 807; Schaub, Arbeitsrechts-Handbuch, 9. Aufl, 2000, § 58 RdNr 61; Kassler Handbuch/Welslau, 2000, 6.1 RdNr 470; Bauer/Diller, Wettbewerbsverbote, 1995, S. 71, 73; Buchner, Das Wettbewerbsverbot nach Beendigung des Arbeitsverhältnisses, AR-Blattei SD 1803.3, 1995, RdNr 128 ff; Ebenroth/Boujong/Joost/Boecken, 2001, § 74a HGB RdNr 6, 10.

[16] Bauer/Diller, Wettbewerbsverbote, 1995, S. 71, 73.

[17] Buchner, Das Wettbewerbsverbot nach Beendigung des Arbeitsverhältnisses, AR-Blattei SD 1803.3, 1995, RdNr 134.

因此原則上並無爭論。就所影響的客戶或供應商，應以某程度上和原雇主有穩定的交易往來為準，這在採取市場經濟的大前提底下，應當是正確的。又雇主若僅是為「回收」其在職業訓練或教育費用的成本，因為職業訓練或教育費用的投入所帶來雇主在競爭上的優勢以及上述成本的「回收」，已有服務年限相關約款可加以確保，而與限制勞工離職後職業選擇自由之間並無合理的關聯，因此自無簽訂離職後競業禁止約款的正當理由。

我國法上另有下述案例可供參考：

(1)臺灣高等法院臺中分院91年度上字第367號判決認為：化學產品製作過程的相關資訊，縱該產品（SUNLIZER EP-168）為國外專利已過期之產品，國內外多家廠商均有生產銷售，國內外文獻上早已刊載其化學構造，仍構成雇主值得保護的正當利益，「蓋關於化學產品，縱然無專利，可於文獻上找到其化學式，如不知設備如何裝置，製作過程應注意何事項，發生障礙時如何排除等know how，未曾從事專業之他廠仍難以順利生產相關產品，而擁有專業知識之人只需提出其專業所知，即對競爭同業B公司產生莫大助益，並有害於A公司，要提出確實之證明不易。」[18]

(2)至於人壽保險公司單純的訓練計畫，並非雇方值得保護之正當利益。就臺北地方法院87年勞訴字第90號判決所涉事實，原告統○人壽保險公司與擔任訓練培育部襄理之被告簽定離職後競業禁止約款，約定離職後六個約內非經原告事前同意，不得為與業務相同或類似之競業，然而並未給予任何補償。審理法院認為被告於原告任職期間卻有接所受鷹○保險集團之專業壽險培育計畫之訓練，惟上開事實僅足認被告「經由其所主管之事務及原告之訓練，正當累積取得與該訓練計畫有關之知識、技能及經驗，尚難據以認為該訓練計畫係屬原告之營業秘密。原告既未舉證該訓練培育制度為營業秘密，且其自認：各

---

18 作者，離職後競業禁止約款的審查：雇方值得保護的正當利益（本書第八篇論文）。

家保險公司之訓練內容差不多，但方法有所不同等語，原告主張上開訓練培育計畫為被告逾受僱期間取得之營業秘密，而為系爭競業禁止條款所欲保護之標的云云，自不足採」（判決理由五（一））。

（3）SAP軟體之操作，亦非僱方值得保護的正當利益。就新竹地方法院88年訴字第187號判決所涉事實，原告泰○系統股份有限公司與被告SAP程式撰寫員約定離職後競業禁止約款，被告於職後轉至德○半導體股份有限公司任職，原告主張被告之行為違反離職後競業禁止約定。法院除認定SAP軟體之操作未涉原告專屬營業秘密，被告僅為一般程式作業員外，並認為「由於現今多元化社會之各行業分工精細，每一專業領域所需修習之專業領域不同，一旦轉業，即需修習其他專業領域之專業知識，不但耗費時間、金錢，且為一般受薪階級現實上所不允許，是其離職後在大致相同或類似業務之公司任職，為一般事理之常，……是僱主對限制一般員工至他公司從事性質相近之工作，實須具備一定之必要性。就本件被告在原告公司擔任之職務言，原告雖主張被告如未至德○公司工作，在德○公司採購SAP軟體程式之際，因撰寫及運用SAP程式必會向以應用SAP程式專長見著之原告資訊公司求助諮商，而予原告公司業務擴展取得競爭上無限之商機，……惟原告以不確定商機限制被告憲法所保障之工作權，實已超出必要性之範圍，此時之競業禁止約定應認拘束勞工轉業自由乃違反公序良俗而無效」（判決理由五（二））。

（4）壽司之製作、收銀工作，亦非僱方值得保護的正當利益。就臺北地方法院91年勞簡上字第2號判決所涉事實，原告僱主壽○霸股份有限公司係以經營壽司外帶為主，與擔任壽司製作、收銀工作之被告勞工約定離職後三個約內不得競業，被告勞工於離職後轉任同樣以壽司外帶為主的壽○王股份有限公司，原告起訴主張被告違反相關約定，獲判勝訴，勞工不服提起上訴，審理法院判決勞工勝訴，除以勞工係擔任一般事務性、而非高職之工作，並無妨礙僱主營業可能等為理由外，並認為：「外帶壽司之客戶具大量流動性，無論收銀或壽司

製作，均無從知悉客戶之資料。基於外帶壽司之客戶具流動性之特性，上訴人（即勞工）離職後，至壽○王股份有限公司任職，亦係從事收銀及壽司製作工作，亦無對被上訴人（即雇主）之客戶、情報有大量篡奪之可能，被上訴人猶以競業禁止之約款限制上訴人之工作權，其約款違反公平原則及公序良俗，應認為無效」（判決理由四（二））。

（二）所限制之範圍，是否與雇方之正當利益保持合理的關聯？

　在此應審酌該約款所限制之競業者（勞工）、範圍（限制競業之種類、地區、期間等），與雇方所企圖保護之之正當利益是否保持合理的關聯？若答案是否定的，該約定無效[19]。蓋以離職後競業禁止約款嚴重影響勞工利益，因此雇方縱有值得保護的正當利益，其所為之限制亦不應逾越必要範圍之外。準此，該約款所限制者（勞工）、範圍（限制競業之種類、地區、期間等），應與雇方前述之正當利益保持合理的關聯。當然，若所限制者已經逾越雇方正當利益的範圍之外，吾人大多同時可認為雇方欠缺值得保護的正當利益；然而為概念上及判斷上的明確清楚，仍以單獨列為一審查步驟為宜。蓋於判斷雇方是否有值得保護的正當利益，原則上僅應考慮雇方因素即可。反之，在此階段，則須同時兼顧其他——包括個別勞工、有競爭關係的企業

---

[19] 德國法關於是否造成勞工將來職業發展不當的限制（unbillige Erschwerung des Fortkommens）的問題，學說上亦認為是雇方擁有正當利益以外另一個獨立的標準，so z.B. Kassler Handbuch/Welslau, 2000, 6.1 RdNr 469。換言之，對於離職後競業禁止約款，雇方雖有正當利益，但對勞工將來發展卻造成不當限制，則該約定對勞工無拘束力，s. Bauer/Diller, Wettbewerbsverbote, 1995, S. 81; Buchner, Das Wettbewerbsverbot nach Beendigung des Arbeitsverhältnisses, AR-Blattei SD 1803.3, 1995, RdNr 139; MünchArbR-Wank, 2. Aufl, 2000, § 130 RdNr 22.

——等因素。若雇方與多數勞工簽訂離職後競業禁止約款，可能因為具有值得保護之正當利益等要件、而得有效地限制其中部分勞工的競業行為；卻可能對另一部分簽訂相同約款的勞工是無效的，因此以獨立列於雇方值得保護的正當利益之外的另一審查步驟為宜。

1. 就該約款所限制之競業者（勞工）而言；對於一客觀上並無影響雇主上述正當利益之勞工，自無限制其離職後選擇職業自由之理；例如勞工適用期間過後未獲正式任用、並未獲知營業或技術秘密者是[20]。又在此，應以勞工因先前職務獲得特殊的知識能力，而藉由運用此知能，有造成原雇主於競業上損害之虞者為前提。若勞工僅一般地獲知雇主交易往來的資訊，卻未能證明因其行為造成雇主具體的競業上的危害，例如造成其特別重要客戶的流失，則否（Erforldlich ist, daß der Arbeitnehmer in einem bestimmten Bereich Tätigkeitsfeld spezielle Kenntnisse und Fertigkeiten bei seinem früheren Arbeitgeber erworben hat und gerade durch deren Verwertung in der Lage ist, dem Arbeitgeber künftig konkurrenzmäßig zu schaden. Es genügt nicht, daß der Arbeitnehmer allgemein von Geschäftsverbindungen seines bisherigen Arbeitgebers Kenntnis erlangt hat, solange nicht dargelegt wird, daß infolge einer Tätigkeit des Arbeitnehmers konkrete Konkurrenzgefahr droht, etwa eine besondere wichtige Geschäftsverbindung zu einem Kunden verlorengehen hat.）[21]。

我國法上另有下述案例可供參考：

(1)就臺灣高等法院90年勞上字第7號判決所涉事實，上訴人宏○股份有限公司與受僱為其協理之被上訴人簽訂離職後競業禁止約款，約定：「乙方（即被上訴人）自甲方（即上訴人）離職後兩年內，不

---

[20] Bauer/Diller, Wettbewerbsverbote, 1995, S. 76.

[21] Buchner, Das Wettbewerbsverbot nach Beendigung des Arbeitsverhältnisses, AR-Blattei SD 1803.3, 1995, RdNr 130, m.w.N.

得直接或間接利用於任職甲方期間所獲得之資料、資訊、從事或提供第三人從事與甲方相同業務」，違反者應賠償相當於二十四個月薪資的違約金。被上訴人於離職後進入會○公司任副總經理。上訴人主張其違反離職後競業禁止約定。法院認該約款雖然有效，惟認定被上訴人任職於會○公司時，會○公司並未與上訴人經營相同業務。又就被上訴人是否「利用於任職所獲得之資料、資訊，從事與上訴人相同業務競業行為」？法院認為：「被上訴人多年來自上訴人所受之培植、教育及訓練，固得以提升被上訴人本身之專業能力及前瞻眼光，使其於86年2月17日自上訴人離職後，旋即足堪勝任會○公司副總經理一職，惟被上訴人運用其自身之專業素養及能力，核與其任職於上訴人期間所獲得之資料、資訊從事競爭行為，尚有不同」（判決理由四（三））。

　　(2)就臺北地方法院92年勞訴字第13號判決所涉事實，原告雇主係於臺北市忠孝東路四段經營明星品牌二手服飾用品店，與被告勞工約定離職後三年內不得為競業行為，否則須賠償100萬元。被告離職後，在臺北市長春路經營精品二手店。原告起訴主張被告違反相關約定，法院除以相關約定未限定特定地區、三年期間過長、未為補償顯失公平無效外，並認為：被告於受僱之前，既已有從事關於名牌服飾與皮件的工作達十二年、並且曾先後在香奈兒、CD、JOYCE等精品店工作，足認被告自己手上有許多長年工作累積而得之客戶（判決理由三（五））。而且「市面上一般二手服飾用品買賣之出賣者，其銷售方式、管道本非固定不變，而委託銷售者本身亦可能同兼買受者之身分，乃能促成二手商品之流通及商機，而「張○○」、「許○○」二人縱曾向原告購買二手商品，及非不得再轉向其他管道買受或脫售二手商品，況「張○○」、「許○○」該二人係向被告寄售二手商品，足見被告辯稱伊不認識該二人，是該二人主動前來寄售商品，應屬非虛。原告主張被告有違反誠實及信用方法、有可歸責於被告之事由，致給付不能云云，均無足採」（判決理由三（六））。

　　準此，本案審理法院區分「一般知識」與「特殊知識」，並認為前者係受僱人主觀之財產，可於離職後自由利用，唯有「特殊知識」方為僱用人之財產、才是離職後競業禁止所禁止者。以上見解，可資贊同。

2. 所禁止之競業活動，應和勞工先前所從事之職務有具體且合理關聯[22]。對此，德國法上認為所限制的範圍原則上以特定工作（tätigkeitsbezogenes Wettbewerbsverbot）為限，惟對於階層較高之勞工，因其較易接觸原先工作以外的經營及技術秘密者（leitende Angestellte; Führungskräfte），得例外地以企業、營業項目（unternehmensbezogenes Wettbewerbsverbot）作為禁止的範圍[23]。

　　以上見解固然足供參考，我國實務上則有前後雇主之營業項目、產品在市場上是否重疊、互相替代作為標準，這或許在員工內部職務及其調動難為外人所知的前提下，是可接受的。下述案例足供參考：

　　(1)就臺北地方法院於91年勞訴字第11號判決認為「然不同產品所使用之基材有部分相同之情形，相當普遍，而企業是否處於競爭關係，應以其產品是否相同或可替代為斷，非謂彼此有使用一種相同材料，相互間即處於競爭關係」（判決理由五（二）2）

　　(2)臺北地方法院於91年勞訴字第129號判決中表示：「兩企業間有無競爭關係，尚須就市場分析比較兩者市場占有率之高低、消費者調

---

[22] ErfK/Schaub, 1998, § 74 a HGB RdNr 4; Kassler Handbuch/Welslau, 2000, 6.1 RdNr 464; Buchner, Das Wettbewerbsverbot nach Beendigung des Arbeitsverhältnisses, AR-Blattei SD 1803.3, 1995, RdNr 129; Ebenroth/Boujong/Joost/Boecken, 2001, § 74a HGB RdNr 6. 又 MünchArbR-Wank, 2. Aufl, 2000, § 130 RdNr 22認為於此應有比例原則的適用：競業禁止就地區、期間以及內容必須是適當的（Insoweit gilt das Verhältnismäßígkeitsprinzip：Das Verbot muß nach Ort , Zeit und Inhalt angemessen sein.）

[23] Bauer/Diller, Wettbewerbsverbote, 1995, S. 74; Buchner, Das Wettbewerbsverbot nach Beendigung des Arbeitsverhältnisses, AR-Blattei SD 1803.3, 1995, RdNr142; Ebenroth/Boujong/Joost/Boecken, 2001, § 74a HGB RdNr 7 f.

查品牌購買意向、產業結構所占比例、行銷管道是否重疊相排斥等等不同之途徑加以分析、研判，不能單憑一份簡報所載內容即可斷定兩者間之競爭關係」（判決理由乙三）

(3)就臺北地方法院89年訴字第1454號判決所涉事實，雇主飛○浦公司與其擔任工程師之勞工簽定離職後競業禁止約款。勞工於離職後轉任達○公司任職，原雇主主張達○公司營業項目與其主力產品、勞工之現職亦與其先前工作內容一部分相同，違反相關約款。審理法院就新舊間雇主營業項目是否相同、有無競爭關係並未審酌，而是直接針對其新舊職務內容，認定「被告任職原公司之職務係「磁膜製造製程工程師」，所負責係磁膜之「配方設定及改良」，而其現直達○公司之職位係「專案工程師」，職務係「製造研發及市場銷售材料：鍵盤用銀膠、電極及端電極、EL用銀膠、LCD-TFT光電產業用導電膠等其他材料、其他交辦事項」，二者之職稱不同，職務內容亦異，前者重在「製程」，後者重在「材料」，顯非相同，亦難謂相似。原告雖謂「電極及端電極、EL用銀膠與磁膜二者不論在製程或材料上某種程度係屬相同，其差異部分亦極為類似」，惟未能舉證說明所謂「某種程度係屬相同」、「其差異部分亦極為類似」之具體情形為何，及二者究有何關聯性，原告既未能舉證以實其說，泛指二者為相同或相似之職務，顯非有據」（判決理由四（二））。

(4)就臺北地方法院87年勞訴字第90號判決所涉事實，原告統○人壽保險公司與擔任訓練培育部襄理之被告簽定離職後競業禁止約款，約定離職後六個約內非經原告事前同意，不得為與業務相同或類似之競業，然而並未給予任何補償。審理法院認為被告於原告任職期間確有接受鷹○保險集團之專業壽險培育計畫之訓練，惟「被告抗辯其於紐○人壽公司之職務為……，不包括人員之培訓等語，業據其提出在職證明書為證，並經證人黃○○證明在案，堪信為真正。原告既未具證證明被告係異其在原告處所取得上開訓練培育計畫之專業知識，用以在紐○人壽公司從事業務部門教育訓練之規劃、開發及執行等工

作，自難為被告受僱於紐○人壽公司，損害原告正當利益」（判決理由五（二））。

3. 限制競業之地區，必須以在原雇主營業活動範圍內、與勞工原先所從事之職務有關聯者為限。德國法上認為：當限制工作的種類愈明確時，限制的地區可以較為廣泛。惟無論如何，必須留給勞工一定程度的職業自由[24]。若限制的地區為全德國，則限制工作的種類應有所特定，以使勞工尚能繼續於德國境內從事其他的工作[25]；對於頂尖員工（Spitzenkräfte），原則上亦不得導致其僅能到非德語區工作[26]。

　　我國實務有下述案例足供參考：

　　臺中地方法院90年訴字第212號判決所涉事實，原告薔○食品有限公司於臺中地區從事薔○派等糕餅之製造、販售，與其員工簽定離職後三年內不得競業、亦不得從事糕餅或派相關之行業。惟被告員工於離職後於在大甲鎮內從事葳○派之製造、販售。原告起訴主張被告行為違反相關約定。審理法院認為「次按，西點糕餅店之營業範圍原則上有其區域性，乃為眾所週知事實，此由原告於臺中市內及設有臺中店、梅亭店及逢甲店三家分店亦可得知。蓋若原告公司產品若能使顧客均不計路程遠近而前來購買，便無增加成本設立三家分店之必要，是以系爭機密切結書中競業禁止條款之約定，應以禁止被告逾原告各門市主要營業區域內競業為限，方能發生效力。查原告於大甲、清水等地區並無門市，業經原告當庭供承在卷，並有「薔○派」宣傳單及

[24] Kassler Handbuch/Welslau, 2000, 6.1 RdNr 478.
[25] Buchner, Das Wettbewerbsverbot nach Beendigung des Arbeitsverhältnisses, AR-Blattei SD 1803.3, 1995, RdNr141; MünchArbR/Wank, 2. Aufl, 2000, § 130 HGB RdNr 23; Schaub, Arbeitsrechts-Handbuch, 9. Aufl, 2000, § 58 RdNr 62.
[26] Schaub, Arbeitsrechts-Handbuch, 9. Aufl, 2000, §58 RdNr 62; Bauer/Diller, Wettbewerbsverbote, 1995, S. 82.

價目表各乙份在卷可稽，短期內亦無在大甲、清水等地區設立分店之計畫，揆諸前揭說明，被告於大甲鎮內之「葳○派」從事與原告相類似之糕餅或派行為，難認對原告之營業利益有何影響」（判決理由 七（三）2）。

4. 期間長短

　　離職後競業禁止之期間，應和雇主所企圖藉以保護的正當利益為限，因此設若雇主在短期內將不再從事該部分之營業（例如已停止該部分營業），或是嗣後勞動市場與專業技術等情況的改變、導致雇主喪失前述正當利益時（例如已超過產品的生命週期、或該技術已廣為周知），應認原競業禁止條款無效（至少嗣後失其效力）。

　　至於就臺北地方法院90年勞訴字第47號判決所涉事實，原告美商威○臺灣分公司係生產直銷藥品及保健食品，與任職營養師之被告約定離職後二年內不得從事競業活動，後升任副營養師。被告於工作三年多（1997年6月至2000年11月5日）離職，轉任經營相類似產品之新賀○公司擔任產品總監。原告起訴主張被告行為違反相關約定，審理法院判決原告勝訴。其中關於二年的限制期間的限制，法院認合理適當，其理由為「又兩造聘僱契約並未約定期間，非屬短期、定期之勞動契約，被告在原告公司任職，本於勞動基本法第57條終身僱用之精神推論，原則上被告得長期在原告公司任職，是系爭聘僱契約第9條競業禁止之期間限制約定為二年，尚屬合理適當」（判決理由三（七））。對於上述理由，姑不論在我國中小企業林立、其企業生命相對的有限，稱之為終身僱用制，是否妥當，已非無疑；又審理法院係以終身僱用制度，而非僱方所擁有的正當利益作為比較之標準，亦欠妥當。

（三）該約款是否給予勞方合理的補償？

　　若離職後競業禁止約款並未給予勞方合理的補償，原則上應認為

無效。蓋離職後競業禁止約款係為雇主單方之利益而設，離職後雙方勞動關係既已終止，勞工已無競業禁止之義務。吾人若承認雇方不必給予任何補償，而勞工有不作為（不從事競業行為）之義務，則在勞資雙方將成為單務、無償的關係[27]；勞工之職業選擇之自由既然遭受限制、影響其經濟上與人格上之利益，卻無任何補償，雙方權益顯失均衡。蓋要求一處於締約弱勢的勞工、單單為其原先之處於締約優勢的雇主「犧牲奉獻」，而後者卻不必因此付出相對的補償—或者勉強地說，雇主在此仍需支出與勞工簽訂相關約款的成本，不過這卻可以換得勞工不得競業的利益—，頗有劫貧濟富的味道、而與現今民事契約法以及勞動契約法上保障締約弱勢者／勞工的思想大相逕庭。準此，司法實務與學說雖多以雇主有無補償僅是參考的標準之一、而非離職後競業禁止約款的有效要件，即不可採。至於補償之額度應與競業禁止限制之範圍、亦即勞工因而所可能遭受的損失，保持適當比例（in einem angemessenen Verhältnis）[28]。在此，包括該類工作族群流動率、年齡、避免違反競業禁止約款所增加通勤、甚至或是遷居[29]，再就業之困難度，原則上亦應予以考慮。

　　至於我國實務上雇主對離職後競業禁止的勞工、多數似乎根本未為任何的補償，對此，本文認為（縱然雇方有值得保護之利益，又限制之工作種類、地區、時間等亦與之保持適當關聯）於此條件下課予勞工禁止競業之義務，原則上應認為欠缺期待可能性（Zumutbarkeit）

---

[27] 此由德國法上將雇主所為之補償與離職後競業禁止視為是一對價關係（so ausdrücklich, Ebenroth/Boujong/Joost/Boecken, 2001, § 74 HGB RdNr 5, 41）反面推論，可得而知。

[28] 德國法上的說明，參閱 Buchner, Das Wettbewerbsverbot nach Beendigung des Arbeitsverhältnisses, AR-Blattei SD 1803.3, 1995, RdNr 140; Ebenroth/Boujong/Joost/Boecken, 2001, § 74a HGB RdNr 11.

[29] Bauer/Diller, Wettbewerbsverbote, 1995, S. 82; Kassler Handbuch/Welslau, 2000, 6.1 RdNr 478.

而無效。至於當該約定具有定型化約款的性質時，欠缺補償的離職後競業禁止約款，應逕依民法第247條之1的規定，認定為顯失公平而無效[30]。

我國法上有下列案例可供參考：

(1)臺北地方法院91年勞訴字第11號判決認為職務津貼與員工之認購股份並非離職後競業禁止的補償：「原告（及雇主）雖以被告（及勞工）在職期間，其已提供被告每月4500元之職務津貼，並讓被告認購原告公司股份，主張已有代償措施云云。惟查職務津貼乃勞工於勞動關係存續中提供勞務之對價，性質與補償勞工因競業禁止之損害之代償措施不同，且被告任職原公司時原告公司並未告知被告該職務津貼即為競業禁止之代價，亦據證人及當時任原告公司管理部經理黃○○之結證在卷……原告以之為代償措施，自無可取。又被告固曾於85年9月間認購原告公司股票十萬股，惟被告依公司法第267條第1項規定，以每股10元認購，並非原告公司之分紅，被告之所以承買，乃因原告公司於89年5月2日以……函表示：「於股票由公司保管期間，離職員工之認股，由董事會洽特定人依認購全額現持股期間，按年利率百分之十加計利息買回」，惟被告離職後原告公司迄未依上開承諾買回系爭股份等情，已據被告陳明在卷，並有公司……函影本在卷可稽……，且為原告所不爭執，則被告認購上開股票，顯亦非原告公司給予之代償措施」（判決理由五（三）2）。

(2)新竹地方法院於89年訴字第114號判決認為：雇主於一般員工分紅配股外所發給的技術股，可構成離職後競業禁止的補償。該案所涉事實為：原告國○光電股份有限公司與擔任廠務工程師之被告定有「重要技術人員技術股取得合約書」，該合約書第1條第1項約定「甲方（即原告）同意以每年公司稅後淨利並依法彌補虧損提列法定公

[30] 作者，「離職後競業禁止約款的審查：民法第247條之1—評臺北地方法院91年勞訴字第129號判決」，萬國法律，92年10月，第131期，第27頁以下。

積後的可分配盈餘，優先將其中0.125%給予乙方（即被告）分紅入股。歷年配股總金額最高以10萬元為限，每股新臺幣10元。」；第4條「（一）乙方保證至少專職服務六年，不得兼職。在職期間及離職後二年內在臺灣地區、香港、東南亞及中國大陸境內不得直接或間接經營或參與甲方相似或競爭之行業。（二）乙方違反本項之規定者，除違約所得利益應賠付甲方外，應將所分配技術股或提撥金額全數沒收，作為違反本協議書約定之懲罰性違約金，並由甲方全權處理」。惟被告於工作未滿六年即行離職，並於離職次日轉入華○光電股份有限公司任職。至90年度為止，被告共領得技術股股份3萬9,133股。原告主張被告違反相關規定，並主張被告所領得之技術股即為其離職後競業禁止之代償措施，被告則辯稱系爭技術股係為獎勵被告，並非補償競業禁止期間之薪資的代償措施。審理法院於判決中表示：「關於代償措施方面，被告簽定系爭合約書後，除一般員工分紅外，每年尚且額外自原告處取得技術股股份，此應可視為被告應簽定系爭合約書受有專職期間、競業禁止等限制之代價，殆無疑義。」（事實及理由　四得心證之理由（三））。惟上述審理法院之見解，似有架空代償措施的意義。蓋依系爭合約書之首記載：「國○光電股份有限公司（以下簡稱甲方）經董事會同意聘用技術人員鄭○○（以下簡稱乙方）擔任公司重要職務。甲方同意除給予乙方職務上應得之薪資酬勞及相關法令規定之各項福利外，並願意以分紅入股方式提供技術股給予乙方以茲獎勵。」，第2條約定：「乙方於簽定本協議日之前知悉或所有之從事發光二極體磊晶即晶粒（以下簡稱產品）之產銷有關專利權、著作權、營業秘密、工業設計、製造程序方式或其他KNOW—HOW技術等一切專門技術（以下合稱專門技術），應完全揭露並無償提供甲方永遠使用。」（事實及理由四得心證之理由（三））

　　又例外地，設若勞工於原勞動關係即有豐厚之收入，則就離職後競業禁止約款縱無補償，仍可能例外地認為有期待可能性而為有效。例如就高雄地方法院91年訴字第2221號判決所涉事實，原告建○醫

院與被告婦產科主治醫師簽有備忘錄，約定「離職後半年內，不得於高雄市執業（違約願賠五十萬本票生效）」，被告於因醫療糾紛離職後，受僱於高雄市某婦產科診所，原告於知悉後主張被告違反離職後競業禁止約定。法院認定該約定有效，且五十萬違約金僅相當於被告任職時一個餘月之薪資，亦非過高，而判決原告勝訴。對此，本文認為：雇方對勞方離職後競業禁止雖未提供相當的補償，惟競業限制之程度（特別是因為限制之地區甚為明確）似對勞方之職業選擇並無重大影響，而且勞方原受有高薪，因此例外地認為該競業禁止約定雖無補償、仍為有效，或許是正當的。

四、結論

　　本案判決所採三個審查步驟：（一）僱用人有無可受保護之利益、（二）限制之合理性、（三）限制之相當性，係目前判決中唯一以此三步驟為審查者，亦與本文所提出的三個審查步驟相似。惟所稱之「限制之合理性」、「限制之相當性」在文義上（究竟其內容如何？二者間區別如何？）不甚明確。又此三審查步驟彼此間可能的關係如何？審理法院並未論及。對此，本文提出三個審查步驟：（一）雇方有無值得保護的正當利益、（二）該約款所限制之競業者（勞工）、範圍（限制競業之種類、地區、期間等），與雇方所企圖保護之正當利益是否保持合理的關聯？（三）該約款是否給予勞方合理的補償，希望能提供一較簡單明確的審查步驟，並認為此三審查步驟彼此間的關係為：若離職後競業禁止約款通不過在前的審查，原則上即認定為無效；僅當系爭約款通過先前步驟的審查，方才有依據次一步驟再加以審查的必要。又若系爭約款無法通過任一步驟的審查，該約款即為無效。

12 定期勞動契約實務問題研究

壹、導　論

一、關於定期勞動契約的法律事實

　　我國勞委會統計處或行政院主計處，並未單獨地對定期勞動契約作統計。但在失業原因的分析，依據行政院主計處[1]的統計，於2003到2005年，平均失業人口分別為50萬3千人、45萬4千人、42萬8千人，其中因季節性／臨時性工作結束所致者分別約4萬人、5萬人、5萬人，分別約佔總失業人口的8%、11%、12%。依勞委會統計處[2]的調查，1996年到2000年各年度平均失業人口分別為：24萬2千人、25萬6千人、25萬7千人、28萬3千人、29萬3千人，而其中因臨時性工作結束者分別為：1萬9千人、2萬2千人、2萬5千人、2萬6千人、2萬9千人；分別約佔總失業人口的7.8%、8.5%、9.7%、9.1%、9.8%。自2001年起到2004年，失業情況明顯惡化，分別為：45萬人、51萬5千人、50萬3千人、45萬4千人，而其中因臨時性工作結束者分別為：5萬2千人、4萬7千人、5萬人、4萬9千人；各約佔總失業人口的11.6%、9.1%、9.9%、10.7%。綜觀以上統計，吾人似可認為當失業情況趨於嚴重時，季節性工作／臨時工的失業情況就更為嚴酷[3]。

---

[1]　http：//dgbas.gov.tw/public/Attachment (2006.04.15).

[2]　http：//dbsl.cla.gov.tw/stat/index/(2006.04.15).

[3]　就德國境內定期勞動契約的情況，有統計資料顯示（Begr. RegE, BT-Drecksache. 14/4374, S. 11, Beschäftigung in Europa, 2001, S. 68 ff, beide zit nach Annuß/Thüsing, 2. Aufl, 2006, Einführung Rn 18.）：在1991年，定期勞動契約佔全部勞動契約的6.3%（原西德地區 5.1%，原東德地區10.3%），1999年則提高到19.5%。依據EUROSTAT的勞動調查報告顯示，從1995年到2000年，德國境內約有10%的定期勞動者是非自願約為定期的，是歐盟成員國中比例最低者。1997年在歐盟成員國中平均約有40%、2000年則有35%的定期勞工是非自願的。定期勞動契約多被當作是轉向不定期勞動契約的跳板；從1995年到1996年在德國境內約有40%的定期勞動者於一年後轉為不定期

二、定期勞動契約在勞動法上的一般問題

　　定期勞動契約，通常無法提供勞工經濟上及職業上足夠穩定的基礎，對於期限屆滿後所生無工作、無薪水的風險，勞工只能自行承擔。定期勞動契約於期限屆滿將自動結束，雇主無須另為解僱之意思表示，這將使得一些原須特別受到解僱保護者（如孕婦、殘障者、遭遇職災之勞工）的勞動契約，仍然會因為定期期滿仍自動結束，對這類人員的保護顯然不足，因此在勞動法的歷史上，定期勞動契約一向被視為是例外的情形。然而勞動環境的改變，包括勞動技術的改變導致對勞力需求的降低、職業型態的改變、對工時型態——包括彈性化——觀念的改變，加上個人應自行承擔其職業上風險的想法，勞動市場或多或少迫使勞工接受定期勞動契約，以避免失業[4]，因此定期勞動契約遂愈趨普遍。

三、立法政策：以定期勞動契約作為減緩失業的方法？

　　從勞動政策上看來，為對抗失業，德國法[5]上朝著一方面對定期勞工提供平等待遇的保護，另一方面則朝向從寬承認勞動契約定期的合法性，企圖增加雇主雇用勞工的誘因。不過這對失業問題的解決究竟有多少助益？對定期勞工是否尚能提供適當的保障，仍待觀察。對我國法而言，這意味著：勞基法第9條定期勞動契約事由：臨時性、短期

勞動者，而同時期約有10%的就業人口離職，並約有8%成為失業者。定期勞動者最常見的抱怨是：工作不穩定、工資過低。

[4] Vgl. Bauschke, Befristete Arbeitsverträge, AR-Blattei SD, 2002, Rn 1 ff; 92 ff.

[5] 關於德國法的說明，林更盛，德國法上對勞動契約定期約定的審查，發表於2006年5月4日政大法學院／勞委會主辦，「兩岸勞動法學術季實務交流—勞動者之個別保障與集體形成」，第三場。

性、特定性、季節性工作的認定、認定的寬鬆程度如何，某種程度上將受到勞動政策走向的影響。又定期勞工的勞動條件，究竟應如何訂定，是否／如何受到平等原則的保護，也是有待進一步的探討。特別是當定期勞工遭遇職業災害以及面臨勞動契約結束的問題時，相關法規究應如何適用，方能提供適當的保障，亦亟待探討。本文以下謹以法院判決為主，探討前述相關問題。

貳、關於勞動契約定期約定的幾個問題

一、「定期」的認定

按勞基法第9條第1項規定：勞動契約，分為定期契約及不定期契約。臨時性、短期性、季節性及特定性工作得為定期契約；有繼續性工作應為不定期契約。依其所列四種定期的型態觀之，定期所涉及乃是法律行為附期限中的「終期」（民法第102條第2項參照）。是以勞動契約的定期，因涉及勞動契約於期間屆滿時自動終結（第488條第1項），對當事人權益影響甚大，特別是剝奪勞工解雇、退休相關規定所可能提供的保護，因此我國法上有[6]主張當涉及「依其性質及目的」所為的定期約定時，應具備客觀可確定性及客觀可預見性。相較於一般關於民法總則上期限的論述，此一要求或許較為嚴格，惟原則上仍可贊同。衍生的問題是：勞動契約得否附解除條件？吾人若採肯定見解，由於解除條件成就時法律行為自動失效（民法第99條第2項參照），因此原則上也應符合勞基法第9條的要求。至於一般所謂的「服務年限」約款，因為是要求勞工至少應為雇主服勞務達一定的期間以

---

[6] 黃立／郭玲惠，民法債編各論（上），2002，第569頁。

上，並非年限屆滿勞動契約自動終止，因此審查該類約款有效與否，其標準自不必與勞基法第9條第1項所規定者同。最高法院於96年度台上字第1396號判決中表示：[7]「最低服務年限約款適法性之判斷，應從該約款存在之「必要性」與「合理性」觀之。所謂「必要性」，係指雇主有以該約款保障其預期利益之必要性，……所謂「合理性」，係指約定之服務年限長短是否適當？……」而不以勞基法第9條第1項作為審查依據，誠屬正確。實務上雇主有在適用期滿前預告勞工契約適用不合格者、依勞基法第11條第5款「預告終止」、於預告**期滿時「終止」**勞動契約[8]或是於**工程結束時**，對特定性工作之勞工為「**解雇**」之通知或「**合意終止**」者[9]，基於定期勞動契約期滿自動消滅的特性，此非法律上所必要的。惟若期限之屆至雖屬必然，但其具體時點卻可能並非自始確定（例如以所承包之特定工作的完成作為期限）。於此，期限屆之具體時點，若原則上僅僅是雇方、而非勞工所可掌控或知悉的範圍，則對勞工而言，此類期間之屆至的不確定性，與其面對期前解雇的情形並無不同，準此，基於誠信原則的要求，依其情形，似應

---

[7] 出自法源法律網，www.lawbank.com.tw，最後確認時間2008.02.14.以下實務與行政機關見解出處亦同，故不另附註。

[8] 最高法院94年度台上字第240號裁定「上訴人自民國86年1月15日受僱任職於被上訴人松山分公司營業員，被上訴人為證券業，於86年9月1日始經行政院勞工委員會公告自87年3月1日起適用勞動基準法（下稱勞基法），在此之前，兩造之僱傭關係應依民法之規定，基於契約自由，其試用期間之約定，即屬定期僱傭契約。上訴人於試用期間未能達到公司正式任用標準，被上訴人未予終止僱傭關係，一再延長試用期間，於法並無不合。且被上訴人自87年3月1日起適用勞基法後，上訴人同意被上訴人87年4月10日台証人聘字第207號函稱「再試用至87年5月31日，若市場占有率未能達到萬分之零點五之標準，自同年6月1日起解除聘任關係」之內容，再試用一個月又二十一日，並未逾勞基法第9條第2項第2款所規定九十日，兩造之僱傭契約，不得視為不定期契約。上訴人於試用期間不能勝任證券業營業員之工作，被上訴人因而於87年4月27日依勞基法第11條第5款之規定預告上訴人終止契約，並於同年5月31日終止兩造間之僱傭契約，於法委無不合」。

[9] 參照臺灣高等法院86年度勞上字第40號判決。

類推適用勞基法第11、16條的規定，要求雇主對於定期勞工告知該期限之屆屆，違反時並應類推適用同法第16條第3項之規定，給付預告期間之工資。至於德國法上「部分工時與定期勞動契約法」第15條第2項要求雇主應於二星期前通知勞工目的已經達成的規定，在立法政策上亦值得吾人參考。

二、勞基法第9條關於定期的規定——任意規定？

　　最高法院於91年度台上字第2271號民事判決中，認為勞基法上第9條關於定期的規定乃是任意規定，「按勞基法第9條第1項固規定：勞動契約，分為定期契約及不定期契約。臨時性、短期性、季節性及特定性工作得為定期契約；有繼續性工作應為不定期契約。但定期契約與不定期契約對於勞工而言，僅在：特定性定期契約之期前終止權（第15條第1項）、不定期契約之終止前預告期間（第15條第2項）、特定性定期契約之勞工期前終止或定期勞動契約之勞工期滿離職者，不得請求加發預告期間工資及資遣費（第18條）等項見其差異，並不影響勞工依勞基法可享之其他權益，該第9條即難解為係屬強制規定。故原審認上訴人關於兩造間之僱用契約因違反上開規定而為無效之主張為不可採，尚無違誤」。

　　最高法院上述見解，甚有疑義。在勞動法的發展上，基本上是以不定期勞動契約為常態，定期勞動契約乃是例外，以保障勞工擁有較穩定的工作以及經濟來源。蓋與不定期勞工相比，在契約結束的問題上，無須相當於勞基法第11、12條的法定解雇事由，定期勞工因期滿契約自動結束、所享有保障顯然較少。是以我國勞基法第9條的規定，基本上也是反映出這種想法。第9條第1項第二句前段規定得為定期契約的情形以臨時性、短期性、季節性及特定性工作為限，後段則規定「有繼續性工作應為不定期契約」，顯然也是以不定期契約作為勞動

契約的常態，定期勞動契約乃是例外。又關於資遣費的問題，為貫徹保障勞工離職後、過渡期間的經濟生活，資遣費的相關規定應認為是強行規定。資遣費之給付以雇主或勞工行使終止權為前提（勞基法第11條、第13條但書、第14條、第17條參照），惟定期勞動契約因期滿而自動結束，既與終止權之行使無涉、雇主自無給付資遣費之義務。以上所述，於退休金之給付的問題上，亦同。因此，定期勞動契約顯然可能被當作規避勞基法上解雇事由、資遣費、退休金等強行規定的手段（脫法行為），故勞基法第9條關於定期勞動契約的規定，應認為是強行規定[10]。

三、合法定期事由的認定——以營業項目為準？

　　關於勞基法第9條第1項定期事由的認定[11]，行政院勞工委員會於（87）台勞資2字第051472號函中的說明二表示：「查有繼續性工作應為不定期契約，勞動基準法第9條定有明文。貴公司所營事業項目之一為人力派遣，人力派遣即為貴公司經常性業務，故尚不得為配合客戶之需求，而與勞工簽訂定期契約」。此見解係以雇主營業項目作為判斷的標準。對此問題，高雄高等行政法院於91年度訴字第616號判決中明確採取反對見解，認為：「行政院勞工委員會……以90年7月30日台90勞資2字第0034607號函答復被告稱：『……案內所提『空調系統操作維護』業務如係台灣開利股份有限公司經常性之主要經濟活動，則因該主要經濟活動（空調系統操作維護）所生之工作，就該公司而言係屬繼續性之工作，不應因該項業務之來源（承攬或委任）而影響事業單位與勞工所簽訂之勞動契約性質。』惟查，依勞動基準法施行

---

[10]　同結論，王松柏，勞動契約的存續期間，收錄於台灣勞動法學會編，勞動基準法釋義，2005年，第76頁。

[11]　另參王松柏，同前註，第76頁以下。

細則第6條第4款之規定，特定性工作係指可在特定期間完成之非繼續性工作，可知判斷是否為特定性工作，應由勞工所從事之工作內容來認定，而非僱主是否以之為主要經濟活動為據，蓋公司僱用之勞工不論定期與否，必然從事公司之主要經濟活動，因此，若依前揭函文所示，認勞工從事者為公司之主要經濟活動時，即具有繼續性者，將使勞動基準法所稱特定性工作之規定，形同具文，是被告援用作為定期契約之認定標準，自非可採。」（判決理由三、（三））。

對此，本文認為定期事由的認定，應以所謂的工作特性為準，高雄高等行政法院之見解應當是正確的；又德國法上「部分工時與定期勞動契約法」第14條第1項關於作為定期約定的正當事由的規定[12]，

---

[12] 第14條「（第1項）於具有正當事由（durch einen sachlichen Grund）時，勞動契約得約定為定期。特別是（insbesondere）下列情形，得認定為具有正當事由：**1.**企業經營上對該勞務之需由僅為暫時性，**2.**於職業訓練（Ausbildung）或學業（Studium）之後所為定期之約定，以促使該勞工過渡到一般受僱關係，**3.**為替代其他勞工所雇用者，**4.**勞務之特性足以對定期之約定加以正當化者，**5.**基於試用所為之定期，**6.**基於勞工個人之事由，足以對定期之約定加以正當化者，**7.**勞工之工資是由公家預算（Haushaltsmittel）支出、該預算是針對定期僱用關係而設，且勞工是因此而受僱者。亦或是**8.**基於訴訟上和解（Gerichtlicher Vergleich）所為之定期約定。

（第2項）勞動契約欠缺正當事由時，仍得依曆計算而為定期，惟其最長期限為二年；在此二年之總期限內，依曆計算之定期勞動契約，最多得延長三次。惟勞工和同一雇主間，先前（bereits zuvor）曾訂有定期或不定期之勞動契約者，其勞動契約之定期不得依第一句之規定為之。就定期勞動契約延長之次數或定期期間之上限，團體協約得另為規定，不受第一句規定之限制。於上述團體協約的效力範圍內，不受團體協約拘束之雇主和勞工亦得約定適用團體協約的規定。

（第二之一項）企業於成立（Gründung）後四年內，得依曆計算訂立定期勞動契約，期間最長為四年，毋須具備正當事由；於此四年之總期間內，該依曆計算訂立的定期勞動契約，得任意延長。上述規定對於因企業或關係企業的組織變更（Umstrukturierung）所成立之企業，不適用之。前述企業之成立之時點，謂企業開始營運，依稅捐法第138條之規定，應通知所屬縣市或稅捐局者而言。關於本項第一句勞動契約定期之規定，準用本條第2項第二句至第四句之規定。

（第3項）勞工於定期勞動契約開始履行時，年滿五八歲者，其勞動契約之定期無須具備正當事由。惟勞工與同一雇主曾訂有不定期勞動契約者，就與之有密切的事物上

亦值得吾人參考。至於在僱主營業項目內的工作，仍有可能為定期約定之正當需求（例如為替代請產假女工的工作所聘僱的勞工），營業項目外的工作，也有可能是繼續性工作、不應為定期之約定者（例如會計、人事部門、清潔或保全人員）。因此以營業項目作為決定之標準，並非適當。而高雄高等行政法院於前述判決中認為「公司僱用之勞工不論定期與否，必然從事公司之主要經濟活動」，此一說法是否能夠成立，雖未必會影響到判決的結果，但是否與一般觀念所認為的「**主要經濟活動**」相符，不無疑問（例如為替代請產假的工友、職災公假的公司交通車司機所定期聘僱者，其所從事之工友／交通車司機之工作必然是該公司的「主要經濟活動」？）。

　　至於所謂的以「工作特性為準」，仍應斟酌衡量雇主企業經營上的合理利益以及勞工勞動契約存續之保障，加以決之。因此關於「適用期間」的約定，勞基法第9條雖未明文承認，一般仍肯認得作為定期約定的正當事由，應為正確。惟雇主企業經營上的合理利益，必以之和該特定職務有具有關聯、且呈現於契約內容者為限。最高法院於93年度台上字第2208號判決中表示：「又兩造間（申○○、酉○○除外）簽訂之系爭「春迪公司定期聘僱契約合約書」，其名稱為「定期聘僱契約」，合約書第1條、第2條並載明係因環保署「89年度南區機車排氣定期檢驗專案計畫」而簽立，則該特定事務之執行倘具時間性，即與認定系爭僱傭契約為定期抑不定期所關至切，且如為定期契

關係（ein enger sachlicher Zusammenhang）之勞動契約，不得約定為定期。當二勞動契約在時間上間隔不超過六個月時，特別是（insbesondere）得認定為具有上述密切的事物上關係。本項第一句所規定的年滿五八歲的標準，於生效後至2006年12月31日止，應以五二歲替代之。
（第4項）勞動契約之定期約定，須以書面為之，方得生效。
對該規定的中文說明，參閱林更盛，德國法上對勞動契約定期約定的審查，發表於2006年5月4日政大法學院／勞委會主辦，「兩岸勞動法學術季實務交流─勞動者之個別保障與集體形成」，第三場。

約，上訴人於期滿時通知被上訴人不再繼續聘僱，當無給付資遣費之問題。……」最高法院上述見解，誠屬正確。又由於企業之經營基本上不會預設一定的年限，因此雇主不得將其自身應承擔的一般企業經營風險，透過定期約定轉嫁給勞工（勞基法第11條第1至4款參照）。例如電視公司雖每六年換照一次，但不得據此作為合法的定期之事由。又如雇主以承攬工程為業，於僱入勞工之初，並未約定係為特定工程而雇用、亦未約定勞動契約以該工程結束為終期，嗣後自不得以某特定工程結束為由，主張勞動契約因期滿而結束[13]。反之，則得為合

---

[13] 另參臺灣臺南地方法院94年度勞訴字第39號判決 事實及理由「六（一）「所謂「非繼續性工作」，係雇主非有意持續維持之經濟活動，而欲達成此經濟活動所衍生之相關職務工作。換言之，工作是否具有繼續性，應以訂立契約前後雇主事業單位所從事之業務內容及規模綜合判斷，如勞工所從事之工作與雇主過去持續不間斷進行之業務有關，且此種人力需求非屬突發或暫時者，則該工作應具有繼續性，反之則可能不具繼續性。（二）經查，本件原告自78年8月間起至91年10月31日止（其間工作年資合併計算，及92年11月1日起至94年10月31日止之年資合併計入，詳後述），其工作地點隨被告公司承包之工程而異（臺北、臺南等地），歷任技術員、資深技術員、土方領班等工作，所受僱從事之工程並不限於特定一個工程，而被告公司資本總額180億元，實收資本額145餘億元，所營事業有國內外土木、建築、管線、工程管理、營建工程、大眾捷運系統工程之籌建等業務，且經常承攬興建各項重大交通工程，有被告公司基本資料查詢在卷可稽（本院卷第一宗第38及39頁），且為兩造所不爭執，承上可知，原告所從事之工作與被告公司過去持續不間斷進行之業務有密切關聯，且該種人力需求非屬突發或暫時性質，依照前揭說明，雖兩造所簽訂之勞動契約文字載明特定性定期勞動契約、契約期滿自動終止勞僱關係時不得請求發給預告工資及資遣費等等，然核其勞動契約之本質，具有繼續性，並非臨時性、短期性、季節性以及特定性的工作，應認係不定期勞動契約。難以契約用語之限制，即謂其工作不具繼續性，是被告此部分之抗辯，尚非可採。」臺灣高等法院花蓮分院93年度勞上易字第52號判決事實及理由「六、經查本件被上訴人在上訴人服務長達十三年之久，工作的地點又分佈在上訴人所承包位於台中、花蓮等地的工程，而被上訴人所受僱從事的工程也不限於特定一個工程，此均為兩造所不爭執，顯見被上訴人與上訴人間的契約並不是臨時性、短期性、季節性以及特定性的工作，則依照前揭說明，雖然兩造所簽訂勞動契約的文字是以一年為期，但既然不是臨時性、短期性、季節性以及特定性的工作，仍然是屬於不定期的勞動契約。因此被上訴人主張本件勞動契約是屬於不定期性勞動契約即可採信。」

法的定期契約[14]。

四、合法定期事由的認定——勞動主管機關的核備？

　　勞基法施行細則第6條第4款規定：特定性工作之期間超過一年者，應報請主管機關核備，有疑問者，應經而未經核備者，對基於定期性工作所定勞動契約之效力的影響如何？最高法院87年度台上字第2578號民事判決中表示：「查勞動基準法第9條第1項規定，特定性工作得為定期契約，又民國74年2月24日發布之勞動基準法施行細則第6條第2項僅規定特定性工作之期間超過一年者，應報請主管機關核備，並未規定未報請核備者，即應視為不定期契約。原審以上訴人僱用被上訴人張某等二十人及徐某所從事者，雖係屬特定性之工作，但其期間超過一年，又未報請主管機關核備，即謂應視為不定期契約，進而認上訴人與被上訴人張某等二十人間之僱傭關係迄今仍繼續存在，及上訴人與徐某間之僱傭關係於徐某生前亦仍存在，上訴人應給付被上訴人如原判決附表應給付金額欄所示之工資，顯有違誤。」基於公／私法之區分、以及行政機關對於私法契約不宜過度介入的考量，上述

---

[14] 臺灣高等法院86年度勞上字第40號民事判決 理由「四、按勞基法第9條第1項明定特定性之工作得為定期契約，是否為特定性工作之定期契約，並不以有明確之終止日期為必要，如以特定工作完成時為終止之期日，其終止日期亦可得確定，仍不失為定期契約之一種。經核本件契約書第1條關於契約期限明定為自中華民國80年10月1日起至工程結束日止。契約期滿，雙方終止僱傭關係，乙方（即上訴人）應立即無條件離職。甲方（即被上訴人）因隧道工程之需要僱用乙方，本僱用契約期限於該工程結束時屆滿，屆時雙方即應終止僱傭關係，乙方應立即無條件離職。第3條復約定：乙方受僱後，應至甲方指定之工作地點工作。在契約期間，甲方因業務之需要而調動乙方工作地點及工作項目時，乙方應無條件接受等語，且上訴人於原審起訴，亦稱『被告為北二高隧道工程，與原告簽訂定期勞動工契約』云云（見原審北調字卷起訴狀『事實及理由』第1項），足見被上訴人係因興建北二高隧道之特定工程而僱用上訴人，兩造間之契約應屬定期契約」。

見解，可資贊同。

參、定期勞工的勞動條件

一、基本原則：平等待遇

　　為實現與貫徹憲法第7條之平等原則所蘊含之價值判斷，吾人承認在勞動法上存在著一般平等待遇原則[15]。蓋勞工經常處於雇主單方決定勞動條件的情形，為實踐與貫徹平等權之價值判斷、節制雇主恣意行使其決定權限，吾人並無理由僅將平等待遇原則的適用、僅侷限於勞基法的領域（如勞基法第25條）、或僅限於特定的觀點（如勞基法第25條以及兩性工作平等法第7條以下所規定之性別；工會法第35條所規定之擔任工會幹部與否）、或是僅限於特定時機（例如大量解雇勞工保護法第13條所規定之解雇時）而已。雇主對處於類似情形的勞工，為差別待遇時，必須具備正當事由（sachlicher Grund），否則構成歧視；被歧視之勞工原則上得請求同等的待遇。

　　德國「部分工時與定期勞動契約法」第4條第2項規定：「雇主不得基於定期勞動契約，對於定期勞工，和相類似的不定期勞工相比，作不利之待遇，但有正當事由者，不在此限。對於根據一定的期間而發給之工資、或其他具有金錢價值的可分給付，至少應就該期間內定期勞工受僱時間的比例，發給定期勞工。對於根據受雇於廠場或企業之期間所定的勞動條件，對於定期勞工以及不定期勞工而言，應同等地計算該受僱期間，但有正當事由、足為不同之計算方式者，不在此

[15]　林更盛，勞動法上的一般平等待遇原則，收錄於氏著，勞動法案例研究（一），2002年，翰蘆，第89頁以下。

限。」該規定要求雇主不得直接或間接地以勞動契約之定期與否作為區分之標準；給與定期勞工的勞動條件，在可分給付的情形，原則上應依雇用時間之比例（pro-rata-temporis-Grundsatz）發給；惟若該給付之數額太少、以致於失去給付目的的意義，則可以例外地全部不發給。在不可分給付時，原則上全額給付[16]。由於吾人承認在勞動法上存在著一般平等待遇原則，因此雇主對於定期勞工，除有正當事由者外，亦應為平等待遇。因此德國法上的規定與說明，足以作為吾人在確定定期勞工之勞動條件時的參考。

二、幾個勞動條件的問題

勞基法上關於工資的規定，基本上既不以勞動契約是否定期為區分，因此定期勞工與不定期勞工，原則上應相同地受到上述規定的適用。又對於雇主在勞基法的標準之上、另外提供的底薪（Grundgahalt），對處於相同或類似地位的定期和不定期勞工，基本上不可作區分[17]。關於工時的相關問題（工時的計算、延長、變形工時與彈性化、休息等問題），亦同。雇主依勞基法第38條所應給予的特別休假（Jahresurlaub）[18]、或是團體協約所定以過去受僱期間為給付要件的獎金、休假，原則上皆應全額給予定期勞工[19]。關於其他的獎金，例如每年度發給的特別給付（Jahressonderzahlungen），若從其發給的前提要件來看，僅具工資／對價的特性，只是將給付期間往後推延，則應依受僱時間比例發給定期勞工。反之，若同時具有其他目的（例

---

[16] Meinel/Heyen/Herms, 2. Aufl, 2004, § 4 TzBfG Rn 104.

[17] Annuß/Thüsing, 2. Aufl, 2006, § 4 TzBfG Rn 80.

[18] Vgl. Annuß/Thüsing, 2. Aufl, 2006, § 4 TzBfG Rn 81; Meinel/Heyen/Herms, 2. Aufl, 2004, § 4 TzBfG Rn 105.

[19] Meinel/Heyen/Herms, 2. Aufl, 2004, § 4 TzBfG Rn 105.

如為獎勵員工長期對公司的忠誠Betriebstreue，規定於該年度計算基準日：11月30日，勞工須已持續受僱超過一年以上者），可排除於該基準日受僱未達一年之定期勞工[20]。此於雇主所發給的第十三個月的工資（13. Monatsgehalt），基本上亦同[21]。至於福利措施如員工餐廳、運動設施的使用，原則上不得將定期勞工排除在外[22]。

三、定期勞動契約的更新與年資合併計算

　　勞基法第9條第2項規定：「定期契約屆滿後，有左列情形之一者，視為不定期契約：一　勞工繼續工作而雇主不即表示反對意思者。二　雖經另定新約，惟其前後勞動關係之工作期間超過九十日，前後勞動關係間斷未超過三十日者。」第10條：「定期契約屆滿後或不定期契約因故停止履行後，未滿三個月而訂定新約或繼續履行原約時，勞工前後工作年資，應合併計算。」[23]

　　關於此二規定在適用上的關係，基本上可認為：該二規定皆以雇主是同一個權利義務主體為前提。又立法者是要透過第9條，對於臨時性、短期性工作，於前後二契約時間超過九十日、間斷未超過三十日時，將此二定期契約合併，**視為一個不定期契約**；在法律效果上，這同時也會產生年資併計的效果。第10條則是主要是針對年資併計的問題加以規範：不論是定期亦或是不定期的勞動契約，只要工作中斷未超過三個月，並不會導致年資中斷、重新計算，因此其前後**年資應予併計**。詳言之：不論原先勞動關係是定期或不定期，只要新訂的勞動

---

[20] ErfK/Preis, 4. Aufl, 2004, § 4 TzBfG Rn 61 ff.

[21] Annuß/Thüsing, 2. Aufl, 2006, § 4 TzBfG Rn 82.

[22] Annuß/Thüsing, 2. Aufl, 2006, § 4 TzBfG Rn 84.

[23] 對此說明，另參王松柏，勞動契約的存續期間，收錄於台灣勞動法學會編，勞動基準法釋義，2005年，第81頁以下。

契約是不定期，依第10條的規定，先前勞動關係的年資應和新的勞動關係合併計算，這明顯地會提高勞工請求資遣費或退休金的額度。至於原先勞動關係是定期或不定期，但新訂的勞動契約是定期的，由於勞基法第10條僅以年資併計算的方式加以處理，因此除非另有勞基法第9條第2項第2款的適用，否則於定期期滿結束時，勞工原則上亦無資遣費或退休金的請求權。

最高法院於82年台上字第2938號民事判決中表示「上訴人以公司虧損為由，商得被上訴人同意，於74年12月31日資遣被上訴人，隨即與被上訴人訂定新約，自75年元月起以臨時工按日計酬繼續僱用，**自與勞動契約因故停止履行後，訂定新約無異**，既在勞動基準法公布施行後，原審認被上訴人之退休年資應合併計算，且有該法第10條之適用，其適用法律並無不合」。對此，本文認為此一結論可資贊同，惟理由則有待補充。詳言之：勞工於先前不定期勞動契約結束（解僱）的隔天，另與同雇主簽訂定期（臨時工）勞動契約。設若新訂的勞動契約的定期約款是有效的，原則上並無勞基法第9條第2項第2款之適用，蓋其先前勞動契約並非定期，而是不定期。又最高法院主張在此情形有勞基法第10條的適用，然而因為新訂的勞動契約是定期的，因此縱然先前勞動關係年資可以併入計算，首先也只是拉長年資而已，並不改變以下的法律狀態：於定期期滿時，勞動契約自動結束，勞工原則上仍無資遣費或退休金的請求權。要獲得最高法院所持結論，似應從「新訂勞動契約的定期約定，究竟是否合法？」加以著手。就本件情形而言，雇主既然於勞基法甫實施之際資遣勞工，隔天再以定期勞動契約的形式予以聘用（其擔任臨時工共計五年三個月），此一現象應可認為：此一臨時工作契約實際上是繼續性工作，應認定為不定期契約（勞基法第9條第1項第二句）。亦即其真正的法律狀態是：當事人在原不定期勞動契約終止後、另簽訂新的**不定期**——而非如期契約文字所呈現的**定期**的臨時工——勞動契約，從而對於新的**不定期契**

約的年資計算的問題，應類推適用、而非直接適用[24]勞基法第10條的規定——亦即如最高法院所言的「**自與勞動契約因故停止履行後，訂定新約無異**」——獲得最高法院所持的結果。

肆、職業災害補償

　　勞工因遭遇職業災害時，雇主依勞基法第59條之規定，對勞工的補償範圍包括(1)醫療費用、(2)原領工資、(3)身體遺存殘廢時的殘廢補償、(4)死亡時的喪葬費及死亡補償。對於其中第(1)、(3)、(4)等補償事項，對於定期勞動契約可以同樣地適用，且定期勞工應當可以請求全額的補償。蓋此類補償以勞工遭遇職災為前提，而勞工於遭遇職業災害時、就醫療費用、殘廢補償、喪葬費／死亡補償方面所涉及的損失範圍，並不會因為契約定期與否而有所不同，也不會因為以請求補償時（期間）勞動關係因期滿結束而有所影響，因此定期勞工應當可以請求全額的補償。臺北地方法院於93年度勞訴字第120號判決事實及理由三[25]採類似見解，就係爭船員定期僱傭契約所約定之死亡補償、生活

---

[24]　從勞基法第10條的文義看來，立法者在此只規定了二種情形：「定期契約屆滿而另定新約」、「不定期契約因故停止履行」而已。蓋定期契約屆滿後既已終了，原則上並無所謂履行「原」約、只有另定「新」約的問題，只有因故停止履行時，契約仍然繼續存在，才會有履行「原」約的問題。若然，本件情形是「不定期契約」「終止」後另訂「不定期契約」—而非「定期契約屆滿」、「不定期契約因故停止履行」的情形—，自非第10條文義所能涵蓋，自非直接適用、而是類推適用的問題。

[25]　臺北地方法院於93年度勞訴字第120判決事實及理由三：「（六）……。查兩造約定之船員定期僱傭契約第23條規定，乙方因執行職務死亡或因執行職務受傷、患病死亡時，甲方除依前條規定之服務年資給與死亡補償外，甲方應一次給與其遺屬平均薪資40個月之死亡補償等語。則上述條文既已明文，被告除依船員定期僱傭契約第22條規定之服務年資加給死亡補償外，尚須另給與平均薪資40個月之死亡補償，原告主張被告除已發給22條規定之20個月之死亡補償外，尚須另發給23條規定之40個月因執行

補助費，以及船員法第6、45條規定之死亡補償，皆不因其為定期契約而減少其數額，值得贊同。

　　有疑問的是(1)就原領工資的補償而言，其目的在使於使勞工不因遭受職災而喪失其工資請求權。勞動契約既然已因期滿而合法結束（對此，詳見本文以下六（一）之論述），雇主並無給付工資之義務、勞工亦無請求工資之權利，此一期滿後無法領取工資的「損失」，並非因職災而起，因此雇主似無繼續給付原領工資之義務。臺北地方法院於93年度勞訴字第54號民事判決 事實及理由五採不同的見解，一方面認定「**兩造間僱傭契約存續期間係自90年5月22日起至90年7月3日止……**」，另一方面卻認為對於定期期滿之後、仍在繼續醫療期間的「原領工資」，勞工仍得請求補償；「**茲既原告因職業災害受**

職務死亡補償，應為可取。蓋若如被告所言，因執行職務之死亡補償，總共只須發給40個月之死亡補償，則船員定期僱傭契約第23條規定之「甲方除按前條規定之服務年資給與死亡補償外」，豈不形同具文，被告辯稱原告只能再請求20個月之補償云云，並不可取。至船員法第45條及第6條規定，雖就僱用人對於船員遺屬給與死亡補償，區別船員「在服務期間死亡」及「因執行職務死亡或因執行職務受傷、患病死亡」，分別規定平均薪資20個月及40個月之補償標準。惟兩造於船員定期僱傭契約第23條，就因執行職務死亡補償，另行特別約定加給40個月之死亡補償，並不違反船員法第1條規定，保障船員權益，維護船員身心健康之立法目的，被告辯稱原告請求40個月之死亡補償，有違文義解釋、體系解釋及立法目的解釋云云，並不可取。又原告向台北市政府申請勞資爭議調解時，雖只請求給付20個月之死亡補償，惟既未為拋棄其他補償之意思表示，且該次調解並未成立，被告辯稱原告只能再請求20個月之死亡補償云云，並不可取。（七）再按兩造約定之船員定期僱傭契約第31條約定，乙方因執行職務死亡，甲方除應依本約規定賠償外，其遺有18歲以下或18歲以上尚在就學之子女及65歲以上父母受直接撫養（按當時戶口謄本為準）每人另加發生活補助費3萬元等語（見台北簡易庭卷第14頁反面）。本件何劍北符合因執行職務死亡情形，已如前述，原告甲○○主張於事故發生時未滿18歲，原告乙○○雖滿18歲但仍在學，原告辛○○年滿65歲，且受何劍北撫養，並提出戶籍謄本、戶口名簿、繳納學費證明、綜合所得稅核定通知書為證（見台北簡易庭卷第6至8頁、第18頁，本院卷第50至52頁），經核相符，原告主張被告應再依第31條規定，給付原告乙○○、甲○○、辛○○三人，生活補助費每人各3萬元，亦為可取。」

有壓迫性骨折之傷害，所需休養期間至多為半年，即至90年11月25日左右為止，而依榮民總醫院鑑定結果，休養期滿後原告仍保有原契約約定之工作能力，並無喪失原有工作能力之情事。**則原告得請求之必要醫療費用補償、醫療中不能工作之工資補償，自應以此期限內發生者為度。**」(2)至於同條第2款但書規定的情形，以勞工喪失原有工作能力，且不合第3款之殘廢給付標準者，雇主得一次給付四十個月之平均工資後，免除工資補償責任，此一四十個月之平均工資給付的前提，其中雖有「免除此項工資補償責任」等語，不過本規定在適用上既然是作為第3款的候補規定，並且同時以勞工喪失工作能力的補償為對象，因此第2款但書的規定應當與同條第3款的法律性質更為接近。準此，勞動契約雖因期滿而結束、雇主雖無工資補償責任可以免除，雇主似乎仍應比照第2款但書的規定，給付四十個月的平均工資、以作為勞工喪失原有工作能力的補償。

伍、定期勞動契約與終止

勞動契約定有期限者，於期滿時自動消滅，雇主無須另為終止之意思表示，已如前述。

一、期滿終結與禁止解雇之規定

有疑問者，若就解雇的問題，若定期勞工屬於特別受保護者（如勞基法第13條、職業災害勞工保護法第23條），其勞動契約是否仍然會因期滿而結束？從比較法的觀點而言，德國法上就涉及懷孕女工的

問題而言,仍有爭論,有採肯定見解[26]。相反見解則認為應將解雇法上對此類勞工予以特別保護的立法目的,移用到定期期滿終結的問題上,要求雇主必需具有要程度較高的正當事由時,該定期契約方得於期滿時自動結束[27]。以上二說,各有所據。就我國法而言,吾人若認為原則上應給予定期勞工和不定期勞工同等的、而非更優厚的待遇,而且勞動契約之定期約定既然已經有效,則期滿結束,不僅是定期約定當然的結果,也不至於對定期受僱的生產者構成「歧視」或是「差別待遇」,蓋定期受僱之未生產者(含男性勞工)也面臨相同的結果。準此,定期受僱之女工有分娩或流產者,雇主應給予產假(勞基法第50條);惟在女工可能請產假的期間,勞動契約因定期期滿,基本上將自動終結,既無可供停止之工作義務、當然亦無繼續請產假可言;因此認為定期勞動契約並不會因產假而延長,或許是較妥當的見解。

類似地,勞工於醫療中不能工作,若勞動契約已期間屆滿,勞動關係是否因而結束?對此,勞委會於民國89年04月25日(89)台勞動三字第0015886號函中採取肯定見解,認為:「查勞動基準法第54條規定勞工年滿六十歲或心神喪失或身體殘廢不堪勝任工作,雇主得強制勞工退休。至勞工於職業災害醫療期間,雇主可否強制勞工退休,迭生疑義。茲依勞動基準法第13條、第54條及第59條立法意旨,釋明如下:(一)勞動基準法第13條規定勞工職業災害醫療期間,雇主不得終止契約,旨在限制雇主不得單方面依該法第11條及第12條規定終止契約。(二)**定期契約,係因勞雇雙方合意之期限屆滿而失其效力,自無適用該法第13條之問題。……**」以上見解,可資贊同。蓋職災補償之目的在於補償勞工因職災所受損失;勞動契約因期滿而結束,此一「損失」,既係先前有效的定期約定之當然結果、並非職災所引起

[26] Arnold/Gräfl, Gräfl, Praxis Kommentar zum TzBfG, 1. Aufl, 2005, § 15 TzBfG Rn 10; Annuß/Thüsing, 2. Aufl, 2006, § 15 TzBfG Rn 1.
[27] S. MünchArbR/Wank, 2. Aufl, 2000, § 116 Rn 34 ff.

者，吾人自不應以勞工遭遇職災為由、否認勞動契約因期滿而結束的法律效果、藉以展延勞動契約的存續期間。

二、期滿前終止與預告期間

　　勞動契約定有期限者，於期滿時自動消滅（民法第488條第1項參照）。對於定期勞動契約，雇主除得以第11條、第12條、第13條但書、民法第488條所定事由終止勞動契約外，原則上不得於勞動契約期滿前終止契約（民法第488條第2項反面推論）。若雇主於期滿前主張依勞基法第11條、13條但書解僱勞工時，原則上仍應預告之。這不論是從文義的觀點、勞基法第11、12條的立法說明[28]、預告制度的目的來看，都應採肯定的見解。特別是因為預告期間的功能，在於使勞方有機會因應解僱所生之新的法律狀態、特別是讓勞方有尋找新的就業機會——這也反映在勞基法第16條第2項規定，勞工於預告期間得請每週不超過二日之謀職假、雇主應照給工資[29]。此一立法目的，對於定期勞工於期滿前面臨解僱的情事，亦同樣有其適用。

　　以上所述，對於雇主於職業災害勞工保護法（以下簡稱職災保護法）實施後、依該法第23條之規定預告終止定期勞動契約的情形，並無不同，於此不在重複論述。

---

[28] 第11條立法說明「……同時適用於無定期或定期勞動契約。」第12條立法說明「一、適用於無定期或定期勞動契約。」引自台灣勞動法學會編，勞資聖經—經典勞動六法，2006年，新學林。

[29] 參閱，林更盛，應預告而未預告之解僱的效力，收錄於作者，勞動法案例研究（一），翰蘆，2002，第287-288頁。

三、期滿前終止與資遣費

　　勞動契約於期滿結束時，勞工不得請求資遣費，勞基法第18條第2款定有明文[30]。有疑問者，於定期勞動契約期滿之前，雇主依據勞基法第11條、13條但書，或勞工依據第14條終止勞動契約時，定期勞工得否請求資遣費？從比較法的觀點而言，對於和資遣性質相接近的問題，德國法上對於因企業經營重大變動，由雇主與職工代表會（Betriebsrat）約定給予遭受不利益之勞工所的補償（社會計畫補償，Sozialplanabfindung），一般認其目的在於給勞工喪失工作位子的補償（Ausgleichsfunktion）以及過渡期間的扶助（Uberbruckungsfunktion）。對此可否將定期勞工排除在外？也是有爭論的。有認為定期勞動契約若因期滿、非因企業經營之變更而結束[31]；或是以一定年資作為給付前提、以致於排除定期勞工補償請求權，是可以的[32]。有認為由於定期勞動契約終將因期滿而結束，事前既可預見，因此可以給予較少的補償[33]。

　　就我國法而言，對於上述問題，勞委會於民國92年12月24日勞資2字第0920070419號函[34]中，肯定勞工的資遣費請求權。然而可能的反對

---

[30] 另參最高法院93年度台上字第2208號民事判決：「又兩造間（申○○、西○○除外）簽訂之系爭「春迪公司定期聘僱契約合約書」，其名稱為「定期聘僱契約」，合約書第1條、第2條並載明係因環保署「89年度南區機車排氣定期檢驗專案計畫」而簽立，則該特定事務之執行倘具時間性，即與認定系爭僱傭契約為定期抑不定期所關至切，且如為定期契約，上訴人於期滿時通知被上訴人不再繼續聘僱，當無給付資遣費之問題。」

[31] Meinel/Heyen/Herms, 2. Aufl, 2004, § 4 TzBfG Rn 119.

[32] Arnold/Gräfl, Rambach, Praxis Kommentar zum TzBfG, 1. Aufl, 2005, § 4 TzBfG Rn 44.

[33] Annuß/Thüsing, 2. Aufl, 2006, § 4 TzBfG Rn 83.

[34] 該函內容為「主旨：所詢事業單位於定期契約期滿前主動終止勞動契約，勞工可否要求雇主發給資遣費疑義一案，復請查照。說明：……二、查適用勞動基準法之事業單位，雇主非有該法第11條、第12條或第13條但書規定之情事，不得終止勞動契約；如

理由是：定期勞動契約期滿時，雇主既然無須給付資遣費，則「舉重以明輕」，勞動契約於期滿前終止，雇主更無須給付資遣費。對此，本文採取和勞委會相同的見解。以下謹從資遣費的法律性質，補充說明如下：

關於資遣費的性質，有下列幾種見解[35]（一）失業保險與退休金之補充與替代、（二）勞工喪失職位之補償（對於勞工非出於自願提早離開工作位子的補償）、（三）作為勞工對雇主長期忠誠的對價以及輔助勞工度過尋職期間的經濟生活、（四）延期工資、（五）恩惠性給與說（資遣費為雇主對勞工長期辛勞為企業付出與評價所為之獎勵）等不同見解。上述各種見解，或許各有所據，本文認為從資遣費的給付前提以及法律效果等特徵觀察，應以第三說為當。首先雇主給付的資遣費之義務，（一）係以勞工對雇主提供長期忠誠（Betriebstreue）為前提，這包括了(1)勞工非因定期之期間屆滿（勞基法第18條第2款）、(2)非自願地離職（勞基法第15條、第18條第1款）、且(3)非因可歸責於勞方之事由─這包括了(3a)雇方有可歸責或類似之重大事由致勞方立即終止（勞基法第14條）、或是(3b)解雇事由主要源出自雇方（勞基法第11條第1至4款）或是(3c)其他勞方並無可歸責之事由（勞基法第11條第5款）─而終止勞動契約。（二）類似地，資遣費的計算，也是完全與在同一雇主繼續工作之期間（年資）─亦即勞工對企業的忠誠─成正比（勞基法第17條參照）。（三）對於資遣費的請求權，勞基法並未明定短期消滅時效（對照勞基法第58條退休金請求權）、亦無專屬性（不得讓與、扣押、抵銷或擔保）的規定

依上開第11條各款或第13條但書規定終止契約者，應依同法第16條規定期間預告，並依第17條規定發給資遣費。所詢雇主於定期契約期滿前主動終止勞動契約，勞工可否要求雇主發給資遣費疑義一節，仍應查明雇主有無得依法終止勞動契約事由；如係依前揭第11條各款或第13條但書規定終止契約者，自應依第17條規定給付資遣費。」

[35] 參閱吳姿慧，我國資遣費制度之檢討─以德國「勞動契約終止保護法」與「企業組織法」之規定為參照，中原財經法學，第十五期，第267頁以下，第278-284頁。

（對照勞基法第58條關於退休準備金、勞基法第61條第2項關於職災補償請求權的規定）。此正反映出資遣費作為勞工於企業忠誠的對價性的特徵。綜合以上特徵，吾人首先可認為：資遣費的目的在於作為勞工長期忠誠的對價。這也可以從勞工不具資遣費請求權的規定獲得印證：勞工若是自願離職、或有勞基法第12條第1項各款之事由，一般而言，實在欠缺對企業之忠誠、或其勞動關係之繼續（所謂的「忠誠」）對企業並無價值可言。（四）惟勞工若因定期期滿而離職時、並無資遣費請求權，其理由應當是：勞動契約期滿結束的法律效果，為定期約定的當然結果，是在勞工原先可以預期的範圍內，勞工原則上即應未雨籌謀、自行承擔謀職的的過渡期間可能的風險，基本上無須另外透過資遣費之給付以輔助其過渡期間的經濟生活，法律上即無課予雇主給付資遣費之必要。在此情形，定期勞工縱然對於企業忠誠，卻因欠缺保護之必要而不得請求資遣費。這正反映出資遣費作為輔助勞工度過尋職期間的經濟生活的功能。至於勞工退休金條例實施後，由於該條例第12條規定第1項規定勞工適用該條例後之工作年資，資遣費之最高上限為六個月平均工資、排除勞基法第17條的規定，對照就業保險法第16條之失業給付、最長也是以發給六個月的情形來看，資遣費之具有輔助勞工過渡期間的經濟生活的特性，更加明顯。

　　若以上見解正確，當定期勞動契約因勞動基準法第11條、第14條第1項各款事由終止時，定期勞工亦得請求資遣費。理由如下：(1)首先從文義言，第11條、13、16、17、18條規定的文義，不僅可包含定期勞動契約於期滿前終止的情形。而且從第18條第2款僅針對勞動契約期滿離職、排除於資遣費請求權的範圍外，反面推論之，在定期勞動契約期滿前終止的情形，不應被排除。(2)其次，從勞基法第11條、第12條、第14條的立法說明[36]，都有「同時適用於無定期或定期勞動契約」

---

[36] 第14條立法說明「一、適用於無定期或定期勞動契約……」以及其餘，引自台灣勞動法學會編，勞資聖經—經典勞動六法，2006年，新學林。

等類字眼觀之，立法者既未將定期勞動契約期滿前終止的情形、排除於解僱保護的規定之外，則合理的推論是：依立法機關之意，此類情形，雇主亦應給付資遣費。(3)從資遣費之目的而言：作為勞工長期忠誠的對價、以及輔助勞工度過尋職期間的經濟生活，在定期勞動契約於期滿之前終止的情形，此二目的皆可實現，因此從法規目的而言，亦無排除於資遣費請求權之外的理由。反對意見採取所謂的舉重以明輕的說理方式，係單獨地以年資長短作為資遣費發給的判斷依據，參照前述資遣費性質的論述，實為以偏蓋全，並不足採。正確地說：從資遣費的目的：「勞工長期忠誠的對價」、以及「輔助勞工度過尋職期間的經濟生活」來看，在「定期勞動契約期滿」以及「勞動契約於期滿前終止」二種情形之間，並無所謂的輕重可言，因此自不得以所謂的舉重以明輕，排除勞動契約於期滿前終止、勞工請求資遣費的可能性。

以上所述，對於雇主於職災保護法實施後、依該法第23條第1、3款之規定預告終止定期勞動契約、給付資遣費的情形，並無不同，於此不再重複論述[37]。

---

[37] 惟在理論上甚值得探究的是：對於職業災害的相關問題（例如關於職災勞工解僱的合法要件，勞基法第13條與職災保護法第23條的要求並不相同；牴觸前者依勞基法第78條之規定應課處罰金，牴觸後者依職災保護法第23條之規定得分次課以罰鍰），和勞基法相比，職業災害保護法是否應優先適用？贊成者或許可以根據「後法優於前法」、「特別法優於普通法」的原則而採此結論。惟值得注意的是：(1)職災保護法適用勞工的範圍較勞基法為廣，與特別法適用範圍較普通法為窄的現象，有所不同。(2)職災保護法第25條第3項規定：「前二項請求權與勞動基準法規定之資遣費，退休金請求權，職業災害勞工應擇一行使。」—姑不論本規定究竟有多少實益—，反映出立法者的基本想法是：職災保護法與勞基法對職災勞工所提供的保護，一方面勞工不得重複獲得，另一方面是勞工得擇其有利者加以主張。準此，當有勞基法適用的勞工遭受職業災害時，依立法者之意，二者乃是處於選擇—或是更正確地說，應當是請求權競合？—的關係、而非法規競合的情形。

13 勞基法上職業災害因果關係的判斷

——評臺灣高等法院87年勞上字第5號判決——

壹、案　例

一、事實

　　本件勞工原受僱擔任公車司機。於民國82年9月6日下午七時許，駕駛公車沿臺北市忠孝東路由西向東行駛，行經忠孝東路五段附近由內側車道駛出外側車道，適有訴外人張○○駕駛機車行經該處，為閃避本案勞工所駕駛之公車，遂撞及路旁捷運工程之圍籬，因而心生不滿，隨即駕機車尾隨，俟本案勞工所駕之公車在忠孝東路五段○○○號前站牌停車，訴外人張○○即持一把西瓜刀衝入公車內，質問本案勞工，因不滿本案勞工之答覆，遂持刀對本案勞工胸前橫向猛砍一刀，致其因而受有胸部撕裂傷等傷害。本案勞工主張此係職業災害，而此原亦經雇主認定為與工作具附隨因果關係，並據而向勞保局請領職災給付。嗣後雇主卻未依勞基法規定給付足額之醫療期間原領工資，本案勞工因而起訴請求。雇主則以勞工之傷害係因其與訴外人張○○即機車騎士發生爭執，致遭張○○持刀砍傷，其受傷顯係肇因於加害人之犯罪行為，應非屬職業災害，自不得依勞動基準法第59條之規定請求補償金。本案經臺灣高等法院判定為不構成勞基法上之職業災害，並且不得上訴。

二、判決理由

　　臺灣高等法院於判決理由（理由五（二））中表示勞基法上之職業災害不以勞工安全衛生法為唯一標準[1]。其後針對職業災害之因果

---

[1]　『勞動基準法對職業災害未設定義，至於勞工安全衛生法第2條第4項規定「本法所稱職業災害，謂勞工、就業場所之建築物、設備、原料、材料、化學物品、氣體、蒸

關係，認為：「關於勞動基準法『職業災害』之認定基準，學說上固有相當因果關係說、保護法的因果關係說及相關的判斷說之分，惟通說均採相當因果關係說，依此說『職業災害』，必須在勞工所擔任之『業務』與『災害』之間有密接關係存在。所謂密接關係即指『災害』必須係被認定為業務內在或通常伴隨的潛在危險的現實化。又勞災補償的本質亦屬損失填補的一種型態，故職業災害，必須業務和勞工的傷病之間有一定因果關係存在為必要。則所謂勞工擔任的『業務』，其範圍較通常意義之業務為寬，除業務本身之外，業務上附隨的必要、合理的行為亦包含在內。換言之，此時之『業務』即意味著『勞工基於勞動契約在雇主支配下的就勞過程』（學者稱之為業務遂行性）。又所謂『一定因果關係』（學者稱之為業務起因性），指以傷病所發生之一切不可欠的一切條件為基礎，依經驗法則判斷業務和傷病之間具有相當的因果關係。簡言之，在判斷是否為勞動基準法之『職業災害』時，首須判斷該災害是否具有『業務遂行性』？如是，則再判斷災害與業務之間是否具有相當因果關係。必兩者均具備，始足認定係屬職業災害。」（理由五（二））。並據以判斷本案，認為：「查本件上訴人（作者：即勞工）所擔任之業務為公車駕駛員，而上訴人受本件傷害時正駕駛二七○公車執行其業務，茲上訴人既係在執行業務之時受傷，則其受傷自具備『業務遂行性』之要件。次應審酌者，為上訴人本件所受之傷害與其業務之間是否具有相當因果關係存在？經查，上訴人之業務為駕駛公車，而遭人持刀砍傷並非駕駛公車的業務內在或通常伴隨的潛在的危險，亦即本件上訴人執行業務時遭人持刀砍傷，其受傷純係外部之力的介入而發生，依一般經驗法則來判斷，本件上訴人所受之傷害與其業務之間，尚難認具有相當因

氣、粉塵等或作業活動及其他職業上原因引起之勞工疾病、傷害、殘廢或死亡」，然該條係規定於勞工安全衛生法，雖可作為勞動基準法第59條「職業災害」判斷之參考，惟非為唯一之標準』

果關係存在。且上訴人所受之傷害係訴外人張○○⋯⋯持刀自上訴人胸前橫向猛砍一刀，上訴人因而受傷，則上訴人所受傷害，係本身原因引起，與其業務並無相當因果關係，是上訴人所受之本件傷害，雖具備「業務遂行性」，惟因其傷害與其業務間並無相當因果關係存在，依前所述，本件即難認係屬勞動基準法第59條之職業災害」（理由五、（三））。

貳、可能的相關理論

本判決首先基於勞基法和勞工安全衛生法之立法目的不盡相同，認為後一法規對於職災之定義不得一概移用至前一法規，甚為正確。其次關於勞工職災補償因果關係的問題，本判決有意識地在不同學說中明確表示採取相當因果關係說。這似乎是目前唯一明確地討論該問題的判決，值得重視。本判決所述之相關學說，或許因為所引文獻來源的不同、以及判決中只提及其名稱，因此無法明確知悉其內容。以下擬對本問題作一探討。惟因所涉理論層面甚廣，本文將先概述民法上因果關係的相關理論，之後介紹職業災害因果關係的相關學說，並提出幾個可能的思考方向，最後並對本案所涉之問題：第三人犯行所致損害是否為職業災害，加以探討。

一、民法上的討論

（一）因果關係的結構

民法上對於因果關係的討論，集中於侵權行為法領域。就其結

構，一般認為應區分[2]：(1)責任成立的因果關係（Haftungsbegründende Kausalität），指可歸責的行為與權利受侵害（或保護他人之法律的違反）之間具有因果關係（如乙之「死亡」是否「因」遭甲下毒）。(2)責任範圍的因果關係（Haftungsausfüllende Kausalität），指權利受侵害與損害之間的因果關係（例如甲駕車撞傷乙，乙支出醫藥費，住院期間感染疾病，家中財物被盜時，則需探究的是：乙支出醫藥費、住院期間感染疾病、或家中財物被盜等「損害」與「其身體健康被侵害」之間是否有因果關係）。

（二）因果關係檢驗的標準：相當因果關係說

　　至於認定因果關係的標準，首先值得注意的是相當因果關係說，

---

[2]　王澤鑑，侵權行為法　第一冊　基本理論　一般侵權行為，增訂版六刷，2000年9月，第214頁以下；邱聰智，新訂民法債編通則（上），新訂一版，2000年，第168、169頁；另參照王千維，民事損害賠償法上因果關係之結構分析以及損害賠償之基本原則，政大法學評論，第60期，第201頁以下，第205頁。同結論，孫森焱，新版民法債編總論（上冊），修訂版，2000年，第233-236頁（氏稱此區分為事實以及保護範圍的因果關係）。又林誠二，民法債編總論（上），初版，2000年，第245-247頁，認為：因果關係之作用，依舊說，決定侵權行為之構成要件及賠償範圍；新說乃將舊說之因果關係分為事實關係與相當關係，前者為決定是否構成侵權行為責任之關係。即現行所稱之因果關係；而後者則為決定應負損害之賠償範圍之關係，必在相當可期待損失之範圍內，始有賠償可言，故純經濟損害，不在賠償範圍內，蓋其不具相當關係也。然而依據氏所稱之相當因果關係的新、舊說，都區分責任（構成要件）以及賠償範圍二個部分，就此而論，新、舊說似無太大差異。另主要是參考英美法上學說，陳聰富，侵權行為法上之因果關係，臺大法學論叢第29卷第2期，第175頁以下，第191頁以下，認為侵權行為責任之成立，須(1)被告之行為係屬侵權行為、(2)被告加害行為與損害行為須有事實上因果關係、(3)被告加害行為與損害行為須有法律上因果關係，並主張應嚴格區分後二者（第196頁以下），從結論上亦相類似。德文文獻對此的一般說明，vgl. Larenz, Schuldrecht I, 14. Aufl, 1987, S. 432 f; Lange, Schadensersatz, 2. Aufl, 1990, S. 77 f f.

此亦為我國現行通說所採[3]。此說主張因果關係是由「條件關係」及「相當性」所構成的，故在適用時應區別二個階段：第一階段是探究其條件上的因果關係；如為肯定，在於第二個階段認定其條件的相當性。（1a）所謂「條件關係」並非僅在觀察自然的、機器的、沒價值事物的發生過程，而是仍含有一定程度規範性判斷。條件關係是採「若無，則不」（But-for）的認定方式。我國通說所採「無此行為，必不生此種損害」，即指條件的因果關係[4]。（1b）至於「相當性」的認定[5]，則屬價值判斷，具有法律上歸責的機能，旨在合理地移轉或分散因侵權行為而生的損害。我國法上多採如下公式：無此行為雖不必生此損害，有此行為通常即生損害，是為有因果關係。無此行為，不必生此損害，有此行為通常亦不生此種損害，即無因果關係。換言之，「相當性」的認定，係以「通常足生此種損害」為判斷標準。用於判斷通常性所應考察的範圍，多採客觀說，亦即以行為時所存在之一切事實及行為後一般人預見可能之事實為基礎。相當因果關係說將

---

[3]　參閱王澤鑑（同前註），第217頁以下；黃立，民法債篇總論，2版2刷，2000年9月，267頁以下；黃立，重新檢討民法的因果關係理論—臺北地院88年度重訴字第1122號判決評釋，臺灣本土法學雜誌，第28期，第56頁以下，第59頁以下；邱聰智，新訂民法債編通則（上），新訂一版，2000年，第167頁；林誠二，民法債編總論（上），初版，2000年，第245-247頁。陳猷龍，民法債編通則，二版，1996，第68、69頁；古振暉，論相當因果關係之「相當」（上）（下），月旦法學雜誌，第22期，第86頁以下；第24期，第88頁以下。德文文獻對此的一般說明，vgl. Larenz, Schuldrecht I, 14. Aufl, 1987, S. 435 f f; Lange, Schadensersatz, 2. Aufl, 1990, S. 87 f f. 又邱聰智，新訂民法債編通則（上），新訂一版，2000年，第168、169頁，說到：晚近理論以為：於侵權行為之成立，損害與加害行為之間只要自然的或事實的因果關係即可，毋庸判斷是否相當；損害賠償範圍之大小，為利益衡量問題，非相當因果關係可盡為說明。評論：事實因果關係實即條件說的翻版；於損害賠償範圍，以利益衡量為概念工具，恐有失寬綬，值得討論。吾人若對照氏所稱之晚近理論與以下所述之相當因果關係說係在條件說的基礎上檢驗因果關係之相當性，二者似無重大差別。

[4]　王澤鑑（同前註），第219頁。

[5]　王澤鑑（同前註），第231頁以下。

不相當、異常之結果排除於因果關係之外，其正當性在於：不相當之結果，無法由行為人掌控、避免，因此基本上不應歸由行為人負責[6]。惟其缺點則在於[7]：忽略契約目的或於侵權行為時之相關法規與義務之目的等其他重要的因素。特別是在危險責任上[8]，因為在此歸責之標準應以是否為特定的危險所引致的損失（例如法律規定必須預防注射，若因而導致被注射者發病，縱然這同時是因為當事人體質特殊者而引發，仍應加補償）為準，因此對於危險責任，吾人並無法根據相當因果關係說，以行為人可否掌控作為標準，適當地加以說明。

（三）因果關係檢驗的標準：法規目的說

另外最值得注意的是法規目的說[9]，此說認為[10]因果關係的判斷應以相關法律規範或契約之保護目的為主要標準。其基本想法不外乎：法

---

[6] Lange, Schadensersatz, 2. Aufl, 1990, S. 87.

[7] Lange, aaO, S.93 ff.

[8] Larenz, Schuldrecht I, 14. Aufl, 1987, S. 439; Lange, aaO, S. 97 f.

[9] 除下列所引文獻外，另參閱邱聰智，新訂民法債編通則（上），新訂一版，2000年，第168、169頁。又王千維，民事損害賠償法上因果關係之結構分析以及損害賠償之基本原則，政大法學評論，第60期，第201頁以下，第205頁；馬維麟，民法債編注釋書（一），初版，1995，第184條邊碼87以下；陳國義，民法因果關係之理論、概念及舉證責任在德國環境損害賠償事件的適用及其轉變，法學叢刊第一六〇期，第54頁以下，以上諸位作者除提及條件說、相當因果關係說外，亦僅以法規保護目的說作為主要說明對象。另黃立，民法債篇總論，2版2刷，2000年9月，第269頁以下，提到新因果關係說，氏說道：「新相當因果關係說所著重的是依法條規定之目的，將不尋常之必要條件加以剔除，而非以數學上或然率之計算，剔除不尋常之必要條件。「相當」一語，在舊說指自然意義的通常即可能，在新說則指「一般文明損害賠償規範認為適當」，亦即造成損害上原因事實，依一般判斷，必須依法條目的認為與損害有適當關連。」其所述之新因果關係說「所著重的是依法條規定之目的」、須依「依法條目的」決定因果關係，似與以下所述之法規保護目的說無大差異。

[10] 參閱王澤鑑（同前註），第251頁以下；Larenz, Schuldrecht I, 14. Aufl, 1987, S. 440 ff; Lange, Schadensersatz, 2. Aufl, 1990, S.104 ff.

律或契約上之義務係為維護特定之利益而設，而也僅限於相關法規、行為義務所企圖保護之法益所遭受的損害，才應歸諸行為人承擔。至於在此所保護之利益範圍如何，又應就各該具體的契約、或相關法規之意義與目的，透過解釋的方法加以決之。因此在此一有別於相當因果關係是依據普遍的、標準化的觀察方式─乃是以個案具體契約或法律規範作為導向的一種個別化的觀察方式。惟該說之缺點為：是否為保護範圍，亦常不明，於此仍須輔以相當因果關係說的是否相當加以決定。至於其與相當因果關係說的適用關係，多數學者認為二者可以併存[11]。

（四）因果關係檢驗的標準：其他幾個學說

德國法上另有所謂的違法關聯說（die Lehre von Rechtswidrigkeitszusammenhang）[12]，其基本出發點在於：沒有一個行為會危及所有的法益；行為的不法性在於它會危及特定的法益（例如某一法律規定自然死亡之牲畜的屍體、應交由特定的處理場所加以銷毀，則其目的不在維護該場所之正常營運，而在保護消費者之利益）。而這也意味著：在因果關係上的判斷上，吾人應注意到損害的發生過程、是否和可能的侵害行為的不法性相一致。至於其實際運用上則與保護目的說相一致。另外值得注意的是所謂的風險領域說（die Zurechnung nach Risikobereichen）[13]，其主要是針對結果損害是否歸由行為人負擔的問題。該說認為：若某一結果損害主要是一般的生活風險，則應歸由受

---

[11] 王澤鑑（同前註），第252頁。

[12] Larenz, Schuldrecht I, 14. Aufl, 1987, S. 446 f; Lange, Schadensersatz, 2. Aufl, 1990, S. 101 ff.

[13] Larenz, aaO, S. 447 ff. Lange, aaO, S.147 ff.另名之為一般生活上風險（Allgemeines Lebensrisiko）理論，並僅於個案問題（Einzelne Problemgruppen）論及，而未列於相關學說中加以探討。

害人自行承擔；反之，若是主要應歸諸行為人所特別引發或提升之風險，則應由行為人負賠償之責（另有稱此為風險提升原則，Prinzip des erhöhten Risikos）。當然，在此吾人仍須斷定該結果損害發生上的可能性；換言之，在決定結果損害之風險是否因加害人之行為而提升時，須就現今情形和下述情形相比較：設若無該第一次之加害行為時，該結果損害之原先可能發生之機率如何。若風險未因之提升，則屬被害人應自行承擔之一般生活風險。反之，若風險之發生機率明顯提升時，則應歸諸行為人負擔。因而此說在結論上與相當因果關係頗相類似[14]。

　　另主要是從英美法上理論加以探討，陳聰富[15]在結論上認為：英美法上合理可預見說與德國法上相當因果關係說，在實質上並無重大不同。又此二說均為被告規範上責任限制的問題，而非事實上因果律的問題。德國法上基於法律政策與公平觀念限制被告責任，逐漸對相當因果關係採取寬鬆的態度，英美法上同樣基於法律政策，對於合理可預見說採取例外之見解，以符法律正義之要求。在德國法，法規目的說有成為通說的趨勢，在英美法，提倡法規目的說者，亦受重視。所謂法規目的說，無非解釋法律規範之立法目的，探討者為法規保護之對象以及法規所欲避免之損害，法律政策對法規目的之決定，同樣具有影響力。以上結論，值得吾人注意。

---

[14] Larenz, aaO, S. 448.

[15] 侵權行為法上之因果關係，臺大法學論叢第29卷第2期，第175頁，第298頁以下。

二、我國勞動／社會法上的相關討論

（一）司法實務

　　於最高法院91年臺上第198號判決[16]的前一審判決中，臺灣高等法院認為職災的認定應以相當因果關係為準。對此見解，最高法院並未加以否定——或許也傾向於採取相同見解？惟以原審判決有認定事實不憑證據之違法而加以廢棄。

（二）學說

　　我國勞動／社會法上的相關討論，似多不分是社會法（如勞工保險條例）或勞動法（如勞動基準法），而以此二法律領域的職業傷病

---

[16] 原審臺灣高等法院認為「所謂職業災害應係指勞工之疾病、傷害、殘廢或死亡係為完成作業過程所必須之活動所引起，兩者間具有相當因果關係，始足當之。若勞工之疾病、傷害、殘廢或死亡係肇因於非與職業原因有關之勞工個人行為或第三人行為，則不屬職業災害。本件事故既係上訴人自行違反規定，擅自搭乘汽車用昇降機，並於其內嬉戲，跳躍攀附四樓固定橫樑，終因體力不支摔落電梯受傷。上訴人之行為，實非雇主所得控制，即難認本件係屬職業災害。從而上訴人依勞動基準法第59條規定，請求給付職業災害補償360萬8280元，亦無理由等詞，為其判斷之基礎。按認定事實憑證據，本件原審係依上開證人之證詞、電梯使用安全講習紀錄、員工會議紀錄及第一、二審法院勘驗現場之資料，認定事故發生時，電梯並無異狀，上訴人係違規搭乘電梯，並於電梯內嬉戲，跳躍攀附於四樓固定橫樑，未隨電梯下降而摔落受傷云云。惟在電梯內跳躍以手攀附於四樓固定橫樑，其原因可能有多種，上開證人證詞、講習紀錄、會議紀錄、勘驗現場資料，均無關於上訴人在電梯內會作出跳躍攀附橫樑之原因，原審認定上訴人係因嬉戲而跳躍攀附橫樑，顯有認定事實不憑證據之違法。上訴人如非因嬉戲而跳躍攀附該橫樑，或係因不明原因而跳躍攀附該橫樑，則就本件系爭事故，被上訴人是否即無侵權行為責任，或該事故是否非屬勞動基準法第59條所謂之職業災害，即有斟酌之餘地。原審未進一步詳查審究，遽為不利於上訴人之判決，自有可議。上訴論旨，執以指摘原判決不當，求予廢棄，非無理由。」引自司法院網站。

係屬同一觀念為出發點。至於文獻上在提到勞基法上職災認定時，有未明白表示應採何學說者[17]。有主張因果關係區分為「業務起因性」和「業務遂行性」，惟對此二者之具體內容如何？又其標準應採何學說？未明示見解者[18]。有依日本法之例，主張因果關係應區分為「職務執行性」和「職務起因性」；職災的成立，原則上須兼具此二要件。「職務執行性」是指災害是在勞工執行職務過程中所發生的狀態。「職務起因性」是表示職務和災害間的因果關係，就是「如果不從事那項工作，就不會發生這種傷病」；反面說是「因為從事那項工作，才發生這種傷病」。換言之，職務和災害之間如有相當的因果關係，就可以說有職務起因性[19]。該說對於因果關係的標準雖未明示採何學說，從結論上似傾向於相當因果關係說。

1. 相當因果關係說

　明確主張應採相當因果關係說者如魏朝光。氏認為[20]：職業災害之成立要件為(1)須勞工在雇主指定之就業場所，或到達或離去其就業場所而受災害。(2)須勞工基於從屬地位執行職務；換言之，勞工除必

---

[17] 如林豐賓 勞動基準法概論，初版，1997年，第248頁以下；氏認為：勞基法上職災補償的前提之一為：必須因執行職務而致傷害；換言之「應以其所受傷害或受並與執行職務有因果聯絡之關係為限，前經司法院22年6月14日院字第932號解釋在案。而所謂傷病是否因執行職務而致，依照司法院21年9月17日院字第792號解釋，可由醫師診斷之。至於一般事實的認定，除勞工保險另訂審查準則之外，有以下案例可供參考……」。至於此因果關係之認定，應以何說為準，則未進一步的說明。

[18] 如黃越欽，勞動法新論，初版，2000，第267頁；氏說道：職業災害補償事故之，範圍應限於與職務有相當關聯的程度內，使受雇人在遭受具「業務起因性」（arise out of employment）和「業務遂行性」（in the course of employment）之事故而受人身傷害時，始取得享受某種利益的權利。

[19] 林振賢 勞動基準法釋論，訂正再版，1995年，三民。第278頁以下，第281頁。氏並認為：如站在社會福利的觀點，氏主張認定標準應從寬；勞基法上的職災補償，應有別於勞保法，不必斤斤計較於須有職務起因性。

[20] 勞動職業災害之補償，民82年，初版二刷，第17頁以下。

須在從屬地位接受雇主工作之指揮監督外，必須在客觀上認其係執行職務；若僅為受災勞工個人主觀之認識，則難謂為該當本要件。惟勞工雖逾越其職務外為勞務之提供，雇主或其代理人不為阻止，似可視為雇主默示同意該項職務之執行。或是勞工基於雇主利益，且在迫切情況下從事非其份內工作（阻止、搶救災害），縱未及通知雇主，亦應認係職務之執行。(3)須勞工因災害而有死亡、殘廢、傷害或疾病之結果發生。換言之，該項結果與災害之發生間須有相當因果關係，即在一般情形，依社會通念，亦謂能發生同一結果者，始得認有因果關係。(4)須災害之發生與勞工執行職務間具有相當因果關係。此即指勞工職業災害之發生，係因其執行職務所致者而言。本項因果關係不同於前項要件之因果關係。蓋前項情形係指災害之發生與受災之事實間有因果關係，本項情形，則係指受災之事實與勞工執行職務間有因果關係。易言之，前項情形之重點在於工業災害導致受災之結果而構成職業災害；本項情形，則從另一角度觀察受災之事實是否因執行職務所致，……其次，因果關係之有無，在不同之理論中，自亦應採相當因果關係說始為妥當。而既曰「相當因果關係」，因社會通念、客觀評價標準之改變，職業災害認定之理論亦非不得改變」。氏又說道[21]：職業災害認定之「執行職務」，必具備「工作起因性」，而「工作起因性」又必以「工作執行性」為前提。「工作執行性」乃指「勞工基於勞動契約，於雇主支配下之謂」。「工作起因性」係指「勞工基於勞動契約，於雇主支配下所生危險之具體化及依經驗法則被認定者」。

2. 重要條件理論

明確主張應採德國法上重要條件理論者如楊通軒。氏認為[22]：於

---

[21] 魏朝光（同前註），第21頁以下。

[22] 當事人違法或過失時職業災害補償責任之探討，發表於民國87年2月19日，行政院勞

職業傷病的認定上，若採取相當因果關係說，即未能考量職業災害補償（尤其是勞工保險條例之職業災害給付）帶有社會保險的特質，而應作不同的處理。氏主張應採德國法上所謂的「重要條件理論」（Theorie der wesentlichen Bedingungen），以取代或修正刑法上的等價說（即條件說）。蓋依等價說將導致責任的過度擴張。「至於依民法上的相當因果關係理論，則當一特殊的事故發生時，仍須承認其原因力，亦會造成責任之不當擴大，因此亦不適用於職業災害保險。依據重要條件理論，只有對於職業災害結果之發生具有重要意義的原因或共同原因，始為造成損害之條件。在此判斷時，係依實際生活之觀念而定。因此所謂的重要條件理論是一個價值概念（Wertbegriff），而那一或那些條件必須法律上將之視為重要原因或共同原因，即是一個價值判斷（Wertentscheidung）的問題」。又在此應採如下檢驗程序：首先在被保險的職務與職災間必須存有一因果關係（「責任起因之因果關係」，haftungsbegründende Kausalität）；其次，在職災與人身傷亡間亦須存有一因果關係（「責任構成之因果關係」，haftungsausfüllende Kausalität）。就前者言，如勞動者之職業災害主要係起因於內部的因素（例如羊癲癇），則不具責任起因之因果關係，這是因該職災係該內部因素不可避免之後果。然而如果內部之因素再度因執行職務而發生，例如工作環境不佳導致心臟病復發，則具有責任起因之因果關係。就後者言，責任構成因果關係主要是在界定企業與個人的風險範圍。如果事故直接導致傷害（例如從梯子跌下而折斷一條腿），則可確定具有責任構成之因果關係。但如果一職災事故引發一已存在之人身傷害時，則顯見責任構成之因果關係之重要性。在此，對於職災而造成原來的疾病惡化時，如確能區分原來的疾病及惡化之部分，則只有在惡化之部分始具有責任構成之因果關係。如無法

委會主辦、政大勞研所承辦之「我國職業災害補償制度實務研討會」，會議實錄第52頁以下，第60頁以下。

區分兩者，則全部損害視為具有責任構成之因果關係。

　　另有引述德國法上重要條件理論，但在說明上似又夾雜相當因果說的看法者如王惠玲。氏認為[23]職業災害須具備：(1)災害之存在；(2)勞動者須執行職務或從事與職務相牽連之行為，亦即須具職務執行性（勞動者依勞動契約，於雇主支配下，從事勞動契約所定之行為或附隨行為）及業務起因性（亦即業務與事故的發生具有相當因果關係）；(3)須因災害事故而導致傷害、疾病、殘廢或死亡的結果，亦即災害的發生與傷病等之結果有相當因果關係。於此，德國法上採取所謂的本質的條件說（Theorie der wesentlichen Bedingungen）。「依據此說，業務須為災害之本質原因（必要條件），亦即業務與災害間存在必要之因果關係，始得認定為勞動災害。所謂本質上條件，乃保險行為（即業務）與災害事故間具有『責任起因之因果關係』（haftungsbegrüdende Kausalität），而災害與損害結果間有『責任構成之因果關係』（haftungsausfüllende Kausalität）。前者以基於法規目的對導致損害之事故所作之價值判斷為前提，業務必須為災害發生之『法律上之重要條件』。一般判定則視其時間（是否於工作時間內）以及空間（工作場所）為主要之判別因素。而後者即為相當因果關係，以災害對損害結果之發生具有『重大可能性』（überwiegende Wahrscheinlichkeit）為已足，並不要求『幾近確定之可能性』（an Sicherheit grenzende Wahrscheinlichkeit）。」

---

[23] 職業災害爭議與補償，發表於民84年6月行政院勞委會／司法院／法務部主辦，中興大學法律系承辦之「勞工法規研討會」，參考資料第17-3頁下，其內容大致相當於黃越欽／王惠玲／張其恆，職災補償論—中美英德日五國比較，民84，初版一刷，第131頁以下。

三、德國法勞動／社會法上的相關討論

（一）通說採取重要條件理論

　　德國勞動法文獻對於職業災害（Arbeitsunfall），有僅提及而根本未加說明者[24]；至於在明確論及此問題的勞動法文獻，則一致地以社會法上之重要條件理論為依據。例如Friedrich[25]說到：職業災害之成立應以導致職災之行為屬於被保險的活動範圍，且因該行為引致職災。其次該職災必須為導致勞工身體傷害的原因。此原因存否之判斷應依社會保險法上的重要條件理論決之。又例如Blomeyer[26]認為：於此應區分為(1)意外事故須因勞工之行為而引起（責任成立上的因果關係haftungsbegründende Kausalität），在此民法上相當因果關係的標準應受到重要條件理論的修正。又在(2)意外事故與勞工人身損害間之因果關係（責任範圍上的因果關係，haftungsausfüllende Kausalität），僅當意外事故符合「重要條件理論」的標準時，才構成職業災害。至於Schaub[27]則說到：在職業災害因果關係的審查上，應區分為：(1)被保險的活動和意外事故間、以及(2)意外事故與人身損傷間。於此應採用重要條件理論。在此並不援用條件說，因為此將導致原因之認定過於廣泛。援用民法上相當因果關係亦不適當，因為縱然該意外之發生過於異常，亦可能在保護範圍之內。

---

[24] So z.B. Zöllner/Loritz, Arbeitsrecht, 5. Aufl, 1998; Dierterich/Hanau/Schaub (Hrsg), Erfurter Kommentar zum Arbeitsrecht, 1998; Leinemann (Hrsg), Kasseler Handbuch zum Arbeitsrecht, 2. Aufl, 2000; Gamillscheg, Arbeitsrecht I, 8. Aufl, 2000.

[25] in ArbR in BGB, 2. Aufl, 2002, §618 RdNr 234 f.

[26] MünchArbR/Blomeyer, 1992, §59 RdNr 13.

[27] Arbeitsrechtshandbuch, 9. Aufl, 2000, §109 RdNr 13 ff, RdNr 57 f.

（二）重要條件理論的源起與演進

　　依Barta[28]重要條件理論的源起的研究，在十九世紀後半，當時主要是從刑法發展出來的條件說，一般被認為並無法援用到民法上來，因為這將導致民事責任過於浮濫而無法提供適當解答，因此答案僅能求諸更能夠對於原因提供適當篩選標準的理論，而此最終導致民法上相當因果關係說的產生。而與條件說相較，相當因果關係更能傳遞與反映社會主流的價值判斷（亦即篩選性、控制性的、削弱民事請求權的功能）。而對於勞工職業災害補償法律領域上因果關係所為之判斷，實務上首先表示意見的，乃是針對帝國責任法（Reichtshaftpflichtgesetz）。當時判決在論及因果關係，其意涵多不明確、亦非固定，惟多影射相當因果關係說。例如判決中提到因果關係的決定，認為應依法規目的的考量（Normüberlegung）、損害發生之可預見性（Vorhersehbarkeit）、損害發生之機率（Wahrscheinlichkeitskalkül）、依事物之通常的演變（nach dem gewöhnlichen Gange der Dinge）、依生活之規律（der Regel [des Lebens] nach）加以決定。至於其後就勞工職業災害所涉及的意外保險法（Unfallversicherungsgestz），因其對於所企圖保障的危險範圍、大致上和帝國責任法相同，故其因果關係之判斷，亦相一致。而綜觀實務上探討因果關係的目的，其重點在於如何尋得一兼顧個案正義、某種程度上的彈性、和（包括對當事人而言）適用上較為明瞭容易的標準，純粹理論上的考慮反而較不重要。對於學界而言，重點在於如何將一向被接受的因果關係的想法、和作為保險事故之企業營運風險二者適當地銜接在一起。由是逐漸發展出後來名之為重要條件理論的見解。依當時該理論之標準，作為原因的重要條件，一般說來是意指著：法律上重要的、值得注意的（rechtlich

---

[28] Kausalität im Sozialrecht, 1983, S. 232; S. 242, S. 193 f, S. 286, S. 292 f; 680 f, S. 689, S. 690, S. 694 f.

erheblich, beachtlich），特別是指因果關係上相關的、有意義的、具有相當的、值得注意的因果關聯（kausal relevant, ursächlich bedeutsam,in adäquantem, beachtlichem ursächlichem Zusammenhang）。又主管勞工保險事務的帝國保險廳強調：在此應就個案整體情況加以判斷，其中影響因果關係的不同因素可以具有不同評價，但無一定規則可循。又吾人若比較帝國保險廳和帝國法院對於因果關係之判斷，可認為：一方面帝國保險廳並未明示確定地採取民法上相當因果關係說之見解，而是強調其所採者為重要共同條件（原因）理論（Konzept der wesentlichen mitwirkenden Bedingungen（Ursache）），但一方面帝國保險廳亦認為二者判斷之標準雖非一致，但其間並無根本上的差異。最後，吾人若綜合比較當時實務見解，將發現其中不少見解是不一致的、甚至相互矛盾，足證因果關係之判斷實為一價值判斷的問題。

（三）重要條件理論的意涵

　　二次戰後，原帝國保險廳所發展的重要條件理論不僅實質上、也經常在形式上繼續被援引[29]。現今通說[30]認為社會保險法上關於職災認定，應先以條件說為基礎。惟與刑法之得另以故意或過失加以限縮責任有別，社會保險法上之職災補償，加害人或被害人對此有無過失原則上皆非重點。因此應另求助其他標準加以限縮、以免補償責任漫無邊際。至於援引民法上之相當因果關係說，並不適當；蓋在社會保險法上，其重點不在於如民法之排除行為人不可預見之損害的責任，而在於提供受害者適當的保障。因此與民法不同的是：無法預見、預計的損害，若係職務範圍內，正不應被排除於職災補償之外。因此社會

---

[29]　Gitter, Schadensausgleich im Arbeitsunfallrecht, 1969, S. 109.

[30]　Rüfner, Einführung in das Sozialrecht, 2. Aufl, 1991 S. 62 ff; Gitter in SRH, 2. Aufl, 1996, C 15 RdNr 78 ff.

保險法上乃繼續採取重要條件理論。

至於條件之重要與否[31]，其標準應依日常生活上的觀點（nach der Anschauung des täglichen Lebenes）決之，又此危險之發生，需具充足的或然率（hinreichende Wahrscheinlichkeit），但無須幾近確定（mit an Sicherheit grenzender Wahrscheinlichkeit）、惟單純地有此可能（Die bloße Möglichkeit）亦不足夠。因此，條件之重要性的判斷，基本上就是一評價問題。對此，法規目的（Normzweck）尤其具有重要參考價值[32]。又重要條件理論的目的不在找出一個唯一的重要條件，而在排除非重要的條件。是以若諸多重要條件導致損害，而其中之一的重要條件是社會法上相關的，則應全部予以補償；反之，若社會法上相關聯的條件為其他條件所排斥而被認為不重要、僅是附帶的條件，則全部不補償。

又有如民法上因果關係之判斷，通說[33]在審查時也是區分為：責任成立上（即保險範圍內活動與意外事故之間）的因果關係（haftungsbegründende Kausalität）以及責任範圍上（即意外事故與損害結果之間）的因果關係（haftungsausfüllende Kausalität）。對此Schulin[34]特別強調應細分成：受僱關係（Beschäftigungsverhältnis）、導致事故的行為（unfallbringendes Verhalten）、事故之發生（Unfallgeschehen）與身體傷害（Körperschaden）四者彼此之間的關

---

[31] Gitter in SRH, 2. Aufl, 1996, C 15 RdNr 79.

[32] B. Schulin, in: Schulin HS-UV, 1996, § 29 RdNr 11, 31.氏另外認為（B. Schulin, aaO, § 29 RdNr 33）經驗或日常實際生活本身並無法提供吾人價值判斷的標準。又在判斷是否重要時，氏認為（B. Schulin, aaO, § 29 RdNr 23.）因為其實質上與因果無涉，名之為法學上獨特的因果關係，亦有不當。此二批評，值得注意。

[33] Rüfner, Einführung in das Sozialrecht, 2. Aufl, 1991, S. 65; Holtmann, Arbeitsunfall und Haftungsrisiken, 1998, S. 33 f; Kretschmer, GK-SGB I, 3. Aufl, 1996, § 22 RdNr 8; MünchArbR/Blomeyer, 1992, § 59 RdNr 13; Schaub, Arbeitsrechtshandbuch, 9. Aufl, 2000, § 109 RdNr 58 f.

[34] B. Schulin, in: Schulin HS-UV, 1996, § 27 RdNr 71 ff.

係：就受僱關係與導致事故的行為間之關係，實涉該行為是否應歸屬（Zurechnung）於受僱關係範圍內的問題，亦即是決定應否納入保險範圍、純屬價值判斷的問題，嚴格言之與因果關係並無干涉[35]。至於後三者彼此間的關係（亦即：導致事故的行為與事故發生之間，以及事故之發生與身體傷害之間）才是因果關係要解決的問題。

　　Schulin之強調受僱關係與導致職災的行為間是價值判斷、而非因果關係的問題，其見解實與近來見解的演進相符合。例如聯邦社會法近來亦不再稱此為因果關係、而是內在關聯（innerer Zusammenhang）[36]。至於在判斷上，若一意外事故與勞工之工作間僅是單純時間、地點上的關聯，尚不足夠；勞工之工作必須對於結果之發生是具有重要意義之條件（亦即與其他條件相比較，對於結果間發生有重要之影響者，方可構成重要條件）方可。換言之，導致意外事故之行為若係為雇主營業上之利益（eine betriebs- bzw. unterrnemensdienliche Tätigkeit），基本上即具內在關聯、為職務上行為。至於是否為雇主之利益，原則上又應依行為人之觀點決定；若至少該行為符合雇主可推知之意願，應認係為雇主之利益[37]。又某一活動若係履行勞動契約義務的行為[38]，或是其他合乎社會法／勞工法的規範和合乎契約的行為[39]，原則上是在被保險之範圍內。反之，若一行為是勞工私人行為、亦即主要是為勞工個人利益（eigenwirtschaftliche Tätigkeit）而為，則不屬職災補償的保護範圍[40]。若該行為同時為勞資

---

[35] B. Schulin, aaO, § 29 RdNr 8.

[36] BSG SozR 2200 § 548 Nr. 68, 70, 84, 92. zit nach Schaub, Arbeitsrechtshandbuch, 9. Aufl, 2000, § 109 RdNr 17.

[37] Gitter in SRH, 2. Aufl, 1996, C 15 RdNr 67; B. Schulin, in: Schulin HS-UV, 1996, § 30 RdNr 13.

[38] B. Schulin, aaO, § 30 RdNr 16.

[39] B. Schulin, aaO, § 30 RdNr 14.

[40] Holtmann, Arbeitsunfall und Haftungsrisiken, 1998, S. 34; Kretschmer, GK-SGB I, 3. Aufl,

雙方之利益（混合行為，gemischte Tätigkeit），且損害無法區分究係因何引起者，應視該行為是否主要是為雇主營業上之利益？若是，則仍為職務上行為，反之則否[41]。若肯定為職災，則不僅對於勞工所受之直接損害，對於其間接結果（mittelbare Unfallfolgen），下述情形則由法律明定為職業災害[42]：勞工在醫院治療中受到病毒感染、或因醫生醫療疏失而受更進一步的損害亦需補償（縱無§555 RVO之明文規定，亦同）。又勞工於薪資轉帳期間屆滿後第一次到金融機構取款（§548 Abs 1 Satz 2 RVO）、操作使用工具（§549 RVO）、上下途中所生之災害（通勤災害）（§550 RVO）、於接受醫療中所受損害，亦視為間接結果（§555 RVO）。反之，設若該事故係勞工或其家人故意所致、則全部不予補償（§553 RVO）；勞工因從事犯罪行為時所受傷害、該行為經判決確定為刑法第12條的重罪（一年以上有期徒刑者，Verbrechen）或符合刑法第15條的故意之犯罪（§554 RVO），則減免一部或全部的補償責任。

至於當涉及勞工對損害之發生與有過失時，原則上並不妨害其構成職業災害[43]。勞工違反預防職業災害或其他禁止規定的行為（如不按規定操作機器、跳上已開動的火車或從尚未停止的火車中跳下），基本上仍在被保險範圍內。例外地，當勞工之行為嚴重違反常理、自行引致危險（selbstgeschaffene Gefahr）時，則不受保護（例如於使用汽油時抽煙；於回家途中駐足觀看鬥毆而被鬥毆者刺傷；於高速公路上逆向行駛九公里，對於其他駕駛人警告置之不理、亦未減速，致終與

1996, § 22 RdNr 8, Gitter, in SRH, 2. Aufl, 1996, C 15 RdNr 68; B. Schulin, aaO, § 30 RdNr 27.

[41] Holtmann, aaO, S. 35 f; Gitter, aaO, RdNr 76; B. Schulin, aaO, § 30 RdNr 30.

[42] Vgl. nur Gitter, aaO, RdNr 85.

[43] Gitter, aaO, RdNr 87; Holtmann, Arbeitsunfall und Haftungsrisiken, 1998, S. 35.

他車對撞身亡[44]。又如隨車工人於車輛行駛中爬至車頂作日光浴[45]）。日常生活上的風險，若與被保險行為有重要相關，則仍在保護範圍之內[46]。而爭吵鬥毆若係因工作上原因而引起[47]，亦或是因工作上緣故（如處理公司經辦之金錢）遭受第三人襲擊[48]，仍屬職業災害。

（四）重要條件理論的功能

依Gitter[49]之見解，重要條件理論具有下列功能：**1.**擴張與發揮保護思想的功能（Entfaltung des Schutzgedankens）；重要條件理論使得法院得以藉此適當地擴張保護勞工的範圍。**2.**個別化功能（Individualisierungsfunktion）；與相當因果關係說相較，重要條件理論更能透過對條件重要與否的評價，考慮個案整體情事。**3.**較強的修正功能（verstärke Korrektivfunktion）；與雇主企業經營風險相對應地，若因工作僅僅使得損害發生的風險一般地提高，尚不足以認定為職業災害，另須其重要地促成損害之發生影響，才可以構成重要條件。藉此吾人得以適當緩和前述保護思想、避免過度擴張職災補償責任。**4.**調整適應的功能（Anpassungsfunktion）：於條件重要與否的判斷固有其不確定性，然而此一評價的開放性、相對地也使得職災補償的界定免於僵化，而更能彈性地適應社會觀念的變遷。例如職災補償從原先的工作範圍擴展至企業的自強／聯誼活動、運動，此正反映出吾人對勞動關係的見解，不只是視其為單純的工資與勞務交換的雙務契約而已。

---

[44] 以上三例，參閱Gitter, aaO, RdNr 88 (m.w.H).

[45] B. Schulin, in: Schulin HS-UV, 1996, § 30 RdNr 55 (m.w.H).

[46] B. Schulin, aaO, § 30 RdNr 31.

[47] B. Schulin, aaO, § 30 RdNr 149 (m.w.H).

[48] B. Schulin, aaO, § 30 RdNr 150 (m.w.H).

[49] Schadensausgleich im Arbeitsunfallrecht, 1969, S. 119 ff.

（五）重要條件理論與相當因果關係說

　　至於重要條件理論與相當因果關係說之比較，從理論上言，相當因果關係說最主要的適用範圍在於過失責任，其排除行為人無法合理地預見、以至於無法合理地加以控制的危險，已如前述。此一標準對於職業災害補償責任無甚意義；因為後者的重點在於客觀的風險歸屬（objektive Risikozurechnung）、亦即特定的風險是否實現的問題；至於如何實現（甚至只是在例外、異常的狀態下），則非所問[50]。至於在標準上，相當因果關係說係採向將來、普遍、一般化的觀察方法，而重要條件理論則係回溯地、個別化觀察具體案例的整體情況[51]。至於在適用結果上，此二說亦不全然相同。Gitter[52]曾舉下述數例加以說明：勞工一面操作機器、一面嬉戲，導致發生意外。由於操作機器會一般地提升損害發生之風險，而且操作機器所引發特殊的風險也的確於該案例中實現，因此吾人可認為意外之發生與機器之操作間具有相當因果關係。然而若依據重要條件理論，於操作機器時嬉戲所引致的危險，原則上應由個人承擔，因此該意外事故並不屬於職業災害。又例如：勞工於洽談商務途中，在黑暗中被一吉普賽人誤認為其仇人而被殺害。依相當因果關係說，此被殺害結果與職務間僅有異常之牽聯，不具相當性。反之，勞工係為執行職務、以致於在黑暗中被誤認為他人，依重要條件理論，將構成職業災害。又此二說於補償範圍的因果關係上的差別，更加明顯。例如勞工若因其身體健康狀況特別衰弱，以致於工作時，雖無特別壓力、仍然引發疾病。依相當因果關係說，因為行為人原則上應承擔被害人特殊體質的結果，故可認為該疾病之發作與工作間有相當因果關係。反之，依重要條件理論，原則上應認

---

[50]　B. Schulin, in: Schulin HS-UV, 1996, § 29 RdNr 26.

[51]　Vgl. B. Schulin, aaO, § 29 RdNr 28; Gitter, Schadensausgleich im Arbeitsunfallrecht, 1969, S. 110 f.

[52]　Vgl. Gitter, aaO, 1969, S. 113 ff.

為勞工原先潛在不健康才是其發病的重要條件，故此疾病之發作不屬職業病。

（六）重要條件理論與法規目的說之比較

對於重要條件理論與法規目的說間的關係，Gitter[53]曾為下列說明：重要條件理論本身即蘊含著法規目的的想法，以致於判決中僅僅偶爾另外明確地援引法規目的作為理由。當然有時僅僅以重要條件理論，仍未能能適當地解決問題，因此尚須另外藉助法規目的加以說明。例如勞工因工作發生職業災害而喪失一眼視力，經判定為喪失30%職業能力而受領補償。之後，勞工之另一眼視力，亦因其他原因而喪失、終成全盲。在此一廣為討論的案例中，聯邦社會法院認為該事件已因補償第一眼之視力的喪失而結束。前一眼視力的喪失並非導致嗣後全盲的基礎，全盲實係另一單獨事件（後一眼視力的喪失）所造成，故判認勞工不得請求全盲的職災補償。相反地，Saarland的邦社會法院則認為在此案例中，先前職業災害是構成嗣後全盲的重要條件、應予全額補償。Gitter則認為聯邦社會法院所認定30%職業能力的喪失，僅僅當另一眼視力（至少仍一部分）存在時才有正當性。於本案例，第二眼之喪失視力雖非職務所致，卻擴大了先前職災所致之損害範圍，因此應認為勞工係喪失50%的工作能力，方符合補償職災所致損失的法規目的。另外法規目的也可能導致限縮補償責任。例如在發生工作意外後，勞工另有精神干擾的現象、無法正常工作時，若此狀況僅僅是因勞工自認如此、或多少有意願地導致時，由於職災受害人本身對於其精神狀況亦有相當的自主、影響力，因此聯邦社會法院藉由因果關係的形式，否定先前職災為導致精神疾病的重要條件，否認勞工之喪失工作能力的補償請求。但較正確的是：基於法秩序的自主與自我負責

---

[53] aaO, 1969, S. 136 ff.

的人類形象，被害人對於精神干擾亦應負部分責任。職災的目的既然是幫助受災勞工以及促進其健康，因此當吾人可期待受災勞工克服上述心理障礙時，法律上即不予補償。

參、本文見解

一、因果關係的判斷：涉及價值判斷以及專業知識的因素

民法學上因果關係的理論多以條件說的條件作為出發點，並且在此基礎上依各自學說的標準，篩選出法律上原因，並且強調這個篩選過程乃是法律上價值判斷的問題。但值得注意的是：其他的各個學科似乎也都是各就其特殊的研究目的和興趣，就特定現象篩選出其原因。若然，則就一特定現象，對於條件說所謂的條件是否為原因加以限定，固然是法律上的問題，但似乎也不僅僅是所謂的價值判斷的問題。因為如何**合理地**加以判斷，法律以外的相關專業知識──亦即其他相關學科──就此類現象所研究出的原因，也扮演了重要的角色。換言之，不論相當因果關係說中所謂的相當、法規保護目的說的法規或契約目的或是重要條件理論的重要與否的判斷？固然涉及價值判斷的問題。然而，為適當決定某一危險的發生機率（相當因果關係說的相當）？某一損害究竟是源出自何種風險（法規保護目的內的風險）？不同風險種類對危害發生的影響力如何（重要條件理論的重要）？基本上包括了各個相關學科的專業知識和法律上的價值判斷二方面的問題。為能適當地掌握因果關係的判斷，吾人應盡量區分此二種問題──雖然此二因素就個案未必是截然可分的，而於個案決定中其各自影響力也可能有所不同。茲舉例加以說明：在判斷某一醫療糾紛究竟是否因醫生之過失引起？車禍是否係因駕駛人之行為引起？工廠排放

廢水是否構成於稻米受污染的原因？在此，專業知識正是不可或缺的重要判斷依據。法治國原則既然禁止法官恣意判斷，則上述情形，其因果關係之判斷應當參考專家的鑑定意見以為之，而非僅僅訴諸所謂（法官個人）的價值判斷。而這也表示：法官若認為鑑定在程序上有瑕疵或對其結果存有合理懷疑，基本上應當是另行交由一值得信賴的權威加以鑑定，而非直接訴諸價值判斷，才是適當的。若最終某一問題在相關專業領域並無公認的結論，法院既非決定某一專業知識正確與否的裁判機關，因此基本上應當依據舉證責任的規定、分配無法證明之風險。當然，法官在此也應當保有一定程度的判斷餘地（例如對於鑑定結果是否存有合理的懷疑，不同鑑定意見間的處理），而這也連接到因果關係中的另一方面的因素：價值判斷。例如是否為相當或是重要的條件？是否在相關法規保護目的之內？在在都同時涉及價值判斷的問題（例如若依相當因果關係說，應以50%的或然率為「相當」？）。於此，法官自不得、亦不應（僅僅）訴諸所謂的專家鑑定意見而已，而仍應探究現行不同法律領域所追求的目的、其各自主導的價值判斷，參酌既已被承認的案例或社會通念等標準等等加以決定。若以上見解正確，則這將意味著：就因果關係明確地涉及專業科學知識方面的判斷，法院原則上應尊重專家鑑定意見；反之，就明確地涉及價值判斷的部分，法院原則上應自行認定，而不受前述專家鑑定意見的拘束。

二、因果關係的結構

　　至於在審查職業災害時，若對照侵權行為法上的觀點，吾人將採德國通說以及我國採取重要條件理論者之見解，區分為責任成立上的因果關係（haftungsbegründende Kausalität）以及責任範圍上的因果關係（haftungsausfüllende Kausalität）。但前述Schulin以及近來實務之強

調：受僱關係與導致職災的行為間之關係，而這乃是涉及到該行為是否應歸屬（Zurechnung）於受僱關係範圍內的問題，純屬價值判斷、而非因果關係的問題，更值得吾人注意。

又本案判決提到的「業務遂行性」與「業務起因性」之分，其內容相當於前述我國文獻中林振賢的「職務執行性」、「職務起因性」，或是魏朝光的「工作執行性」、「工作起因性」，或是王惠玲的「職務執行性」及「業務起因性」。為行文方便，以下僅以「業務遂行性」與「業務起因性」稱之。「業務遂行性」是指災害是在勞工執行職務過程中所發生的狀態；「業務起因性」是指職務和災害間的因果關係。對於「業務遂行性」，吾人若理解為：導致勞工引發意外的行為，是否在其職務範圍、因此也是在職災補償的保護範圍內，則此將如前述Schulin所強調的、是一個價值判斷的問題，與因果關係無涉。另一方面，吾人若只從時間上加以理解（勞工於意外事故發生時是否在執行職務），則其對職災成立與否的判斷的意義不大。因為是否在執行職務的範圍內，時間僅是其中之一、而非全部應予考慮的因素。至於「業務起因性」則是因果關係理論要解決的問題。與前段關於因果關係結構的說明相對照，「業務起因性」又應當可以細分為：責任成立上（職務之執行與意外事故之發生）的因果關係以及責任範圍（意外事故之發生以及損害的範圍間）的因果關係。

綜上論述，在向來審查職業災害因果關係上，可區分：(1)導致意外事故的行為是否屬於執行職務、在職災保護的範圍內？在此，我國文獻上所謂的「業務遂行性」可一併列入考慮。(2)該行為和意外事故之間具有因果關係。(3)意外事故和損害範圍之間具有因果關係。至於後二步驟所稱因果關係，其標準詳如後述。

三、勞基法上職業災害的認定，究竟應採何說？

民法學上因果關係理論乃是依據不同的法律之目的與功能，從事一評價性的篩選，而對條件說中的條件做不同的限縮。因此，在不同法律領域中存在著不同的因果關係理論，或許勢所難免[54]。對於勞基法上職業災害認定的因果關係，本案判決以及我國文獻中有採相當因果關係說者，亦有參照德國法上見解而採採重要條件理論者——姑不論其中於敘述該說內容時，有與相當因果關係有混淆之虞。另外對照我國侵權行為法上的相關討論，則對於日漸重要的法規目的說在此可能扮演的角色如何，也有待進一步思考。本文認為當涉及各科專業知識的部分、原則上應依各專業的鑑定意見為準外（本文前述參一），就純粹涉及法律價值判斷的部分，參考侵權行為法上因果關係的討論，以及有鑑於現今勞動／社會法學的研究發展、尚處於起步階段，吾人或許應避免過度倉促地採取其中任一特定學說，而應兼採相關學說或理論中具說服力的觀點，以便保持彈性、實現個案正義，避免以特定學說過度挾制、拘束實務和理論的發展，或許才是較佳的解決之道。換言之，勞基法上職業災害因果關係的認定標準，應當保有某程度上的開放性、可變動性（可變動的體系）[55]。若然，則在職業災害因果關係的認定，吾人必須同時斟酌和衡量與個案事實較接近、具有說服力的相關觀點，整體觀察之後而加以決定。另一方面，為兼顧法律適用

---

[54] Vgl.Gitter, Schadensausgleich im Arbeitsunfallrecht, 1969, S. 101.

[55] Wilburg於1941年所提出的變動的體系（bewegliches System）的觀點，於此仍甚恰當。氏認為：奧地利與德國損害賠償法上損害賠償責任的確立，是在不同的歸責因素（法律原則和正當事由）交互作用與影響下，就個案加以確定的。亦即：損害賠償責任並不以特定因素於所有案例中都是不可或缺的；而是基於許多不同的因素彼此之間以不同強度和型態連結共同導致的。zit. nach Larenz, Methodenlehre der Rechtswissenschaft, 6. Aufl, 1991, S. 469 f.另外英美侵權行為法似乎也呈現相同的情況，參閱前述陳聰富，侵權行為法上之因果關係，臺大法學論叢第29卷第2期，第175頁以下。

之明確性、安定性，找出上述相關學說中普遍較具說服力的觀點、以及其於個案適用的可能情況，則是必要的。在此，本文認為目的論導向的見解——至少就法學方法論上的觀點——應當是正確的出發點。而在這意義下，勞動／社會法上的重要條件理論，係以規範目的決定條件是否重要，在出發點上應較其他理論更為正確。當然，侵權行為法上的法規目的說，基本上也就是一個目的導向的理論，因此吾人可認為重要條件理論是和法規目的說彼此之間的相容性較高，在實際適用上似無重大差異。但二者之間或許尚有如下差異：重要條件理論在「重要」與否的判斷上，似較法規目的說的「法規目的」更有彈性，可以容許包含更多的考慮因素，因此——至少就現階段而言，似乎是較佳的理論。至於前述Gitter之認為有時在重要條件理論之外、仍須另外藉助法規目的／價值判斷加以說明之見解，吾人認為：在此若已非因果關係的範疇、而是另外涉及法規目的／價值判斷的問題，則基本上已經和作為因果關係理論的重要條件理論或法規目的說之間的優劣無干。反之，吾人若是仍在因果關係的範疇內加以考慮，則似無理由將法規目的／價值判斷排除於重要條件理論之「重要」與否的判斷之外。至於相當因果關係說主要係針對過失責任、其正當性在於將行為人無法合理預見的異常牽聯排除於責任之外，而我國勞基法之雇主職災補償責任既為無過失責任、而非過失責任，況且雇主是否承擔補償之責，主要係以勞工執行職務上之危險是否實現為準——這點至少是和危險責任較接近的——因此於此援用相當因果關係說未必恰當。又如前所述德國通說之見解，重要條件理論更加強調個案整體情事的觀察，與相當因果關係說之著重普遍觀察有別，似更能恰當地解決職災補償因果關係的問題[56]。綜上論述，在職災因果關係的審查上，本

---

[56] 又勞工傷病審查準則第21、22條雖以「相當因果關係」作為認定職業病之標準，惟吾人似乎未必一定是要解釋成為採取學說上的相當因果關係說，因為在此同時涉及醫學知識，而這和法學上相當因果關係之相當與否並無太大關聯。

文認為應以重要條件理論作為出發點。至於在認定標準上，前述德國法上重要條件理論所主張的日常生活上經驗固然可為參考，惟相關的法規目的（法規目的說）或是法秩序整體所反映出的價值判斷（例如勞工犯罪行為、故意或重大偏離常情行為所致損害的，原則上應排除於職災保護之外），或許是更重要的。又例如該損害之發生機率如何（相當因果關係說）、該危險是否為純粹應由每個人各自承擔之一般生活風險？職務上之行為是否導致可觀的危險提升（風險領域說）？日常生活上社會一般觀念等等，亦值得注意而一併參酌。最後，吾人應於觀察個案全體情況、斟酌與衡量上述相關觀點之後加以決定。

　　在具體適用時，吾人或可**依序**考慮如下：(1)職災保護的相關法規的目的／範圍（尤其是許多行政機關獲得授權所頒布的職災預防規則，如鉛中毒預防規則、缺氧症預防規則、粉塵危害預防標準等；由該等規則，吾人對於職災保護的範圍已可更進一步地加以確認）或法秩序整體所反映出的價值判斷（例如勞工犯罪行為、故意或重大偏離常情行為所致損害，原則上應排除於職災保護之外）、是否已足夠明確地可斷定？若是肯定的，基本上即應據此納入／排除於職災範圍之內／外。(2)其次，在相關法規保護目的不夠明確時，若某一行為或危險，係勞工執行職務時通常所需處理的、亦或在一般合理可預見的範圍之內，亦應肯認其為職業災害。(3)若由上述二項觀點仍無法判定時，則可考慮勞工是否因為履行其職務、以致於明顯地有更高的機率發生該類危險時？若然，亦屬職災補償的保護範圍。(4)當然，日常生活上社會一般觀念等等，亦值得參考。而依據個案具體情況加以決定，或許也是難以避免的。

四、小結

　　綜上論述，本文認為在向來審查職業災害因果關係的界定上，可

細分為(1)導致意外事故的行為是否歸屬於執行職務、職災保護的範圍內？在此純屬價值判斷、而非因果關係的問題，而其具體之適用，可以一併考慮我國文獻上所謂的「業務遂行性」。(2)該行為和意外事故之間（責任成立上的因果關係）以及(3)意外事故和損害範圍之間（責任範圍上的因果關係）具有因果關係；在後二步驟中，除涉及各科專業知識的問題、原則上應依各專業的鑑定意見為準外，參考侵權行為法上因果關係的討論，以及有鑑於現今勞動／社會法學的研究發展、尚處於起步階段，吾人或許應避免過度倉促地採取其中任一特定學說，而應兼採相關學說或理論中具說服力的觀點，以便保持彈性、實現個案正義，避免以特定學說過度挾制、拘束實務和理論的發展，因此吾人認為職業災害因果關係的認定，是一開放、可變動的體系。另一方面，為兼顧法律適用之安定性與明確性，本文認為可以重要條件理論為出發點，因為目的論導向的見解─至少就法學方法論上的觀點─應當是正確的出發點。另外和法規目的說相較，重要條件理論在「重要」與否的判斷上，似較法規目的說的「法規目的」更有彈性，可包含更多值得考慮斟酌的因素。至於相當因果關係說之正當性主要是限於過失責任、並以普遍觀察（危險發生的機率）為準，對於性質上屬於無過失責任的雇主職災補償責任既欠缺正當性，且未能兼顧個案整體情形，因此並不能恰當地解決職災補償因果關係的問題。在具體認定標準上，吾人應一併考慮法規保護目的（如職災防護的相關規則）、現行法秩序的價值判斷（如勞工犯罪行為、故意或重大偏離常情行為所致損害之排除）、是否為勞工執行職務時通常所須處理或合理可預見者？亦或勞工因為履行其職務、以致於明顯地有更高的機率發生該類危險時？社會一般通念等觀點，於觀察個案全體情況、斟酌與衡量上述相關觀點之後加以決定。

五、具體適用之例：檳榔販售小姐癱瘓跛行案

　　茲舉下述之例，以說明本文所持見解以及在個案適用的可能情形。中時晚報2002年5月24日報導：某檳榔販售小姐因穿著短裙工作，以致於長期翹腳加以遮掩，導致右腿癱瘓，經連續治療三個月後才勉強可以跛行。林口長庚醫院神經內科黃醫師確認其病因為長期翹腳，鼓勵該檳榔販售小姐向勞委會申訴（該報第一版）。勞委會表示：職業災害的構成必須直接執行職務導致傷害或疾病，若檳榔販售小姐是在從事工作期間發生事故，例如上班時從椅子上摔下來，只要能證明是工作時所為，即符合職災保護的規定。但若是因個人因素造成，即使醫生認定為職業災害，也不能以工作必須穿短裙展露雙腿招攬生意為名，申請職災保護或請求雇主補償。又檳榔販售小姐穿著涼快招攬生意並非該行業之必然行為，即使多數檳榔業者用此種方式招攬生意，仍非屬正常職業需求。因此當檳榔販售小姐因此導致傷害時，不能以「工作必須穿著短裙展露雙腿招攬生意」為名，申請職災保護或雇主補償（第六版）。

　　首先為避免誤解，應先提醒注意的是：本案例所涉及的爭論為勞工保險條例上職業災害的認定，此雖與本文討論範圍不盡一致，但對本文所涉議題仍有許多值得探討與啟發之處。對本案例，本文認為首先值得贊同的是：勞委會認為某項行為是否屬於執行職務、亦或私人行為的範圍，勞委會應自行認定，不受醫生意見的拘束。蓋以某一行為是否屬於勞工職務上行為、是否在職災補償的保護範圍內——就本案：翹腳是否屬於檳榔販售小姐職務上行為？純屬法律上價值判斷的問題，並不涉及因果關係或醫學的問題，用法機關應自行決定，不受醫院見解之拘束。當然，在此前述我國文獻中的「業務遂行性」的標準可一併列入考慮。至於長期翹腳是否為導致癱瘓的法律上原因（責任成立上的因果關係）？本案檳榔販售小姐右腿遭受癱瘓的部分、

在法律上是否全部都是因為其長期翹腳所致（責任範圍上的因果關係）？以致於應歸職災補償義務人負擔，則同時涉及醫學專業知識以及法律上價值判斷的問題。就醫學上的問題，固應以醫生／醫學機構的意見為準。但就法律上價值判斷的問題，則依前述本文所述，應一併考慮法規保護目的、現行法秩序的價值判斷、是否為勞工執行職務時通常所需處理或合理可預見者？亦或勞工因為履行其職務、以致於明顯地有更高的機率發生該類危險時？社會一般通念等等觀點，於觀察個案全體情況、斟酌與衡量上述相關觀點之後加以決定。

然而有待進一步討論者：翹腳果真如勞委會所言、並不屬於檳榔販售小姐的職務上行為？在此所涉及的既然是價值判斷的問題，因此某程度上無法完全予以客觀化，是可以理解的。但有疑義的是：勞委會在此對於職務之執行以直接執行職務或該行業必然行為為限，似乎過嚴。蓋雖非直接執行職務、亦非必然行為，惟該行為係雇主直接指示或與之有合理關聯者，參照前述德國法上見解、我國勞動／社會法上學說、以及本案臺灣高等法院87年勞上字第5號判決的見解，似亦應認為屬於執行業務之範圍。何況職業傷病審查準則大致上亦反映出提供勞工廣泛保障的意圖。例如第7條甚至規定工作時間中基於生理需要（如廁或飲水）、第10條之受雇主指派參加進修訓練活動等、第4、9、16、17條對於通勤或與之類似的災害都予以保障，並不以和職務直接或必然相關者為限。因此勞委會僅僅對於檳榔販售小姐的職務行為採取較一般較為嚴格的見解，似乏依據。依本文之見，勞委會見解的最主要理由應當是基於維護公序良俗的考量（非屬正常職業需求），因而認定該行為並非業務行為。勞委會對於公序良俗的判斷雖然可以理解，而在此也確實存在著一些模糊地帶。但是除非吾人在法律上可明確地認定雇主在法律上不得指示檳榔販售小姐必須穿著短裙，否則一方面容許雇主為此指示、另一方面就此造成的損害一概歸由勞工獨自承擔，恐怕是更加不妥的（難道勞委會諸公認為吾人應期待檳榔販售小姐穿著短裙而又不翹腳，以致於更有悖於公序良俗？）。又不論

如何，吾人縱如勞委會一樣地否認勞工得依**勞工保險條例**主張職災補償、以維護公序良俗。但至少當法律上不明確地禁止雇主為穿著短裙之指示、而勞工也確實基於該指示、而實際上必須於工作時翹腳，既然造成此一狀態最終、最主要是源出於雇主，基本上雇主仍應負**勞基法上職災補償責任**，方為合理。

六、具體適用之例：對通勤災害屬於勞基法上職業災害的質疑

通勤災害，依勞工保險被保險人因執行職務而致傷病審查準則第4條第1項之規定：「被保險人上、下班，於適當時間，從日常居、住處所往返就業場所之應經途中發生事故而致之傷害，視為職業災害」。近來最高法院[57]認為：霧○高爾夫球場與其桿弟間是勞動關係；桿弟於上班途中發生車禍事故，有**勞動基準法**關於職業災害補償請求規定之適用。此一結論，欠缺法律依據。*1.*首先就前述審查規則的文義而言，這明顯地是針對著勞工保險條例上職災的問題所作的規定（同準則第1條參照），而且「視為」職業災害，顯然是一種擬制，因此能否移用到勞基法來，已有疑義。*2.*何況勞工保險具有社會安全制度的特性，其保險給付的財源、除了勞方以外、尚有雇主與國家之參與；而且於門診、住院診療，有勞工自負額的問題；此於勞基法上職業災害，全由雇主單獨負擔補償之情形有別；因此二者有關職災範圍的認定，不必然相同。*3.*至少，不附充分理由地一概援用勞保條例上對於職災的看法，和最高法院先前一概援引勞工安全衛生法第2條第4項、作為勞基法上職災範圍的認定標準，一樣地是缺乏說服力[58]。*4.*通勤災害之所以

---

57 最高法院96年度臺上字第2905號、96年度臺上字第428號民事判決。

58 例如援引勞工安全衛生法第2條第4項規定，最高法院於78年度臺上字第371號判決中，對於受僱為公司載運瓦斯之勞工，於騎機車載運瓦斯途中，為第三人騎乘機車撞死；於78年度臺上字第1052號判決中，對於受僱為司機之勞工，於駕駛公司之大貨車

視為勞保條例上的職業災害，其理由不外乎是：勞工為了提供勞務，通常必須上下班，因此社會政策上從寬「視為」職災，轉由全體雇主承擔此一風險。然而從勞基法上規定看來，吾人並無從得知立法者關於職災範圍的認定，也要採用相同的標準[59]。吾人不論是採取如本件判決的相當因果關係理論，亦或如本文的重要條件理論，通勤災害發生時，勞工根本尚未提供勞務、亦或已經提供勞務完畢，明顯地欠缺所謂的「業務起因性」、「業務遂行性」，亦或者應歸入勞工自行承擔的一般生活上風險，自非勞基法上的職業災害的範圍。要求個別雇主承擔一個完全無法控制的風險，法律上似乎不具期待可能性。**5.**而這也將導致價值判斷上的矛盾：在和本件類似的情形，勞工很明顯地**是在服勞務**，吾人尚且應進一步地探究系爭意外事件是否合乎相當因果關係、亦或是否為重要條件，以決定其是否屬於勞基法上的職災範圍。反之，在上下班時，勞工明確地並**不是在服勞務**時，原則上卻無須考慮其因果關係，一概納入勞基法上的職災範圍，價值判斷上顯失均衡。

肆、本案分析

1. 本案審理法院首先就勞基法上職業災害之認定，認為通說均採相當因果關係說，對照前述本文所引我國文獻，似非如此，我國學說上

時，因他人違規超車、發生車禍而死亡，否認其為勞基法上職業災害。對此，另參作者，勞基法上職業災害的概念及其補償，收錄於作者，勞動法案例研究（一），第177頁以下。

[59] 否則吾人大可認為：勞工為了提供勞務，通常也必須從事的行為（例如：在家吃飯、從事最低限度的健康休閒活動），於行為時遭受意外（例如：梗到魚刺、遭受運動傷害），基於平等原則，亦應一概列入勞基法上的職業災害！

採取重要條件理論者亦非少數。

2. 其次,本案審理法院認為:職業災害的構成,「必須在勞工所擔任之「業務」與「災害」之間有密接關係存在」。「所謂密接關係即指「災害」必須係被認定為業務內在或通常伴隨的潛在危險的現實化。」此見解正確地反映出職災補償責任所蘊含危險責任的特色,值得贊同。

3. 本案審理法院認為:所謂勞工擔任的「業務」,其範圍較通常意義之業務為寬,除業務本身之外,業務上附隨的必要、合理的行為亦包含在內。換言之,此時之「業務」即意味著「勞工基於勞動契約在雇主支配下的就勞過程」(學者稱之為業務遂行性)。審理法院主張對於「業務」範圍採取較寬的見解,與前述德國法上見解、我國勞動/社會法上學說一致,符合保障勞工之目的,值得贊同。至於在此所論及的「業務遂行性」,其內容似乎是探討某一行為應否歸入執行職務的範圍內、以致於歸屬職災保護範圍內的問題?若然,則所涉及的事實上乃是價值判斷的問題,嚴格言之與因果關係無涉。

4. 又本案審理法院認為:在認定勞基法之「職業災害」時,除須判斷前述之「業務遂行性」外,另須判斷該災害是否具有「業務起因性」,亦即:「以傷病所發生之一切不可欠的一切條件為基礎,依經驗法則判斷業務和傷病之間具有相當的因果關係」。此與向來對於相當因果關係說的說法一致。依本文見解,所謂的「業務起因性」或可細分為該行為和意外事故之間(責任成立上的因果關係)以及意外事故和損害範圍之間(責任範圍上的因果關係)是否具有因果關係的問題。在此,除涉及各科專業知識的問題、原則上應依各專業的鑑定意見為準外,對於所涉及法律上價值判斷的部分,應當認為是一開放性、可變動的體系。吾人可以重要條件理論為出發點,一併考慮法規保護目的(如職災防護的相關行政規則)、現行法秩序的價值判斷、是否為勞工執行職務時通常所需處理或合理可

預見者？亦或勞工因為履行其職務、以致於明顯地有更高的機率發生該類危險時？社會一般通念等等觀點，於觀察個案全體情況、斟酌與衡量上述相關觀點之後加以決定。

5. 審理法院以欠缺「業務起因性」而否認本案意外事件為職業災害，其理由可略分為二：(1)本案勞工之業務為駕駛公車，遭人持刀砍傷**並非駕駛公車的業務內在或通常伴隨的潛在的危險**，亦即其受傷純係外部之力的介入而發生，依一般經驗法則來判斷，尚難認具有相當因果關係存在。(2)本案勞工所受之傷害係訴外人張○○持刀猛砍致其受傷，勞工所受傷害，**係本身原因引起**，與其業務並無相當因果關係。對此，本文認為：勞工遭受第三人侵害是否得認定為職業災害，涉及價值判斷的問題，容有不同見解。駕駛公車而遭人持刀砍傷，或許並非明確地屬於駕駛公車的業務內在或通常伴隨的潛在的危險。但不可否認的是：本案傷害也確實是因行車爭執所引發，與駕駛職務亦有牽聯。何況當交通秩序越繁忙、紊亂之際，發生行車糾紛的機率就越高。至於碰上飆車族，則遭人砍傷之機率亦越高。因此是否能將行車糾紛所致損害一概排除在職災保護之外？似非無疑。是以審理法院所持第一點理由，其說服力尚待加強。或許導致審理法院採取上述結論的重點在於第二點理由：此係勞工本身原因引起。基本上沒有問題的是：勞工應自行承擔其故意引起之損害。又就類似情形，內政部曾於73年12月13日（73）臺內勞字第278912號函[60]持與本案審理法院相同結論：「關於○○○先生在工作時間內因工作與同事發生爭執，為對方以生產機器傷害致死案，其死亡乃肇因於加害人個人之犯罪行為，尚難以職業災害論。惟雇主如涉及有關管理或機器安全防護等措施問題時，仍應負責」，但職得注意的是：依據法院所認定之事實，本案傷害係因行車糾紛，導

---

[60] 引自勞工行政雜誌社編，勞動基準法暨附屬法規解釋令彙編，1997年10月新版，第413頁。

致第三人持西瓜質問、殺傷（訴外人張○○即持一把西瓜刀衝入公車內，質問本案勞工，因不滿本案勞工之答覆，遂持刀對本案勞工胸前橫向猛砍一刀），本案勞工顯然是處於被害人的地位，而非因主動挑釁、或與第三人互毆而受傷，因此與故意、或因自身犯罪行為引發之危險的情形尚有不同。若第三人犯行一概排除於職災保護之外，則例如：遭車禍死亡的（司機）勞工將一概無法獲得職業災害補償，當非事理之平。最後值得一提的是，對於第三人犯行所致損害，最高法院86年臺上字第3218號判決[61]肯定其前審認為職業災害成立的結果，該案所涉事實為：一漁船於印度洋作業時，因引擎逆轉機故障，其船長責罵毆打輪機長，後者竟持鐵管毆打前者頭部、致前者死亡。最高法院維持前審見解，認為：船長責成輪機長維修引擎逆轉機，對輪機長責罵毆打，行事容有過當，「但不能否認其執行船長職務之本質」，因而肯認此為職業災害。參照最高法院此項見解、以及前述德國法上認為職務引發之鬥毆仍可認定為職業災害的見解（貳三（三）），本文認為本案勞工既係因行車糾紛、遭人傷殺，仍應認為此與其業務之執行有重要的牽連，構成職業災害，否則該損害歸由勞工自行承擔，將過於苛酷。

---

[61] 引自司法院網站。

14 論解僱的一般問題以及勞基法第11條之事由

大綱

壹、勞動契約終止所涉及的利益狀態

　　勞動契約終止制度，乃是使契約當事人得向將來結束此一繼續性債之關係，賦與其調整與因應勞動契約之進行中之障礙與勞力供需之機會。就其性質，因涉及到契約的存續，故不外乎為契約自由原則的一種表現。終止權係形成權，雇主單方終止權的行使，一般多稱為解僱。然在解僱時，可能牽涉到勞方經濟生活基礎的喪失或——在有失業救濟制度下——降低；在勞工尚能另覓新職的情形下，則會變更勞工向來所熟悉的工作環境、條件（以及住家）；若導致失業或提前退休，則對勞工人格利益——藉工作以發展其人格——有明顯影響。又就社會整體言，（尤其是在大量裁員所引起的）失業除引起社會生活不安、社會救濟支出之負擔外，亦可能導致相關企業結構有調整的必要。因此對於雇主之解僱權限，自有加以限制之必要。但在另一方面，在承認自由經濟市場的前提下，雇主既然必需面對市場競爭，自然有調整人事，以因應市場變化之必要，因此雇主解僱權限亦無法全然予以抹煞。又從社會整體言，強令雇主繼續僱用多餘勞工，將增加其成本；而此不利益最終將透過市場機能轉嫁給社會全體負擔。因此，解僱法的重要功能，即在上述不同利益間，取得一適當的平衡。

　　我國法上，除民法僱傭契約篇之相關規定外——該等規定係以雇主得自由終止僱傭契約為出發點——立法者最主要是透過勞基法第11條以下之規定來加以規制；對於終止事由，採取列舉的形式，無非是企圖對解僱事由予以明確地限定；惟導致解僱的社會事實既不一而足，因此立法者亦不得不於列舉的型態底下，在解僱事由中採用不明確的法律概念。因此如何對解僱事由妥當地加以掌握，即不能忽略相關的法律原理原則的影響。又解僱既然是雇方所擁有的一種形成權，則如何與其他類似的制度——特別是退休制度——相區別，亦值得吾人探討。

貳、解僱的概念及其與相關制度的區別

　　解僱在概念上乃雇方終止權——形成權——的行使；亦即雇主透過其單方意思表示，使勞動契約向將來地失去效力。此一意思表示，理論上亦得以默示為之[1]；惟為使法律關係明確起見，自以明示為佳。至於合意終止，係以雙方合意——而非以單方之意思表示——使勞動關係向將來地失去效力，因此有別於解僱，並無適用勞基法上解僱相關規定的餘地；也因此，合意終止在認定上應謹慎為之。設若雇方表示因營運問題已無法繼續僱用勞工，請勞工另謀他職；勞工因而單純地辦理離職、或是處理後續相關問題（例如財產、資料的移交），原則上仍應認為是雇主單方終止勞動契約（解僱），而非當然可解為雙方合意終止，因此仍有解僱相關規定的適用[2]。

　　至於退休——不論是自請退休（勞基法第53條）或是強制退休（勞基法第54條）——，性質上亦為終止勞動契約之權，於合乎法定

---

[1] 例如最高法院於86年度臺上字第1256號判決中表示：「次查上訴人於公告將員工調往其關係企業沐○公司工作後，即大門深鎖關廠歇業之事實，有被上訴人提出之照片三幀（顯示上訴人公司大門深鎖，無人在內工作）附卷足稽，復據臺灣省政府勞工處南區勞工檢查所於83年5月6日檢查屬實，有該所函文一紙附卷可按，上訴人公司既已大門深鎖，無人在內工作，應認其已有歇業關廠之事實，縱上訴人提出有繳納水電費及申報銷售額、稅額之憑據，亦無足證明上訴人並未關廠歇業。上訴人實際上既已關廠歇業，又未將被上訴人陳○○調至沐○公司工作（此為上訴人所自承），應認已依勞基法第11條第1款規定，終止其與被上訴人陳○○間之勞動契約」。本節所引實務見解若未附註出處，一律出自法源法律網，搜尋時間2005.01.19。

[2] 參閱最高法院於91年度臺上字第2499號裁定：「末按雇主以勞工對所擔任之工作確不能勝任而依勞動基準法（下稱勞基法）第11條第5款終止勞動契約時，應依同法第17條規定給付勞工資遣費。原審以被上訴人係依勞基法第11條第5款之事由，請求離職及資遣費，上訴人既同意其離職，應認上訴人業已承諾被上訴人依上開條款事由終止兩造間之勞動契約，自應依法給付資遣費予被上訴人，而為上訴人敗訴之判決，並不違背法令」。

要件時即生終止效力，故亦為形成權。然而退休制度在設計上係以勞工退出勞動市場為前提，也因此才要求雇主應給付一定的退休金，以照顧勞工老年生活。又退休金金額之計算基準多高於資遣費（勞基法第55條、第17條參照）。為貫徹上述照顧勞工老年生活之立法目的，應認為在退休規定與解僱規定競合的情形，雇主僅得依第54條，強制勞工退休，不得第11條之規定，預告勞工終止勞動契約[3]。

參、解僱法上的一般原則

　　勞基法對於終止事由，採取列舉的形式，無非是企圖對解僱事由予以明確地限定。惟解僱法的主要目的，既然是在於交錯與對立的勞、資方與社會整體利益之間求取一適當的平衡，已如前述，而且導致解僱的社會事實又不一而足，因此立法者亦不得不於列舉的型態下，採用不明確的法律概念。因此如何對解僱事由妥當地加以掌握，即不能忽略相關的法律原理原則的影響。蓋唯有如此，吾人方能適當地理解與運用法律；並在法規不備的情況下，妥當地造法、彌補闕

---

[3]　參閱最高法院民事86年度臺上字第1528號判決。又例如最高法院於86年度臺上字第3588號判決即表示：「查被上訴人係9年9月12日出生，有戶籍謄本在卷可稽，其於73年8月1日勞基法生效前早已年滿六十歲，上訴人如欲終止兩造間之僱傭關係，原應令其退休，乃上訴人以資遣方式，令被上訴人去職，自非適法」。又同院86年度臺上字第1256號判決亦認為：「再查事業單位依勞基法第11條規定終止勞動契約，對合於同法第54條強制退休要件之勞工，雇主應依法予以強制退休，不得以資遣方式辦理，亦經內政部74年5月28日（74）臺內勞字第298989號函釋甚明。是上訴人抗辯：陳○○不合勞基法第53條之自請退休要件，不得請求付其退休金云云，亦不足取。查陳○○於上訴人歇業關廠，終止其勞動契約時，已年滿六十三歲（陳○○為20年1月7日生，有戶口名簿影本在卷可憑），符合勞基法第54條第1項第1款規定強制退休年齡，則被上訴人陳○○請求上訴人給付退休金，即屬有據」。同意旨，如最高法院85年度臺聲字第412號裁定；最高法院86年度臺再字第109號判決。

漏，維持價值體系的均衡。

一、廣義比例原則[4]及最後手段性原則[5]

　　與解僱法關係較密切的法律原則，首推廣義比例原則——特別是其下位的最後手段性原則。廣義比例原則（Verhältnismä βigkeitsprinzip i.w.S.）／或稱為過度禁止原則（Übermaβverbot），學說上多細分為有效性原則（Geeignetheit）、必要性原則（Erfordlichkeit）以及狹義的比例原則（Proportionalität）。而解僱之最後手段性，從文義言，指解僱應為雇主終極、無法迴避、不得已的手段（ultima-ratio）；就其內容言，實不外為廣義的比例原則底下的必要性（Erfordlichkeit）原則。德國聯邦勞動法院[6]首先在其1978年5月30日的判決中，明白表示：作為最後手段之終結性的勞動契約終止（Beendigungskündigung）[7]，不論其解僱事由為何，為通常或是非常終止，僅當另無其他（包括變更勞動條件）繼續僱用勞工之可能時，方屬正當。德國學說上對此結果，亦多贊同，並以德國民法第242條的誠信原則作為其理論上的依據。以上見解，可資贊同。特別是當雇主實際上可以單方地決定勞動關係之內容時，例如：懲戒權之行使、升遷調職、工作規則之制定以及解僱權之行使，都有透過廣義比例原則，加以調整之餘地。至於採此見解所帶來的可能影響，吾人（一）首先可以此作為適用解僱事由的標準之一。（二）其次則可之作為控制解僱的依據；在此，可在細分為：

---

[4]　詳細論述，另參林更盛，論廣義比例原則在解僱法上的適用，中原財經法學，第五期，頁57以下。

[5]　詳細分析，另參林更盛，解僱之最後手段性，收錄於氏著，勞動法案例研究（一），翰蘆，2002年5月，頁259以下。

[6]　BAG 30. 5. 1978, BAGE 30, 309.

[7]　作者按：即雇主之解僱意思表示未附以勞工同意變更勞動條件為條件。

(1)若雇主之解僱行為已明顯重大地違背最後手段性原則，符合向來所認定之權利濫用的類型時，則可直接認定為權利濫用；(2)否則，在其他情形，則可獨立地認為最後手段性原則是屬於一種獨立的勞動契約內容控制的標準，而逕以該解僱違反最後手段性原則，否認其效力。

對於以廣義比例原則作為認定解僱事由的標準者，最高法院於75年度臺上字第2456號判決以及83年度臺上字第2767號判決[8]中實際上也採取相同的結論，認為：「依勞動基準法第11條第2款規定，雇主得因業務緊縮，預告勞工終止勞動契約者，必以雇主確有業務緊縮之事實，而無從繼續僱用勞工之情形，始足當之，是以雇主倘僅一部歇業，而同性質之他部門，依然正常運作，甚或業務增加，仍需用勞工時，本諸勞動基準法保障勞工權益，加強勞雇關係之立法意旨（勞動基準法第1條參照），尚難認為已有業務緊縮，得預告終止勞動契約之事由」。以上最高法院所持結論，實為參考廣義比例原則—尤其是最後手段性原則—的要求，所為之法官造法。蓋依勞基法第11條第2款有關業務緊縮之規定文義，並未如最高法院所要求、以他部門無須該勞工為前提。又由於廣義比例原則—尤其是最後手段性原則—對所有解僱型態皆有其適用，因此最高法院的上述要求，原則上亦應對所有的解僱事由有其適用。近來，最高法院更於判決中明確地承認解僱應遵守最後手段性原則，認為「勞動基準法第11條第5款規定，勞工對於所擔任之工作確不能勝任時，雇主得預告勞工終止勞動契約，揆其立法意旨，重在勞工提供之勞務，如無法達成雇主透過勞動契約所欲達成客觀合理之經濟目的，雇主始得解僱勞工，其造成此項合理經濟目的不能達成之原因，應兼括勞工客觀行為及主觀意志，是該條款所稱之「勞工對於所擔任之工作確不能勝任」者，舉凡勞工客觀上之能力、學識、品行及主觀上違反忠誠履行勞務給付義務均應涵攝在內，**且須雇主於其使用勞動基準法所賦予保護之各種手段後，仍無法改善情況**

8　最高法院民事裁判書彙編第十八期，第591頁以下。

下，始得終止勞動契約，以符「解僱最後手段性原則」」[9]。

　　在以廣義比例原則作為控制解僱時，吾人可認為：警告／申誡、記過、拒發（例如全勤）獎金、在升遷上予以不利的評議、（契約範圍內的）調職、得勞工同意時變更勞動條件的繼續僱用，原則上皆可認為是較解僱影響勞工利益更輕微的措施；設若吾人可合理地期待雇主採行此類措施（例如依據向來企業對於類似的行為所為的處置，或是基於工作規則所規定的處置方式），雇主原則上即不得為解僱，否則將被認為牴觸解僱之最後手段性原則。近來，最高法院於95年度臺上字第1692號民事判決表示：「按勞基法第11條第2款規定，雇主有虧損或業務緊縮之情形時，得不經預告終止勞動契約。其立法意旨係慮及雇主於虧損及業務緊縮時，有裁員之必要，以進行企業組織調整，謀求企業之存續，俾免因持續虧損而倒閉，造成社會更大之不安，**為保障雇主營業權，於雇主有虧損或業務緊縮，即得預告勞工終止勞動契約**。原審既認上訴人確有業務虧損之情形，則上訴人依上開規定資遣被上訴人，即非無據。乃原審謂上訴人資遣被上訴人之前，尚必須徵詢其調整職務之意願，始得資遣，**增加該勞基法規定所無之限制**，自有可議。」對此，本文認為有二點值得注意：(1)若果真一有虧損或業務緊縮，雇主即得解僱勞工，則勞工之工作權將無任何保障可言；而偶然短暫（例如某個月）之虧損或業務緊縮，雇主即得據以解僱勞工，這恐非勞基法第11條限制雇主解僱權之本意。(2)最高法院在其他的判決中也認為：有無作為解僱事由之虧損，應以「比較長的時期來觀察，不可以因為短暫的虧損現象，即認定此現象是虧損」（詳見以下六（二）的說明）。此一見解，嚴格言之，不僅可能與「保障雇主營業權」不符，更可能因為並欠缺法律明文依據，以致於「增加該勞基法規定所無之限制」。(3)凡法官為法之續造，既然已經不是解釋，當然是逾越了法條可能文義範圍，必然會有類似「增加該勞基法規定

---

[9] 最高法院96年臺上字第2630號判決。

所無之限制」的結果。重點在於，吾人若承認：最後手段性原則乃解僱法上的一般原則，則基於內在體系的觀點，認為：得勞工同意時變更勞動條件的繼續雇用，應優先於雇主之解僱，寧屬當然。最高法院若果真認為對於私法關係，法官（一概地，亦或僅限於勞基法的領域？）不得增加法律規定所無之限制，這恐怕和民法上一向承認法官得為法的續造的想法是相牴觸的（民法第1條、民事訴訟法第469條之1參照），並且創造了法學上的怪異現象：採「民事法」／「勞動法」法定主義（？），在牴觸法律明文規定的情形下，自己造法、去禁止法官造法。

二、平等待遇原則[10]

　　平等待遇原則要求除非另有合理正當之事由，否則雇主對於在法律上處於同等或類似的勞工，應為相同或類似的對待。解僱權雖然性質上是形成權，仍有平等待遇原則適用的餘地。大量解僱勞工保護法第13條第1項規定：「事業單位大量解僱勞工時，不得以種族、語言、階級、思想、宗教、黨派、籍貫、性別、容貌、身心障礙、年齡及擔任工會職務為由解僱勞工。違反前項規定或勞動基準法第11條規定者，其勞動契約之終止不生效力。」，可認為是對立法者對此透過法律明文所為之承認。準此，作為解僱基礎的社會事實，若同時牽涉二個（以上）的勞工時，則雇主在行使解僱權時，即不得僅以種族、語言、階級、思想、宗教、黨派、籍貫、性別、容貌、身心障礙、年齡及擔任工會職務為由解僱勞工，否則於有大量解僱勞工保護法適用時，應認此解僱依該法第13條第2項為無效；於欠缺其他法律明文規

---

[10]　對此一原則的相關學說及其結構的說明，另參林更盛，勞動法上的一般平等待遇原則，收錄於氏著，勞動法案例研究（一），翰蘆，2002年5月，頁89以下。

定時，應認為該解僱牴觸平等待遇原則、因違反公序良俗（民法第72條）而無效。

肆、勞基法對於解僱時勞工的保障方式

　　勞基法對於解僱時勞工的保障，大致上是從下列四個層次著手：（一）解僱事由的限制；勞基法限定雇主僅得於具有第11、12條的法定事由時，才可解僱。勞基法第13條並就雇主對於產假期間、職災醫療期間的勞工（職業災害勞工保護法第23條另就雇主對於遭遇職災醫療期間的勞工的解僱權），作更嚴格的限制。為避免上述規定目的被架空，特別是利用勞動契約定期之約定、以迴避解僱相關規定的適用，勞基法第9條並對得為定期約定的情形加以限制。（二）解僱事由在認定上有時不無困難；特別是系爭事實是否已經到無法期待雇主繼續勞動關係、以致於必須立即終結時，可能也會因個別雇主而有差別。是以勞基法第12條第2項有三十日除斥期間的規定，以限制雇主解僱權的行使，並使法律關係盡早明確。又對照第11、12條的規定以觀，上述除斥期間規定，並不適用於第11條的情形[11]。（三）此外，為使勞資雙方——特別是勞工——於被解僱時，尚有調適——特別是另謀他職——的時間，勞基法第11、16條並設有預告期間的規定。（四）於解僱事由非源出自勞方的領域、勞方並無所謂的「可歸責」事由時，雇主負有給付資遣費的義務（第17條），一方面作為勞工對雇主長期忠誠的「對價」，另一方面以輔助其渡過尋職期間的經濟

---

[11] 最高法院93年度臺上字第1201號判決：「又依勞動基準法第11條第5款規定終止勞動契約者，並無須於三十日期間內為之之明文，原判決未加區別上訴人係依勞動基準法第12條第1項第4款及同法第11條第5款規定終止勞動契約，概稱已逾三十日除斥期間，亦欠允洽」。

生活。為貫徹立法者保護勞工之意旨，上述相關規定應認為是強行規定[12]，勞資雙方至少不得預先為相反之約定。至於資遣費額度係以年資及平均工資作為計算基準。原則上在同一雇主之事業單位工作滿一年，勞工可獲得相當於一個月的平均工資的資遣費；剩餘月數或年資未滿一年者，按比例計算之；未滿一個月者以一個月計算之（第17條）。以上關於資遣費之規定，於勞工離職係基因雇方有可「歸責」之事由者，準用之（第14條第4項）。

　　以下僅就與勞基法第11條有密切關係的解僱事由以及預告期間的問題，再加論述。

伍、解僱事由的分類

　　勞基法所定解僱事由，可略三分為：一、源出自雇方領域（第11條第1到4款）者；二、源出自勞方領域，但勞方並無可歸責之事由（第11條第5款）；三、源自勞方領域，且勞方有可「歸責」之事由（第12條第1項）。前二者在法律效果上並無不同（無除斥期間的規定、須預告、雇主須給付資遣費），惟既源出自不同的領域，為概念清楚起見，仍宜予區分。至於前二者和第三種解僱事由，則不僅在概念上、且在法律效果亦有不同（後者有除斥期間的規定、無須預告、無須給付資遣費），因此第三種解僱事由自應和前二者相區別。基於上述區別，為使勞工適當地知悉其所可能面臨之權利義務的變動，雇主基於誠信原則，有告知勞工被解僱之事由的義務。又為貫徹上述規定保護勞工之意旨，雇主自不得將第11條所定之事由，改列為第12條第1項第

---

[12] 最高法院92年度臺上字第1328號判決：「按雇主依勞基法第11條規定終止勞動契約者，應依同法第17條之規定發給勞工資遣費。被上訴人抗辯上訴人僅得依約領取離職儲金，而非資遣費，為不足採」。

4款勞動契約或工作規則情節重大之事由，而以勞工違反後者之規定，終止勞動契約，企圖規避資遣費發給之義務[13]。同理，雇主亦不得於原先的免職通知書上以勞基法第12條第1項之事由解僱之，嗣後於訴訟上變更為以第11條之解僱事由[14]解僱勞工。

---

[13] 參照最高法院91年度臺上字第2203號判決：「按現行勞基法關於勞動契約之終止係採法定事由制，勞工非有勞基法第11條所定之事由，雇主不得預告終止勞動契約；勞工非有同法第12條第1項所定之事由，雇主不得未經預告終止勞動契約。依第11條規定終止勞動契約者，雇主應依第17條規定發給勞工資遣費，惟依第12條第1項規定終止勞動契約者則無。此攸關勞工權益甚鉅，不容雇主將第11條所定之事由，列為第12條第1項第4款勞動契約或工作規則情節重大之事由，而以勞工違反該款之規定，終止勞動契約，以規避勞工資遣費之發給。查勞工如因專業、學識、技術能力、體力等不足以勝任工作達成業績者，屬勞基法第11條第5款所定之情形，被上訴人將業績未達標準列入業績辦法、考績辦法之解僱事由，有違勞基法第11條、第12條第1項之規定，其工作規則亦因違反法令強制或禁止之規定，依同法第71條規定，應屬無效。本件上訴人業績達成率未符合業績辦法第9條標準，屬勞基法第11條第5款是否對所擔任之工作不能勝任之情形，被上訴人將其考績評為丁等，而依工作規則第12條第6款之10、11之規定，視為有違反勞基法第12條第1項第4款之工作規則，情節重大，不經預告予以解僱，揆諸上開說明，於法不合」。

[14] 參閱最高法院92年度臺上字第1518號判決中，原審法院認為：「況縱認被上訴人有因上訴人電腦化作業後無法提供勞務情事，亦不能認屬勞基法第11條第1項第5款所定「勞工對於所擔任之工作確不能勝任」終止契約事由，亦非該法第12條第1項第4款所定之「違反勞動契約或工作規則情節重大」終止契約事由，上訴人不得據此主張被上訴人有此款之解約事由。末按上訴人之免職通知書係以被上訴人有「違反服勤規則第2條第5項x款」之規定為解僱事由，並未以上訴人因電腦作業致被上訴人不能勝任工作為由終止系爭契約，……上訴人主張其得依勞基法第11條第5款規定終止系爭契約云云，亦無可採。……」對此，最高法院認為：「查依卷附上訴人對被上訴人所發之免職通知書，係以被上訴人違反服勤規則第2條第5項x款規定為由終止勞動契約，上訴人之服勤規則第2條第5項x款之規定，分別為：「不服從上級主管領導，有違命之情事」、「工作疏失或擅自行事，造成本機構重大財務損失或名譽蒙受損害」、「違反本機構服勤規則或其他不當行為，有重大過失者」、「連續曠職或全年曠職累計逾七日者」，上訴人自非以被上訴人有勞基法第11條第5款所列不能勝任工作之事由終止兩造僱傭契約」。

陸、勞基法第11條解僱事由的認定

對於雇主以勞基法第11條所定企業經營困難為由所為之解僱，法院究竟有多少的審查權限，吾人基本上可認為：基於對雇主企業經營自由的尊重，以及法院既非專精企業經營決策、亦非單負經營成敗之責任者，因此就單純涉及雇主企業經營決策的部分（例如是否歇業、轉讓或變更業務之性質），法院原則上不得加以審查；除有權利濫用之情事外，法院應予尊重。惟雇主是否果真實行該決策（雇主果真歇業、轉讓或變更業務性質）、該決策實際上是否導致勞力需求的減少、程度又如何（例如有減少勞工之必要？有無適當工作可供安置？），則仍為法院審查的對象；否則限定解僱事由的立法目的將被架空[15]。類似地，對於其他同時涉及特定客觀事實的解僱事由（是否虧損、業務緊縮或不可抗力暫停工作在一個月以上），該事實之存否，亦為法院審查的對象。

至於雇主以企業經營困難作為解僱之事由，勞基法11條雖然列舉四款，惟同一社會事實可能符合多款解僱事由，因此各款事由的界限是流動的，未必能明確地加以區分。惟雇主只要符合其中一款事由，即得解僱勞工[16]。至於各款事由究所何指？分述如下。

---

[15] 參閱林更盛，評最高法院對於勞基法上解僱事由的認定，收錄於1995年4月由勞委會／司法院／法務部主辦，中興大學法律系承辦之「勞工法規研討會」，參考資料，頁5-11。另參司法院第七期司法業務研究會：「……本件某公司因產品減銷，需緊縮生產業務五分之一，有減少十名勞工之必要，倘已依勞動基準法第16條第1項之規定預告而終止勞動契約，並依同法第17條規定，發給勞工資遣費者，其預告終止該十名勞工勞動契約應屬有效。……逾該十名勞工之終止勞動契約之預告，因非業務緊縮所必需，固屬無效，但並不影響該十名勞工預告終止勞動契約之訴訟。……」

[16] 參照最高法院91年度臺上字第787號判決：「被上訴人既有業務緊縮之情形，為原審確定之事實，則不論營業淨損是否該當於上開規定所謂之虧損，被上訴人均以預告終止與上訴人間之僱傭契約，是上訴人就被上訴人有無虧損而為之指摘，對判決結果即無影響」。

一、歇業或轉讓（事業單位改組）

歇業謂雇主終局地停止其業務之一部或全部的進行。有鑒於歇業之原因不足而一，我國一般業主停止營業，多不重視辦理登記，因此勞基法第11條第1款所稱之歇業，應係指事實上歇業而言，並不以經辦理歇業登記為必要。又該款係參照工廠法第30條第1款「工廠為全部或一部之歇業時得終止契約」之規定而訂定，故其所稱之歇業，亦應包括一部歇業在內[17]。因此例如雇主召集員工宣布公司將自某年月日起結束營業、並和員工終止勞動契約，應認係歇業[18]。又下列情形，實務上有認為構成解僱之默示意思表示者：雇主自○年○月起均未再給付勞工工資，嗣於同年月○日未經通知即突然宣告關廠歇業，縱未給付任何資遣費予勞工，亦足認為構成本款所定之歇業[19]。抑或是：雇主將全部廠房及其內全部機械設備出租訴外人通○公司，即實際上處於歇業狀態，且於○年○月底停工，並通知勞工另至通○公司工作，顯見雇主有終止兩造間勞動契約之意思表示[20]。又工廠土地被徵收[21]抑或是行政主管機關所為停業處分[22]，亦可能導致歇業。

勞基法第11條第1款所定「轉讓」，究所何指？與第20條「事業

---

[17] 司法院第七期司法業務研究會。

[18] 臺灣高雄地方法院90年度勞訴字第6號判決。另參臺灣臺東地方法院90年度簡上字第14號判決：「上訴人於89年9月29日公告暫停營業，並於89年10月1日發給被上訴人一個月薪資之離職金24500元將被上訴人資遣，等語（見本院90年5月9日準備程序筆錄、90年10月24日言詞辯論筆錄），參酌上訴人於89年九月30日為被上訴人辦理勞工保險退保事宜等情，（有被上訴人所提被保險人異動資料一件在卷可稽），足見上訴人於89年9月底時，確實曾以歇業為理由，對被上訴人為終止勞動契約之意思表示」。

[19] 臺灣桃園地方法院89年度勞訴字第4號判決。

[20] 臺灣臺南地方法院88年度勞訴字第27號判決。

[21] 臺灣基隆地方法院90年度簡上字第56號刑事判決。

[22] 臺灣高雄地方法院民事判決92年度勞訴字第7號判決。

單位改組或轉讓」的關係如何？學說意見不一[23]。針對後者，實務認為「勞動基準法第20條所謂事業單位改組或轉讓，如事業單位為公司組織者，係指事業單位依公司法之規定變更其組織或合併或移轉其營業、財產而消滅其原有之法人人格，另立新之法人人格而言」[24]，以上結論，可資贊同。又本文認為從文義及體系觀點而言，此二規定就解僱事由的部分，其意義應無不同。詳言之：參酌第11條的文義（「非有左列情形之一者，雇主不得預告勞工終止勞動契約……」）及立法目的，立法者乃是企圖對解僱事由窮盡地加以規定[25]，因此第11條第1款首先規定轉讓得作為解僱事由，而第20條則只是對其法律效果作更進一步的規定，亦即：賦予新舊雇主有商定留用權以及留用時、新雇主應繼受原勞動關係的法律效果；如此，對於不留用的勞工，原雇主只能回到依第11條所定事由加以解僱，也因此第20條才規定對該類勞工應預告方得終止、並應給付資遣費的法律效果。同理，第20條實際上既然只在另外賦予新舊雇主商定留用權，則勞工原先基於民法第484條所衍生拒絕留用的權利，自不因而被剝奪。準此，最高法院認為：「勞動基準法第20條……雖於企業併購法91年2月6日公布施行前規定，惟尋繹勞動基準法第1條第1項所定之立法目的，再參諸該法乃企業併購法之補充法（企業併購法第2條第1項）及民法第484條之規定意旨，並將企業併購法第16條、第17條詳為規定當成法理（民法第1條）以觀，……該條所稱之『其餘勞工』，亦當指除『新舊雇主商定留用並經勞工同意留用者』外之其餘勞工而言，並應涵攝『未經新舊雇主商定留用』及『新舊雇主商定留用而不同意留用』之勞工在內，始不

---

[23] 詳見林炫秋，事業單位轉讓與勞動契約之變動，政大法學評論，第62期，頁255以下。

[24] 最高法院84年度臺上字第997號判決；同意旨，最高法院93年度臺上字第331號判決。

[25] 詳細說明，參閱林更盛，以勞務專屬性之違反作為解僱事由，收錄於氏著，勞動法案例研究（一），翰蘆，2002年5月，頁243以下，250以下。

失其立法之本旨。本件京○公司雖於企業併購法公布施行前與元○公司合併為上訴人，惟因被上訴人不同意留用於上訴人並已依法終止勞動契約，依上說明，自仍在上開勞動基準法第20條規範之列。原審本此見解而為上訴人不利之論斷，經核於法並無違背」[26]，上述結論，可資贊同。至於第20條另外規定的「事業單位改組」，不論是就前述第11條的文義及立法目的，或是就體系（上下文脈絡）的觀點、其如何與有新舊雇主的情形相配合來看，都令人難以理解；此當係立法者「編輯錯誤」（Redaktionsversehen）所致。惟不論如何，實務上也將「事業單位改組」解釋為涉及有新舊雇主的情形，如此一來，「事業單位改組」與「轉讓」在概念上既難以區別，亦無區別實益。

二、虧損或業務緊縮

「關於「虧損」與否之認定，應該就比較長的時期來觀察，不可以因為短暫的虧損現象，即認定此現象是虧損，又應提出近年來之經營狀況，說明虧損情形及終止局部勞動之計畫，確定確有虧損時，始得解僱勞工，避免公司以虧損為由，不當資遣勞工」[27]。又實務上有認為「查被告公司其自85年度至87年度已連續虧損三年，而依前開損益表所載，被告公司86年度虧損數額為85年度之二點五倍，87年度之虧損數額更為86年度之三倍。是被告公司抗辯該公司係因虧損，為保全公司存續經營，乃裁併不具效益之單位，並縮減人員編制，降低營運成本等情，應認為真實。則認被告公司資遣原告，核於勞動基準法第11條第1款規定相符，即屬有據」[28]，以上見解，可資參考。

值得注意者，最高法院於96年度臺上字第1935號判決中，贊同原

---

[26] 最高法院93年度臺上字第331號判決。

[27] 臺灣宜蘭地方法院86年度訴字第178號判決。

[28] 臺灣高雄地方法院89年度勞訴字第7號判決。

審下述見解：依據國稅局審核之結果認定是否構成「虧損」，以及「受僱人所服務之個別部門若有盈餘，且受僱人並非該部門之多餘人力，企業全體之虧損即與該部門無涉，雇主自不得以企業虧損為由解僱該盈餘部門之員工」[29]，從而對於作為解僱事由之虧損，作更嚴格的

---

[29] 「原審斟酌的全辯論意旨及調查證據之結果，以：……本件上訴人就被上訴人主張之事實，雖據提出88至92年度執行業務者損益計算表，依序記載各年度虧損額為384萬4569元、220萬7088元、49萬3089元、233萬5801元及285萬2207元，並經王志銘會計師鑑定上訴人90年與91年度損益計算表，扣除乙○○與黃華山合夥醫師薪資前均為虧損，且稱「財政部高雄市國稅局（下稱國稅局）依所得稅法核定上訴人為有利益，與醫院依一般公認會計原則實際計算會計損益，係兩個不同目的之損益計算，前者為課稅所得，後者則為會計所得，一般而論，於判斷企業組織是否為虧損或有盈餘，應以會計所得為依據」云云。惟上訴人於88至91年度之損益計算表，經國稅局審查稽核結果，均認其結果並非正確，分別改以88年度盈餘330萬元，純益率4.26%，89年度盈餘118萬8692元，純益率5.7%，90年度盈餘299萬7978元，純益率4.35%，91年度盈餘320萬374元，純益率4.5%核定等情，有該局函文及檢附之上訴人88至91年度執行業務所得資料可稽，而上訴人對於國稅局之核定並未爭執或申請復查或提出訴願，顯亦承認該核定結果，足見國稅局核定上訴人於88至92年度均係處於盈餘狀態一節為實情。況王志銘會計師亦證稱其無實際查核權，可能因與國稅局查稅所憑之資料比較完整而有異，當以國稅局核定結果較為可採。次按勞動基準法第11條第2款規定，虧損時雇主得片面終止勞動契約，係基於企業營運上之需求與勞工權益間所作之調和，企業是否虧損，雇主得否以此原因片面終止與受僱人間之僱傭契約，當以企業整體之營運、經營能力為準，而非以個別部門或是區分個別營業項目之經營狀態為斷。受僱人所服務之個別部門若有盈餘，且受僱人並非該部門之多餘人力，企業全體之虧損即與該部門無涉，雇主自不得以企業虧損為由解僱該盈餘部門之員工。查上訴人提出之91年1月至93年11月拍攝Ｘ光片數量統計表顯示，91、92、93年度總數量（93年部分僅統計至11月）分別為三萬七千七百四十五張、四萬零五十八張、三萬八千九百零一張，可認被上訴人所服務放射部門之經營係逐年遞增，上訴人亦承認其放射業務未緊縮。且放射部門於解僱被上訴人後，又新增韓寶珠、洪瑞妙放射士，此二人係中華企輔中心僱用派駐上訴人放射部門工作，為上訴人以外包方式與該輔助中心簽約所派用，足見被上訴人並非放射部門之多餘人力，縱令上訴人之經營有虧損，亦與被上訴人所屬放射部門無涉，依上說明，上訴人以企業虧損為由解僱被上訴人，亦與上開條款規定之事由不符，不生終止之效力，被上訴人主張其與上訴人間之僱傭關係仍有效存在，為屬有據。..查上開原審既審據國稅局提供之上訴人執行業務所得資料等事證綜合研判，並基

認定。

　　至於「所謂「業務緊縮」，係指雇主在相當一段時間營運不佳，生產量及銷售量均明顯減少，其整體業務應予縮小範圍而言」[30]。最高法院並依據此一標準，認為業務性質變更並非當然構成業務緊縮：「至雇主所營事業因生產方式之改變或營業方向調整，其局部單位之工作減少，人力可予裁減，則非屬「業務緊縮」。原審以被上訴人半導體廠添購新機器設備之需要大幅減少，半導體廠之採購部門確有減少勞工之必要云云，認屬該條款「業務緊縮」之情形，是否允當，非無斟酌研求之餘地。次查被上訴人之母公司之關係企業已分別在愛爾蘭及馬來西亞進行半導體生產，且積極在中國大陸投資設廠，何以足以導致被上訴人公司半導體廠出現人力過剩現象及固定資產採購金額逐年減少？固定資產採購金額之減少，何以得認為採購業務之數量必隨之減少？其因果之具體情形如何？原審未詳予論，遽認被上訴人公司半導體廠出現人力過剩及固定資產採購金額逐年減少，並以推測之詞，謂外包製造之數量比例將逐年上升，進而推論被上訴人之業務緊縮，其終止與上訴人之勞動契約符合勞基法第11條第2款規定，據為上訴人敗訴之判決，未免速斷」[31]。最高法院[32]近來並認為「查上訴人於89年12月間因訂單減少而關閉一條八噸之生產線，為原審確定之事實，果係如此，上訴人關閉此一生產窯爐是否不會造成換模次數減

於取捨證據、認定事實之職權行使，認定上訴人仍處於盈餘而非虧損狀態，此觀上訴人90年度申報稅額與國稅局核定數額，差異最大之「利息支出」項目，上訴人申報為193萬3305元，國稅局核定為零元，該年度稽核報告並記載，此項差異乃因「未能提示相關之借款用途證明、資金流程等資料，難核與業務有關，業者同意剔除，改核定為零元」甚明（見一審卷79頁），上訴人指摘原判決未考量課稅所得與會計所得之差異一節，尚無違背法令之可言。原審本於上述理由而為上訴人敗訴之判決，經核於法並無違背。」

[30]　最高法院87年度臺上字第3025號判決；最高法院96年度臺上字第1921號判決。

[31]　最高法院87年度臺上字第3025號判決。

[32]　最高法院96年度臺上字第1921號判決。

少及模具修理業務因而緊縮，尚非無疑。依經驗法則，個別模具所生產玻璃製品數量之多寡，要係影響該模具產生磨損、積碳而須維修之頻率及次數。此即若該模具生產之玻璃製品較多，其磨損或產生積碳之頻率或次數自然提高；反之將形減少。乃原審未見及此，遽認為經高溫窯爐使用後之模具維修工作之多寡，實係取決於不同品號模具之上線數量，則玻璃生產量之驟降，尚非等同使模具維修工作亦隨同減少，是上訴人單純因訂單數量減少而關閉生產玻璃之窯爐，不足以證明上線模具之維修有業務緊縮之等情，而為不利上訴人之論斷，亦嫌速斷。」

又「雇主倘僅一部歇業，而同性質之他部門，依然正常運作，甚或業務增加，仍需用勞工時，……尚難認為已有業務緊縮，得預告終止勞動契約之事由」[33]。「本件被上訴人之煉鋼部既有東西二爐，東爐雖經封閉，停止使用，然西爐仍照常工作，且原審認定，被上訴人不僅調用盧永達遞補西爐工作人員不足之缺，且要求已遭資遣之東爐工人謝國煌再回公司工作，似此情形，是否得認為被上訴人已有業務緊縮，得終止勞動契約之情形，自有推求餘地」[34]。又「雇主資遣勞工後，另行僱用工讀生代其工作，並登報徵求隨車人員，足見雇主仍需隨車人員，而該勞工原任隨車人員，雖以一度筋骨扭傷難以勝任該工作，但至其資遣時已歷時三、四年，原審未查明其傷勢是否已痊癒，遽謂勞工遭資遣時仍無法勝任隨車人員之工作，亦有疏略。再查雇主於資遣該勞工後，繼續僱用工讀生擔任該工作，可見該工作並未因業務緊縮而裁撤，則雇主是否有終止勞動契約之正當事由，尚滋疑問」[35]。類似地，「本件上訴人無視被上訴人原任職服務維修部門之業

---

[33] 最高法院75年度臺上字第2456號判決；83年度臺上字第2767號判決；最高法院96年度臺上字第2749號判決。

[34] 最高法院75年度臺上字第2456號判決。

[35] 最高法院83年度臺上字第2767號判決。

績日益成長之事實，僅以其業務部門銷售業績下滑，即以業務緊縮為由單方片面終止與被上訴人間之系爭勞動契約，尚難認合於勞基法上開規定意旨」[36]。

最後應注意者，「業務緊縮」與「虧損」皆為獨立的解僱事由，因此吾人原則上不得以雇主並未「虧損」，作為否定「業務緊縮」之理由。「雇主經營之事業，其業務減縮與否，與事業之營運是否好轉及盈餘多少，並無必然關係。原審以上訴人公司於83年6月20日開放民營後之同年7月至9月，營運已有好轉，及每月有幾百萬元之盈餘，認定上訴人無業務減縮情形，未免率斷」[37]。

三、不可抗力暫停工作一個月以上

就契約法上給付障礙所涉及的不可抗力，一般多認為係指由外部來臨、異於尋常的事件，而為人力所無法抗拒者[38]。準此，若係因勞工罷工而引起者，原則上是所謂的勞資爭議的風險分配的問題[39]，非屬勞基法第11條第3款的範圍[40]。

---

[36] 最高法院96年度臺上字第2749號判決。

[37] 最高法院86年度臺上字第1385號判決。

[38] 黃立，民法債編總論，元照，2000年9月，二版二刷，頁427以下。

[39] 參閱黃程貫，德國企業危險與勞動爭議危險理論，政大法學評論，第46期，頁279以下。

[40] 勞委會（78）勞資三字第06962號函：「勞資爭議於調解不成立，進入仲裁程序前，工會依工會法第26條規定行使罷工權，造成事業單位生產暫時停頓，非屬勞動基準法第11條第3款所稱「不可抗力暫停工作在一個月以上時」之情事。」

四、業務性質變更

　　「業務性質變更」係指雇主為因應特定情事（如因營運虧損、市場消長）而對經營或生產組織上的改變或調整的措施，因此有別於與以單純的事實（虧損）作為解僱事由者，亦與以暫時（不可抗力暫停工作在一個月以上）或終局地停止其營業（歇業或轉讓）作為解僱事由者不同。至於「業務性質變更」與「業務緊縮」實際上頗難區分，事實上二者亦多所牽連[41]。如何加以區隔，或許可認為：「業務緊縮」

---

[41]　參照最高法院88年度臺上字第2170號判決：「所謂業務緊縮，業務性質變更，宜就事實認定，而非僅指營業項目或生產品有無變動。查被上訴人辯稱自公司民營化之後，一切講求效率，合理經營，一切與產銷、投資、財管等營利無直接相關之業務均相當緊縮，未具相當專業之幕像及行政人員均甚精簡，此乃民營企業一般之通例，是以被上訴人公司於臺北之總公司由原一百八十多人到目前九十多人，一、二級部門由原四十餘個到目前二十多個，上訴人前所任部門資訊中心，已由十六人減至目前七人，可資證明。上訴人原為被上訴人公司資訊中心分類十一等十五級高等位之專案，主管圖書室圖書、傳真機之督導，下設圖書管理員一員負責實際業務，自民營後因需求量銳減，圖書室緊縮，圖書分由各部門自行管理，傳真機由行政室兼辦，上訴人圖書督導業務當已無實際工作內涵。另資訊中心民營前依據主管機關法令規定辦理之業務，設置均依法要報經濟部國營會等主管機關，自民營後此類行政業務已免辦。而資訊中心原負責各應用系統之開發、改善及維護，民營後則緊縮只負責現行作業應用系統維護為主，改善為輔，不再負責新系統之開發，原有之「經營資訊媒體申報作業（送國營會磁帶）」、「公文管理系統」、「立委質詢系統」、「圖書借閱管理系統」等均因無需要而停用。且民營後各部門業務減少或簡化，所需之資訊服務工作自然大量減少，故該中心確有業務緊縮、業務性質變更之事實。而上訴人多年來所做工作主要為圖書採購之複核，資訊中心人員派訓案之簽辦，資訊中心參加學會之連繫等資訊中心之週邊工作，其專業能力實不足以納入民營化後資訊室有限之名額。致公司民營化後無合適之工作可資安置，才予資遣等語，業據其提出與所述相符之董事會決議錄影本（縮減人員）、經理部門通函（裁減人員）影本、李○○職位卡影本、經濟部所屬事業法規一覽表影本、經濟部與所屬各公司董事會暨經理人權責劃分表、84年度被上訴人公司營業預算編審日程表影本、被上訴人公司民營化前資訊中心依據主管機關相關法令規定辦理之業務、資訊室（中心）民營前後業務範圍及人力比較表等件為證。則被上訴人辯稱因民營化後業務減縮，業務性質變更，又無適當職位可資安置上訴人，

重在對於全部或特定的部門原先的業務範圍（量）的減少，尚未涉及組織經營結構的調整；「業務性質變更」則重在雇主對全部或特定的部門原先的業務種類（質）的變動；主要是涉及經營生產之組織或結構的調整。又承上論述，若雇主僅宣稱「組織調整，精簡人力」，卻未有相應調整組織之措施，自不足以認為已經符合勞基法第11條第4款所定「業務性質變更」的要求[42]。反之，若雇主因業務中斷、必須停止一部營業時而調整其業務組織時，自足認為構成本款所定之解僱事由[43]。

應可採信。上訴人徒以被上訴人公司之營業項目不減反增，頂多只是公司文書作業量之減少，並非業務性質變更云云，自無可採」。

[42] 最高法院92年度臺上字第1276號判決：「查，本件被上訴人係以「組織調整，有減少勞工之必要」，而預告終止與上訴人之勞動契約（見第一審簡易程序卷第13頁），惟究其「組織調整」實情如何，是否可認為已達「業務性質變更」之程度，原審未遑詳加調查審認，僅泛言依安○信顧問公司之意見，調整公司組織，減縮人事開支，即認被上訴人得以「業務性質變更」為由，終止與上訴人之勞動契約，已嫌速斷。又依卷附勞資會議紀錄、「畢善專案你問我答」所載，被上訴人公司總經理、經理均表示：「實施企業再造之目的在於提高個人及整體工作效率，降低成本。並承諾不會因實施企業再造而解僱員工」、「再次強調，不會因畢善專案而裁員」（見第一審訴字卷第121頁至第122頁）。則被上訴人縱實施組織調整，有無減少勞工之必要，亦非無疑」。

[43] 參照最高法院90年度臺上字第1307號判決：「查南○航空臺灣分公司主張……我國自○年○月○日起中止與南非間「雙邊空中運輸業務協定」，並停止臺北與約翰尼斯堡間一切客貨班機飛航。且於同年○月○日起正式停飛，南○航空臺灣分公司迫於斷航事實，勢必精簡人員編制，此一不可歸責於雙方之事由致兩造相互給付不能，……乃原審就南○航空臺灣分公司是項防禦方法未予論斷，泛謂「同理，南○航空臺灣分公司以中斐斷航為理由，認有勞基法第11條之事由，終止兩造間之僱傭契約，亦非可採」云云，自屬理由不備」。

五、不能勝任工作[44]

何謂勞工對於所擔任工作之不能勝任，最高法院多認為：「勞動基準法第11條第5款規定，勞工對於所擔任工作之「勝任」與否，應將積極與消極兩方面加以解釋，勞工之工作能力、身心狀況、學識品性等固為積極客觀方面應予考量之因素，但勞工主觀上「能為而不為」、「可以作而無意願」之消極不作為情形，亦係勝任與否不可忽視之一環，此由勞動基準法制定之立法本旨在於「保障勞工權益，加強勞雇關係，促進社會與經濟發展」觀之，為當然之解釋」。最高法院並據以認為：（一）勞工於77年1月至11月僅實際上班45.5天、所請事、病、特別休假皆已屆滿；留職停薪三次（同年4月12日至5月4日、8月23日至8月30日、9月2日至9月8日）；復參加5、6月間之新營及高雄客運活動，8月間之苗栗客運之工運活動，長期請假，故不從事排班駕駛工作；雇主得以勞工不能勝任工作為由，加以解僱[45]。（二）擔任新品開發處、負責新產品之開發設計工作、同時為工會理事／理事長之勞工，於上班時因有打卡、未遭登記曠職，實際上卻常擅離工作崗位，甚至違法未請公假而處理工會事務或參加工會活動頻繁，能否謂其並無違反勞工應忠誠履行勞務給付之義務之情事，雇主不得終止僱傭契約，即不能無疑[46]。（三）任報社記者之勞工，若缺乏團隊精

---

[44] 關於實務及學說相關見解及其批評，詳見林更盛，論作為解僱事由之「勞工確不能勝任工作」，收錄於氏著，勞動法案例研究（一），翰蘆，2002年5月，頁217以下。最高法院最近判決亦維持原先見解，例如92年度臺上字第353號：「按勞動基準法第11條第5款規定所謂確不能勝任工作，非但指能力上不能完成工作，即怠忽所擔任之工作，致不能完成或違反勞工應忠誠履行勞務給付之義務亦屬之。又同款所謂不能勝任工作，不僅指勞工在客觀上之學識、品行、能力、身心狀況不能勝任工作者而言，即勞工主觀上能為而不為，可以做而無意做，違反勞工應忠誠履行勞務給付之義務者亦屬之」。

[45] 最高法院80年度臺聲字第27號裁定。

[46] 最高法院86年度臺上字第688號判決、84年度臺上字第673號判決。

神，長期有能作而主觀上無意願作之情形，甚至常漏失重大新聞，必將對雇主造成莫大的損害，能否謂不違反勞工應忠誠履行勞務給付之義務，而達到不能勝任工作之程度，非無進一步查明斟酌之餘地[47]。（四）對於原任業務部門擔任行政工作（內勤）之勞工，因公司業務電腦化，於得其同意後，調派至從事產品對外服務之外勤工作；其後勞工雖多次表示請求調至其他單位工作，皆未獲允許。歷經年餘，雇主發覺勞工不能勝任工作，以此終止勞動契約能否謂為法所不許，即有斟酌餘地[48]。（五）對於原擔任設計、監工工作之表現欠佳，工作態度及工作品質均落在全體員工工作表現倒數五分之一範圍內的勞工，經調派支援其他服務所擔任抄表工作，嗣後再調回原工作以及抄表之工作，皆仍無法勝任，後只得轉調至幾無專業要求之登記抄寫等工作。旋經雇主將該項工作轉由編制內人員辦理，雇主得依勞基法第11條第5款之規定解僱之[49]。（六）身為工會幹部的勞工公然表示雇主依法對於具有投票權之勞工，在選舉日應給予休假，或公開要求同事於上訴人與工會協商前，暫時拒簽雇主提出的書面勞動契約，既未逾越工會法保障工會成員所得從事活動之範疇，亦無所謂違反忠誠履行勞務給付之義務可言。準此，雇主即不得以其違反忠誠履行勞務給付之義務，不能勝任其工作為由，依勞基法第11條第5款規定終止兩造間之勞動契約[50]。（七）近來最高法院並強調雇主應確實地對勞工的工作表現有所考核，認為：對於自稱之大陸業務專長，卻於從事招攬業務工作，因其授權業務未進來，且上海展花費上訴人200餘萬元，成效欠佳，若有確實的考核為證，得以之作為解僱事由[51]。（八）又業績所涉

---

[47] 最高法院86年度臺上字第82號判決。

[48] 最高法院81年度臺上字第2382號判決。

[49] 最高法院92年度臺上字第1328號判決。

[50] 最高法院91年度臺上字第2376號判決。

[51] 最高法院96年度臺上字第1849號判決：「……查上訴人抗辯被上訴人係以「自薦」方式至上訴人公司任職，任職期間之工作表現不佳，承辦上海展花費鉅資，卻無成效，

因素繁多，若雇主平日考核既不以績效為唯一標準，且亦未約明業績達成率之具體比例始符雇主之要求，則客觀上不能僅以業績達成率作為認定勞工不能勝任工作之標準[52]。

對於最高法院有關以勞工主觀上「能為而不為」、「可以作而無意願」之消極不作為因素作為判斷「不能勝任工作」的見解，學說上多採批評的態度，認為基於體系的觀點，法律上對於應否附預告期

未招募到業務，經其評估考核結果，判斷其不適任，始終止兩造間聘僱契約等語，已提出92年10月13日員工試用期滿考核表（下稱考核表）及同年11月26日人事考核評定會議（下稱人評會）會議記錄為證（一審卷第二宗73頁、原審卷179、180頁）。觀諸該考核表所載：被上訴人「工作效率」、「工作品質」、「勤勉負責」、「忠誠度」、「服務精神」、「團隊精神」各項表現之評分（單項總分為二十分）及評語分別為「十點五分。招商部分工作無進展」、「十一分。除招商外文書OK」、「十分。出勤狀況不足為主管表率」、「十分。較無公司整體意識」、「十一分。對自身以外事務較不關心」、「十五分。尚可，團隊精神不足」。暨其直屬主管評語為「出勤略有疲態、實際不熟悉招商業務、至少未有業績實際進帳。唯上海展提案佳，視展出後各項表現再Final評定」等情。且人評會會議記錄亦明載：經理之專業能力係對情資、市場有優先評估，被上訴人企劃上海展一切事宜，已知臺灣較知名之授權商不會參加上海展，未提早告知上訴人，致上訴人動用資源，耗費近200萬元費用，毫無成效，被上訴人欠缺其自稱之大陸業務專長，故決議解聘等內容；證人王秀雲、朱筱雲復分別證述被上訴人於上訴人公司從事招攬業務工作，因其授權業務未進來，業務上不適任而通知其離職、上海展花費上訴人200餘萬元，事後發現不是授權展，被上訴人才表示其他公司未參展係因另有其他更好者等語，似見上訴人之抗辯尚非全然無據。果被上訴人自稱求職時，係因其嫻熟大陸地區授權商品業務之專業優勢，兩造始合意成立由被上訴人負責該專業推動之僱傭關係，則上訴人嗣經評估結果以被上訴人之專業能力不足，認其不適任該職務，而終止兩造間之僱傭關係，是否非屬僱用人之正當權利行使？洵非無研求之餘地。原審未調查審認被上訴人受僱為上訴人授權事業部經理之主要工作內容，其在職期間之工作表現，與考核表或人評會紀錄之記載是否相符？其工作表現與其受聘該職主要目標相較，是否達到一般適任之標準？徒以證人朱筱雲對於被上訴人到職之初所提出文案之評語，考核表部分欄位空白，及兩造間無業績程度之約定等由，遽認被上訴人並無上訴人所稱不適任工作之情，而為不利於上訴人之判決，自嫌速斷，有理由不備之違法，抑且難昭折服。」

[52] 最高法院96年度臺上字第2630號判決。

間、給付資遣費，第11條第5款與第12條第1項第4款，既有不同，則自應予以嚴格區分；前者（勞工確不能勝任）應解釋成以不可歸責於勞工之事由為限，而後者係屬債務不履行之領域，在可歸責於勞工之情形，才有第12條第1項第4款之適用。

　　本文認為學說對最高法院見解的批評，基本上是正確的，亦即吾人原則上應認為：既然就勞基法第11條第5款與第12條第1項第4款之事由，賦與互相排斥、不能並存的法律效果，則認為此二規定原則上係各以不同事實作為規範對象；勞工怠忽所擔任之工作，應屬第12條第1項第4款、而非第11條第5款所評價之對象；否則勞基法第12條第1項第4款將違反勞動契約的違反、限於「情節重大」時方可解僱，以及同條第2項除斥期間的限制，將可能被雇主另依第11條第5款解僱勞工、而被規避，而勞基法對於勞工工作權的保障、免於不合理的解僱的意旨，將貶值成為僅具有經濟價值的資遣費的保障而矣。惟應注意者，若勞工之工作內容，特別要求主動積極的工作態度、與其他員工之密切配合或是以雇主對其充分的信賴為基礎；則勞工主觀上無意願、有能力而不願作，雖未必構成情節重大，雇主仍得依第11條第5款與以解僱。又若同一日常生活事實例外地同時充分第12條第1項第4款及第11條第5款的要件，則雇主自得擇一行使其解僱權。例如司機於執行職務時，因嚴重違規、發生車禍，致雇主受傷、其駕照被吊銷；保全人員監守自盜者是。又實務上亦有認為：職司六○村遊樂園區內有關消防設備管控之消防課長，竟自行向地下油行購買若干汽油置放倉庫，足生危險於公共安全；且對滅火器檢查紀錄不聞不問，於紀錄十一支滅火器遺失後，遲至約一個月後才查看檢查記錄，實有怠忽而未盡監督職責之情事，雇主自得依勞基法第11條第5款規定予以解僱[53]。

---

[53] 臺灣新竹地方法院89年度勞訴字第6號判決。

柒、被解僱勞工的選定

當雇主於具有勞基法第11條第1到4款所列解僱事由時，吾人固應容許雇主採行解僱措施。惟究應解僱何人？依其情形（例如精簡某部門人力50%）可能尚待進一步的確定。在此，雇主是否應如德國終止保護法第1條第3項之明文規定、斟酌所謂的社會性觀點（例如勞工之年齡、結婚與否、負擔多少扶養義務等因素）以選定被解僱的勞工？對此，首先應說明者：上述規定僅於雇主基於經營事由所為解僱時、才有斟酌此類因素之義務；並不及於人身／行為事由之解僱並不適用；蓋惟有基於經營事由而為解僱時，雇主才會有雖然知到應解僱多少人，惟具體地應解僱那些勞工，事先並不確定的情形；因此才會要求雇主於此應斟酌社會性觀點、選擇較能承受解僱不利益的勞工而加以解僱；因此此種所謂的社會性選擇之功能不外乎在於具體確定被解僱的勞工。相反地，在人身／行為解僱之情形，因待解僱之勞工乃自始確定（例如即該不能勝任或違反勞動契約之勞工），故並無所謂藉斟酌社會性觀點以確定被解僱之勞工的問題。其次，勞基法第11條第4款要求雇主於以業務性質變更、有減少勞工之必要為由解僱時，應以「無適當工作可供安置」者為限、其解僱方可能有效。而基於廣義比例原則——特別是最後手段性原則，此項限制於該條所定之其他事由，亦有其適用，已如前述。在考慮有無適當工作可供安置時；合理的標準（之一）乃是在現存可能空缺的職位中、考量特定的勞工能否擔任該職務。如此一來，雇主依據有無「適當工作可供安置」作為決定解僱或續聘的結果，所謂的社會性因素即可能因此完全被忽略、甚或得到與德國法上相反的結果。最高法院91年度臺上字第1297號判決中也採取了類似的結論，認為：「公營事業人員有關裁減法律尚未制定前，經濟部為強化其所屬事業機構之經營能力，提高經營績效，適用行政院核定修正公布之「經濟部所屬事業機構專案裁減人員處理

要點」裁減人員，並不生抵觸憲法問題。本件被上訴人因公司常年業務緊縮及連年虧損之事實，已據其提出81年至84年國稅局營利事業所得稅申報核定通知書、營業事業所得結算申報書、鋼品廠船舶廠買賣及移轉契約書影本為證；又上訴人因符合最近六年之年度考核，考列乙等四次（含）以上者之條件，亦有考勤卡影本可稽，被上訴人依據「經濟部所屬事業機構專案裁減人員處理要點」之規定，於86年3月5日召開專案裁減人員會議，決議資遣上訴人，並經報請經濟部於86年3月15日以經八六人字第86006988號函辦理第三次專案裁減，而將上訴人資遣，揆諸上開解釋意旨，即無不當」。

　　至於在外籍與本國勞工之間，最高法院雖然曾於94年度臺上字第2339號民事判決表示應優先解僱外籍勞工，認為：「為保障國民工作權，聘僱外國人工作，不得妨礙本國人之就業機會、勞動條件、國民經濟發展及社會安定，亦為修正前之就業服務法第41條（91年1月21日修正為同法第42條）所明定。此乃為促進國民就業，以增進社會及經濟發展，所制定之特別規定（就業服務法第1條參照），應優先於勞基法之適用，蓋聘僱外國人工作，乃為補足我國人力之不足，而非取代我國之人力，故雇主同時僱有我國人及外國人為其工作時，雇主有勞基法第11條第2款得預告勞工終止勞動契約之情事時，倘外國勞工所從事之工作，本國勞工亦可以從事而且願意從事時，為貫徹保障國民工作權之精神，雇主即不得終止其與本國勞工間之勞動契約而繼續聘僱外國勞工，俾免妨礙本國人之就業機會，有礙國民經濟發展及社會安定。」於95年度臺上字第1692號民事判決中，最高法院則對此見解加以限縮，認為：「按就業服務法第42條所定「優先留用本勞」之原則，係指「同一職務」而言，非指事業單位需將外勞裁至一個不剩時，方可裁減本勞。是於企業裁減本勞時，如尚留有外勞，只要工作職位並非相同，則其裁減本勞，即不得指為違法」，於96年度臺上字第1579號民事裁定中，最高法院似乎放棄了其最原先的見解，認為：「末查勞動基準法第11條第2款係規定虧損或業務緊縮時，雇主得不經

預告終止勞動契約。**故事業單位有虧損或業務緊縮之情事時，雇主即得預告勞工終止勞動契約。至就業服務法第42條（修正前第41條）所定「為保障國民工作權，聘僱外國人工作，不得妨礙本國人之就業機會、勞動條件、國民經濟發展及社會安定」，乃宣示保障本國勞工工作權之意旨，非謂事業單位於有虧損或業務緊縮之情事時，需將外籍勞工裁至全無時，始可裁減本國勞工」。**此一見解趨勢，值的贊同。蓋就業服務法第42條的規定，無非是立法政策的明文化而已，如何加以具體地實踐，仍需立法者進一步的決定，原則上司法者不應越俎代庖，最高法院原先援引上述規定以限制雇主選擇解僱勞工的權限，實有不當。

捌、預告期間[54]

　　勞動基準法第16條第3項規定：雇主未依第1項期間預告終止契約者，應給付預告期間之工資，惟雇主應預告卻未預告、而立即終止勞動契約，其所為解僱之效力如何？勞基法並無明文規定。可能的見解為無效說、相對無效說、有效說、勞工選擇權說。惟預告期間的設計，在使當事人——特別是勞工——有機會因應解僱所生之新的情事，尤其是使勞方有尋找新的就業機會。這也反映在勞基法第16條第2項；依該規定，勞工於預告期間得請每週不超過二日之謀職假、雇主應照給工資。何況，勞工在此情形原則上並無所謂的就勞請求權，因此應認為應預告卻未預告的解僱，仍發生立即終止的效力。

---

[54] 詳細分析，參閱林更盛，應預告而未預告之解僱的效力，收錄於氏著，勞動法案例研究（一），翰蘆，2002年5月，頁281以下。

家圖書館出版品預行編目資料

勞動法案例研究.二／林更盛著. －－初
版. －－臺北市：五南, 2009.03
　面；　公分.
SBN 978-957-11-5562-3（平裝）

.勞動法規　2.論述分析

56.84　　　　　　　　98002186

1R28

勞動法案例研究(二)

作　　　者 —	林更盛（120.5）	
發 行 人 —	楊榮川	
總 經 理 —	楊士清	
副總編輯 —	劉靜芬　林振煌	
責任編輯 —	李奇蓁　蕭富庭	
封面設計 —	佳慈創意設計	
出 版 者 —	五南圖書出版股份有限公司	

地　　　址：106台北市大安區和平東路二段339號4樓

電　　　話：(02)2705-5066　　傳　真：(02)2706-6100

網　　　址：http://www.wunan.com.tw

電子郵件：wunan@wunan.com.tw

劃撥帳號：01068953

戶　　　名：五南圖書出版股份有限公司

法律顧問　林勝安律師事務所　林勝安律師

出版日期　2009年3月初版一刷
　　　　　2018年2月初版三刷

定　　　價　新臺幣400元